Sabine Horn/Inge Marszolek/Maria Rhode/Eva Schöck-Quinteros (Hg.)

Protest vor Ort
Die 80er Jahre in Bremen und Göttingen

Sabine Horn/Inge Marszolek/Maria Rhode/Eva Schöck-Quinteros (Hg.)

Protest vor Ort
Die 80er Jahre in Bremen und Göttingen

Umschlagabbildungen:
Oben: Auseinandersetzungen anlässlich der Rekrutenvereidigung im Weserstadion,
Bremen, 6. Mai 1980 (Foto: Thomas Grziwa)
Unten: Friedensprozession auf dem Wall,
Göttingen, 1983 (Foto: Eckhard Stengel)

Gedruckt mit Unterstützung der Universitäten Bremen und Göttingen

1. Auflage Juli 2012
Satz: Tobias Kornemann, Bremen
Umschlaggestaltung: Volker Pecher, Essen
Druck und Bindung: Griebsch & Rochol Druck GmbH & Co. KG, Hamm

© Klartext Verlag, Essen 2012
ISBN 978-3-8375-0638-9

www.klartext-verlag.de

Inhalt

Sabine Horn, Inge Marszolek, Maria Rhode, Eva Schöck-Quinteros
Von Müslis und Autonomen
Alternative Bewegungen der 80er, erforscht von Studierenden
der Universität Bremen und Göttingen 7

Eine umstrittene Vereidigung 29

Florian Reible, Christophe Schindler
„... bürgerkriegsähnliche Zustände!"
Die politische Bewertung der Bremer Ausschreitungen 31

Kim Dresel, Malte Stieber, Rieke Vogel
„Das ist doch wie im Krieg"
Eine Mediendiskursanalyse der BILD-Berichterstattung zu den Protesten gegen
die Rekrutenvereidigung im Bremer Weserstadion vom 6. Mai 1980 49

Katrin Antweiler, Eike Hermes
„Drum flogen all die Steine in Bremen, jüngst im Mai"
Der Gewaltdiskurs in Publikationen der Bremer linken Szene zur Rekrutenvereidigung 81

Alexander Melski
Die Bremer SPD und die Bundeswehrproteste 1980
Stimmungsbild einer Partei zwischen Bündnistreue und
Friedenswunsch 107

Marco Dräger
Zwischen „Hochachtungsvoll" und „Mit umweltfreundlichen Grüßen"
Protestbriefe gegen die staatliche Unterwanderung des Göttinger Arbeitskreises gegen Atomenergie 125

Semhar Amedeberhan, Isabel Hauschild, Katharina Kuhlmann, Elena Pinkwart
Atomkraft? Nein danke!
Der Bremer Widerstand 157

Sebastian Schlinkheider
„Soll der Wald dem Panzer weichen?"
Göttingen und der Konflikt um das Kerstlingeröder Feld   191

Rahel Killisch, Wiebke Neuser
„Kein Frieden der Wissenschaft mit dem Krieg"
Die Friedensbewegung an der Universität Bremen   229

Daniel Strauß
Wohnraum kontra Aktionsraum
Der Häuserkampf in Göttingen   251

Lea Barten, Kristina Haase, Judith Tietel
Autonom. Bewegt. Selbstbestimmt.
Bremens autonome Frauenbewegung in den frühen 1980ern   289

Larena Schäfer, Jens Crueger
Von kritikfähigen Szenetypen, zärtlichen Mackern und eigenwilligen Frauen
Kontaktanzeigen im Bremer Blatt und KursBuch als Medium alternativer Rollenbilder
und Beziehungsentwürfe   315

Sabine Horn, Inge Marszolek, Maria Rhode, Eva Schöck-Quinteros

Von Müslis und Autonomen
Alternative Bewegungen der 80er, erforscht von Studierenden der Universitäten Bremen und Göttingen

„Riot", der Song der kalifornischen Punk-Band „Dead Kennedys" (1982) gibt nicht nur den neuen „sound" der Jugendunruhen wieder, die Dead Kennedys beschreiben hier auch eine neue Qualität. Präzise und hautnah geben sie den Ablauf und die Dynamik der Jugendunruhen wieder. Dieser song scheint, ruft man sich die Bilder der Riots, die London im August 2011 erbeben ließen, ins Gedächtnis, nichts von seiner Aktualität verloren zu haben. „Riot" schildert, fast wie eine Reportage, das Gefühl der Aktivisten_innen, ihr Eintauchen in die Masse, aber auch ihr Wissen um die Niederlage im Straßenkampf, die Dynamik, die vor der Zerstörung des eigenen Heims und Viertels nicht halt macht und schließlich das Erleiden der Polizeigewalt am eigenen Körper. Die aggressive Musik wiederum unterstreicht die schiere Wut, die in die Körper sowohl der männlichen Musiker, aber auch in die Körper der Zuhörenden eindringt und ihre Entäußerung findet.

„Riot"

Rioting-the unbeatable high
Adrenalin shoots your nerves to the sky
Everyone knows this town is gonna blow
And it's all gonna blow right now:

Now you can smash all the windows that you want
All you really need are some friends and a rock
Throwing a brick never felt so damn good
Smash more glass
Scream with a laugh

And wallow with the crowds
Watch them kicking peoples' ass

But you get to the place
Where the real slavedrivers live
It's walled off by the riot squad
Aiming guns right at your head
So you turn right around
And play right into their hands
And set your own neighbourhood
Burning to the ground instead

[Chorus]
Riot-the unbeatable high
Riot-shoots your nerves to the sky
Riot-playing into their hands
Tomorrow you're homeless
Tonight it's a blast

Get your kicks in quick
They're callin' the national guard
Now could be your only chance
To torch a police car

Climb the roof, kick the siren in
And jump and yelp for joy
Quickly-dive back in the crowd
Slip away, now don't get caught

Let's loot the spiffy hi-fi store
Grab as much as you can hold
Pray your full arms don't fall off
Here comes the owner with a gun

[Chorus]

The barricades spring up from nowhere
Cops in helmets line the lines
Shotguns prod into your bellies
The trigger fingers want an excuse
Now

The raging mob has lost its nerve
There's more of us but who goes first
No one dares to cross the line
The cops know that they've won

It's all over but not quite

The pigs have just begun to fight
They club your heads, kick your teeth
Police can riot all that they please

[Chorus]

Tomorrow you're homeless
Tonight it's a blast

Doch hatte der Klang der Jugendunruhen, die in den 1980er Jahren ein gesamteuropäisches Phänomen waren, viele Farben. Während Punk als Musik jener neuen Bewegung, die sich u.a. als „Autonome" in den 80ern konstituierte und zum Alptraum der Sicherheitsorgane wurde, zu ihrem klanglichen Ausdruck verhalf, waren diese 80er eben auch Jahre des Übergangs. Neben den Riots in den Städten wie Zürich, Westberlin, Amsterdam waren es auch die Friedensbewegung, die Anti-AKW-Bewegung, die autonome Frauenbewegung etc., die zu diesen „neuen" Bewegungen zählten. In diesen Gruppen trafen die „Alten", die in der Studentenbewegung der sog. 68er und 70er sozialisiert worden waren, auf die noch Älteren aus der alten Friedensbewegung oder der alten Frauenbewegung der frühen Bundesrepublik.

Angesichts dieser generationellen Vielfalt ist das von der Forschung zum Teil vertretene Bild einer Entwicklung von der „Studentenbewegung" zu den „Jugendunruhen" zu hinterfragen.

Zugleich zeichnet sich deutlich ab, dass – ähnlich wie in dem song „Riot" – die Frage der Gewalt eine neue Qualität bekommen hat. Diese Frage wurde sowohl innerhalb der Gruppen wie auch in den Medien als Trennungslinie verhandelt und markierte die diskursive Spaltung. In der Wahrnehmung der medialen Öffentlichkeit ebenso wie in den Bewegungen wurde zunehmend zwischen berechtigten Formen des Protests, die auf die neo-liberale Wende reagierten – und nicht-legalen Aktionen, die in der Regel den „Autonomen", „Chaoten" oder „Kriminellen" zugeschrieben wurden, unterschieden.

Fokussiert man jedoch die sozialen Bewegungen und ihre Akteur_innen zu Anfang der 80er genauer, so kommen die Übergänge und die Aushandlungsprozesse eher in den Blick, zumal wenn es sich um einen mikrogeschichtlichen Zugang handelt, wie in diesem Band.

Doch zurück zum Klang: Im Punk kam ein neues Lebensgefühl meist großstädtischer Jugendlicher zum Ausdruck, das sich in Gruppenbildungen wie auch in der Markierung von nicht immer nur „feinen Unterschieden" niederschlug. Dagegen waren die Anti-AKW-Bewegung ebenso wie die Friedensbewegung von Liedermachern wie Bob Dylan, Joan Baez und Barbara Streisand geprägt, die an die amerikanischen Folksongs anknüpften. Diese Lieder wurden gerade in der Tradition zum Beispiel eines Woody Guthrie aber auch der europäischen Arbeiterbewegung zu Liedern, mit denen der Widerstand organisiert wurde. Einer der bekanntesten deutschen Liedermacher jener Zeit war Walter Mossmann, der, begleitet nur von seiner Gitarre im Kampf gegen das geplante AKW Whyl zur Stimme eben dieser Bewegung wurde. Seine Lieder wurden auf Demonstrationen aber auch auf besetzten Plätzen in der Nähe der geplanten AKW's bzw. Wiederaufbereitungsanlagen etwa bei Räumungen durch die Polizei gesungen. Oftmals war Mossmann selber dabei. Vergleicht man das „Gorleben-Lied", auch „Lied vom Lebensvogel" genannt [1], entstanden 1979, mit dem Song „Riot", so fällt auf, dass die Frage der Gewalt hier nicht zu einer deutlichen Abgrenzung taugt:

> „wir schreien unsere Lieder in die Friedhofsruh
> jetzt braucht es freie Kleider und schnelle feste Schuh

---

[1] Gorleben wurde von der Niedersächsischen Landesregierung als Standort der Wiederaufbereitung und des Endlagers von Atommüll ausgewählt. Bis heute ist es Kristallisationspunkt und symbolischer Ort des Widerstandes gegen die Atomkraft. Lied von Mossmann:http://trikont.de/shop/kunstler/walter-mossmann-chansons-flugblattlieder-balladen-can-tastorie-apokrufen/. Zugriff 30.5.2012.

noch sind die Straßen offen

bald stopfen wir sie zu

wenn wir es nur wollen,

wir können sie blockieren"

Anschließend folgen sehr konkrete Hinweise der möglichen Zerstörung der Büros der Betreiber der WAA, der Zerstörung von Baumaterialien auf der Baustelle etc. Das Lied schließt mit

Ach ja, wir sehen seit Kalkar[2]

Wie sie ihren Polizeistaat probieren

Und trotzdem werden wir, wenn es Not tut, demonstrieren.

Noch etwas spricht Mossmann an: die „Lebenslust als Grund für Widerstand". Die Musik spiegelt diese Lebenslust, es ist ein fröhliches Lied. Der Unterschied zu den Dead Kennedys liegt, so meinen wir, darin, dass die Wut und die Aggressivität nicht im Vordergrund stehen. Wichtiger scheint die Einbettung in eine Zukunftsvision zu sein: eine ökologische Gesellschaft ohne Atomkraft, aber auch ohne Polizeistaat. Die „Müslis", wie Teile der ökologischen Bewegung oftmals genannt wurden, trennten ebenso wenig wie die Punks und Autonomen oder die autonomen Frauen alternative Lebensformen von Politik: Unterschiede kristallisierten sich in der Wahl der Widerstandsformen heraus. Identitäre Politik artikulierte sich in vielfältigen Lebensformen, zwischen Hausbesetzungen und Landkommunen.

Die sozialen Bewegungen der 80er in der Forschung

Diese Wahrnehmung der zunehmenden Aufrüstung der Gesellschaft durch die Regierung hin zu einem Polizeistaat war gespeist aus der sich in den 1970er Jahren breitmachenden Hysterie gegenüber den Anschlägen der

---

[2] In Kalkar war ein sog. „schneller Brüter" geplant.

RAF: Die ‚moral panic', die sich in den medialen Diskursen der 70er feststellen lässt,[3] überschattete auch die Protestbewegungen der 80er Jahre und beeinflusste die Reaktionen des Staates und der Sicherheitsorgane. Zugleich aber waren es die konkreten Erfahrungen in den Auseinandersetzungen, um Hausbesetzungen, in den Besetzungen der Bauplätze der AKWs, v.a. Brokdorf und später Gorleben und in Frankreich (z.B. um die Wiederaufbereitungsanlage von La Hague), die einen Teil der Protestbewegungen radikalisierten. Zunächst waren es Gruppen von jüngeren Männern, die sich in Ledermontur, mit Helmen bekleidet und schweren Werkzeugen ausgerüstet an die Spitze der Demonstrationen stellten. Oftmals geschah dies gezielt, wie in Brokdorf II, und durchaus in Absprachen mit den Aktionsbündnissen – später jedoch ohne diese Vereinbarungen, gegen den Willen der Mehrheit der Demonstrationsteilnehmer_innen. Während in den 70er Jahren die Abgrenzungsprozesse eher in Auseinandersetzungen mit den sog. K-Gruppen verlaufen waren, übernahmen nunmehr die politisch weniger eindeutigen, oftmals spontaneistischen Gruppen der Autonomen diese Rolle. Wohl zum ersten Mal wurde dies für die Öffentlichkeit in der alten Bundesrepublik am 6. Mai 1980 deutlich, als im Bremer Weserstadion die 25 jährige Zugehörigkeit zur Nato mit einer feierlichen Rekrutenvereidigung unter Anwesenheit des Bundespräsidenten Karl Carstens und der Bremer Politprominenz begangen wurde. Die Bilder der Kämpfe vor dem Weserstadion, von den brennenden Bundeswehr- bzw. Polizeifahrzeugen gingen um die Welt.

Die Gründe für die Transformationen dieser letzten Bewegungen der klassischen Moderne, wie Ingrid Gilcher-Holthey die 68er charakterisierte,[4] hin zu den Protestbewegungen der 80er Jahre sind vielfältig und bei weitem

---

[3] Hanno Balz: Von Terroristen, Sympathisanten und dem starken Staat. Die öffentliche Debatte über die RAF in den 70er Jahren, Frankfurt/Main 2008, 178ff.

[4] Ingrid Gilcher-Holthey: 1968 – eine Zeitreise, Frankfurt/Main 2008, 198f.

nicht zufriedenstellend erforscht. Die Historiker Balz und Friedrich geben erste Hinweise:

- Während ein Teil der 68er zehn Jahre später bereits den „Marsch durch die Institutionen" angetreten hat, und damit auch erfolgreich war, stand die nachfolgende Generation an den Universitäten dagegen zum ersten Mal in der Geschichte der alten Bundesrepublik vor der Situation, dass ihre berufliche Zukunft, v.a. in den Geistes- und Sozialwissenschaften mehr als unsicher war. Das traf mit einer neoliberalen Politik zusammen, die einen Strukturwandel im sozialen Gefälle gerade auch für Arbeiterjugendliche bedeutete.

- Das Scheitern der kommunistischen Orientierung der Nach 68er zeigte sich nicht nur am Beispiel der K-Gruppen in Deutschland, sondern auch in Teilen Westeuropas. Damit verschob sich das Verständnis von Politik insgesamt: Die Ausrichtung auf eine Revolution war nicht länger das Ziel, sondern eine eher individualistisch, in alltägliche Lebensstrategien umgesetzte Befreiung und Emanzipation. Es ging um reales oder potentielles „Aussteigen" aus der Gesellschaft, nicht um deren kollektive Veränderung.

- Wenn Vertreter_innen der alten Bewegung auf Partizipation, sei es im Berufsleben, sei es in den neugegründeten „grünen" Parteien, setzten, so deklinierten Teile der neuen Bewegungen Partizipation als Verweigerung und Zerstörung bzw. als Schaffung alternativer Nischen. [5]

Resümierend betonen Balz und Friedrich sehr viel stärker die Transformationsphase, in der über Formen politischer Praxis gestritten wurde, denn das „Neue". Wenngleich sich auch die neuen Protestbewegungen als links verstanden und durchaus eine gewisse Kapitalismuskritik teilten, so

---

[5] Hanno Balz, Jan-Hendrik Friedrich: „All we ever wanted ..." Eine Kulturgeschichte europäischer Protestbewegungen der 1980er Jahre, erscheint bei Dietz Berlin 2012.
Dies sind die Ergebnisse einer Tagung, die anlässlich des 30. Jahrestages der Bundeswehrkrawalle in Bremen im Mai 2010 stattfand, übrigens unter dem Titel „This Town is gotta blown". S. auch Sven Reichardt, Detlef Siegfried, Das Alternative Milieu. Konturen einer Lebensform, in: dies. (Hg.), Das Alternative Milieu. Antibürgerlicher Lebensstil und linke Politik in der Bundesrepublik Deutschland und Europa 1968-1983, Göttingen 2010; Hanspeter Kriesi u.a., New Social Movements in Western Europe. A Comparative Analysis, Minneapolis 1995.

ging es ihnen doch weniger um eine sozialistische Stoßrichtung, als es in den 70ern der Fall war. Vielmehr ersetzte eine identitäre Politik, in der es um das Erkämpfen von Frei- oder subkulturellen Räumen ging, die Aushandlungsprozesse um den „richtigen Weg" zur sozialistischen Gesellschaft. Da die Akteure ein intergenerationelles Geflecht bildeten, war es vielleicht die daraus resultierende ideologische Offenheit, die eine höhere Mobilisierung der Bewegung – auch in Teile des Bürgertums hinein – als in den 70er Jahren ermöglichte.

Die sozialen Bewegungen in Bremen und Göttingen – einige Bemerkungen

Die hier publizierten Beiträge von Studierenden der Universitäten Bremen und Göttingen bestätigen diese Befunde. Mit ihrem mikrohistorischen Zugang zeigen sie die eigentümliche Gemengelage, in der sich die unterschiedlichen Akteure bewegten. Zugleich bieten auch sie nur einen kleinen Ausschnitt aus der Vielzahl der Gruppen und Organisationen. Sie sind letztlich nicht mehr als das Kartieren kleiner Flecke auf der großen historischen Landkarte der 80er Jahre, die erst in der jüngsten Zeit von der Zeitgeschichte vermessen wird. Auch die lokalen Protestbewegungen in beiden Städten werden nur an Beispielen untersucht.

Warum nun, so die berechtigte Frage, diese zwei Städte, und dann auch noch zwei so unterschiedliche. Darauf gibt es zwei Antworten, eine pragmatische und eine inhaltliche. Die erste lautet, dass aufgrund persönlicher Beziehungen der Lehrenden bzw. der Herausgeberinnen des Bandes, die Idee entstand, ein gemeinsames Lehr- und Lernprojekt durchzuführen. Die Protestbewegungen der 80er Jahre erschienen, auch angestoßen durch die Bremer Tagung vom Mai 2010, als ein geeignetes Forschungsfeld. Außerdem erhofften wir uns auch ein großes Interesse bei den Studierenden. Inhaltlich schien es uns höchst spannend, eine kleine Stadt mit „alter Universität" mit einer durch Kaufmannschaft und Industrie geprägten Stadt, deren Universität ein Produkt der Reform des Bildungswesens der 70er Jahre ist, zu vergleichen. Wenngleich Göttingen nicht der Schwerpunkt jener Unruhen der 80er Jahre war, so waren doch auch hier Universität wie Stadtbild sehr von ihnen geprägt, bis hin zu dem Tod von „Conny", einer Studentin, die auf einer Demonstration unter letztlich nicht geklärten Umständen im November 1989 zu Tode kam.

In Bremen waren nicht nur die sozialen Bewegungen äußerst stark, sie waren auch in vielfältiger Weise mit Mitgliedern der Universität, Teilen des aufgeklärten hansestädtischen Bürgertums sowie Vertreter_innen der seit 1945 ununterbrochen die Hansestadt regierenden Sozialdemokratie verbunden bzw. unterstützten tatkräftig die Gruppen. In dieser Vernetzung sah der Bremer Polizeipräsident, Ernst Diekmann eine Ursache für die Radikalität und Stärke der Bewegungen: „die Radikalität breite sich aus, weil in der Universität und anderswo von den Politikern geduldete „Naturschutzparks" und „Freiräume" entstanden seien."[6]

Natürlich gab es auch Vernetzungen zwischen Bremen und Göttingen so z.B. bei Aktionen um Nicaragua. Der Göttinger Journalist Reimar Paul berichtet von der großen Bedeutung der Lateinamerika-Solidarität, die beispielsweise den Sandinisten in Nicaragua Anfang der 1980er Jahre entgegen gebracht wurde. Nicaragua hatte dazu aufgerufen, das Land durch die Entsendung von internationalen Arbeitsbrigaden zu unterstützen. In der Bundesrepublik meldeten sich viele auf diesen Aufruf, darunter auch Reimar Paul. Ende 1983 flog er mit den ersten Arbeitsbrigaden für vier

---

[6] Art.: Dietrich Strothmann: „Bremer Skandal. Ein Präsident und der Hundekot", in: Die Zeit 1980, Nr. 31, 25.Juli.

Monate zum Kaffeepflücken nach Nicaragua.[7] Auch aus Bremen reisten Brigadisten mit. So berichtete der Spiegel: „Henning Scherf, Senator für Soziales und Jugend in Bremen, Karl-Heinz Hansen, ehemaliger linker SPD-Abgeordneter, der katholische Hochschultheologe Norbert Greinacher stellen die "Promis", die Prominenten der Kaffee-Pioniere."[8] Die Solidarität mit den Befreiungskämpfen in Nicaragua und El Salvador war ein Thema, das in den politischen Auseinandersetzungen an der Göttinger Universität eine bedeutende Rolle eingenommen hat. Reimar Paul erinnert sich: „Es gab Leute, die man sehr beeindruckend fand und die Vorbild für einen waren. Ernesto Cardenal[9] und Erich Fried waren solche Vorbilder, mit denen wir Ende der 70er eine Polonaise durch das besetzte Zentrale Hörsaalgebäude gemacht haben. Das waren eindrucksvolle Persönlichkeiten." Paul verweist darauf, dass auch heute noch ein relativ starkes Mittelamerika-Komitee in Göttingen aktiv ist.[10]

Bremen war aufgrund der größeren Liberalität auch für die Frauenbewegung und ihre Ziele eine Art Modell: Zwar war die neue Frauenbewegung auch in Göttingen in den 1980er Jahren sehr präsent, doch sie hatte mit weitaus schwierigeren Rahmenbedingungen zu kämpfen als ihre Mitstreiterinnen in Bremen. Besonders im Hinblick auf den Umgang

---

[7] Interview mit Reimar Paul, geführt am 22.12.2011 von Maria Rhode. Siehe ebenfalls Reimar Paul, Der Löwe auf dem Hof. „Alle gemeinsam werden wir siegen" beim Kaffeepflücken in Nicaragua, in: Lateinamerika-Nachrichten, Ausgabe 301/302, Juli/August 1999.

[8] Art.: Marielouise Janssen-Jureit: „Wir pflücken schon mehr als die Nicas", in: Der Spiegel, 5/1984, http://www.spiegel.de/spiegel/print/d-13510721.html (Zugriff 10.01.2011).

[9] Ernesto Cardenal Martinez war suspendierter Priester und sozialistischer Politiker (Kulturminister) in der sandinistischen Regierung. Er gilt als bedeutender Befreiungstheologe.

[10] Siehe Interview mit Reimar Paul, geführt am 22.12.2011 von Maria Rhode.

mit dem § 218 unterschieden sich beide Städte stark. Die Göttingerin Ingeborg Schmidt[11] erinnert sich:

„In Bremen gab es das erste Familienplanungszentrum der Pro Familia bundesweit. Dort wurde nach dem Modell „Alles unter einem Dach" gearbeitet – die betroffenen Frauen bekamen die Beratung, den Schwangerschaftsabbruch und alle weiteren Beratungen, Informationen, die sie brauchten. Das war das erste Zentrum dieser Art und dem sind andere gefolgt. In Hamburg und in Nordrhein-Westfalen gab es viele Ärzte, die im Laufe der 80er Jahre einen Antrag für einen Schwangerschaftsabbruch gestellt haben. Diese Ärzte vertraten eine liberale Auffassung und hatten sich auch einen fachlichen Zugang erworben. Sie hatten die fachliche Komponente des Schwangerschaftsabbruchs, die Absaugmethode, teilweise im FPZ Bremen oder in den Niederlanden gelernt. Diese Methode wurde ja in der Ausbildung der Mediziner in Deutschland nicht gelehrt. Also die Infrastruktur hat sich somit im Interesse der Frauen verändert – aber nicht für Niedersachsen! Für Göttingen speziell bedeutet es, dass die Frauen in die angrenzenden Bundesländer fahren mussten. […] Deswegen sind die Göttinger Frauen in den Anfängen der 80er Jahre oft natürlich auch im Krankenhaus gewesen, wo ein Abbruch eben nicht ambulant durchgeführt wurde, es gab hier ja keine ambulanten Möglichkeiten. Der Abbruch war dann mit einem stationären Aufenthalt von vier Tagen bis zu einer Woche

---

[11] Ingeborg Schmidt, Pro Familia Göttingen hat uns in einem ausführlichen Interview wertvolle Informationen zur Göttinger Frauenbewegung in den 1980er Jahren gegeben (Interview geführt von Maria Rhode November 2011). Wir danken an dieser Stelle herzlich für das Interview und verweisen auf die folgende von ihr mitverfasste Broschüre zur Geschichte der Pro Familia in Göttingen aus dem Jahr 2011 (Jahrbuch 2011 Pro Familia Niedersachsen). Siehe Ebenfalls die Broschüre zum 20-jährigen Jubiläum der Therapeutischen Frauenberatung in Göttingen: Therapeutische Frauenberatung Göttingen (Ariane Plotz), Bis hierhin und viel weiter, 2004. Hier downloadbar: http://www.therapeutische-frauenberatung.de/pdf/broschuere_tfb.pdf.

verbunden. Dort im Klinikum trafen die Frauen auf verschiedene Ärzte und Ärztinnen und auch verschieden eingestelltes Pflegepersonal; es waren damals zum Beispiel auch noch Diakonissinnen dort. Im Zusammenhang mit diesen Klinikaufenthalten gibt es sehr viele diskriminierende Erfahrungsberichte von den Frauen. Am Anfang waren es – ich meine es waren genau zwei bis drei Göttinger Gynäkologen, die eine Indikation gestellt haben. […]. Die Frauen haben nie die Möglichkeit gehabt bis 1992 – also die kompletten 80er Jahre gab es keine Chance, dass eine Frau in Niedersachsen einen ambulanten Schwangerschaftsabbruch machen konnte. Das erklärt den Abort-Tourismus innerhalb der BRD. Das hat nicht nur was mit nicht-kooperierenden Ärzten und Ärztinnen zu tun, sondern auch mit der Gesetzeslage."[12]

Diese Zitate, gewonnen aus Interviews, die Maria Rhode in Göttingen geführt hat, verweisen darauf, dass es sich durchaus lohnen würde, eine Untersuchung der sozialen Bewegungen auch in ihren regionalen Kontexten einzubetten, werden doch nur so Unterschiede deutlich.

Lernen in Projekten

Die Beiträge dieses Bandes stellen das Resultat der selbständigen Recherchen der Studierenden dar. Die Lehrenden konzipierten das Lehrprojekt im Rahmen des mittlerweile stark diskutierten „Forschenden Lernens". Dieses didaktische Konzept war gewissermaßen selber ein Projekt der Reformuniversitäten der 70er Jahre; insbesondere in den frühen Jahren der Bremer Universität war das Projektstudium ein wesentlicher Bestandteil der Struktur der Studiengänge. „Forschendes Lernen" – nach 30 Jahren von der

---

[12] Interview Ingeborg Schmidt mit Maria Rhode November 2011. Ingeborg Schmidt verweist auf die praktizierte Länderhoheit bei der Auslegung des §218.

Hochschuldidaktik wieder entdeckt (ebenso von der Schuldidaktik) – aber verändert die Hierarchien: Es geht um gemeinsame Prozesse, um Lernen auf Augenhöhe.[13]

Auch wenn in dem Band beide Städte nicht gleichgewichtig vertreten sind, – letztlich stehen drei Göttinger Beispiele acht Bremer gegenüber, so behandeln die Beiträge analoge Felder: die Friedens- bzw. Antimilitarismus-Bewegung, die AKW-Bewegung, die Hausbesetzerszene und die neue Frauenbewegung als Beispiele für Aushandlungsprozesse zwischen der „alten" und der „neuen", alternativen/autonomen Protestkultur. Dieses Ungleichgewicht in der Zahl der Artikel geht auf ein grundsätzliches, einem Lehrprojekt immanentes Problem zurück. Nehmen die Lehrenden „Forschendes Lernen" ernst, so lassen sie sich auf einen Prozess ein, in dem ihr ursprüngliches Konzept an die strukturellen Gegebenheiten ebenso angepasst werden muss wie es sich durch die Vorlieben der Studierenden verändert. In unserem Fall stellte sich heraus, dass durch die Beteiligung von zwei Studiengängen in Bremen, (Geschichts- und Kulturwissenschaft) und nur einem in Göttingen die Zahl der Teilnehmerinnen/Gruppen ungleich stark war. Die Wahl der Forschungsfelder geschah durch die Studierenden selbst, ohne dass die Lehrenden Einfluss genommen haben: Wir meinen, dass das hohe Engagement der Studierenden auch dadurch zu erklären ist, dass sie sich in der Regel mit „ihren" Gruppierungen bzw. Themenfeldern in hohem Maße identifizierten.

Das Ergebnis ist, wie aus dem Inhaltsverzeichnis ersichtlich, eine gewisse Asymmetrie. Trotzdem meinen wir, dass sie dem Versuch einer Kartierung der Protestbewegung der 80er Jahre in beiden Städten – ohne

---

[13] Die Universität Bremen hat mittlerweile erhebliche Mittel vom BMF erhalten, um u.a. „Forschendes Lernen" in allen Programmen zu etablieren. Vgl. auch Papiere einer von der Konrektorin für Lehre eingerichteten Arbeitsgruppe.

Anspruch auf Repräsentativität, dafür mit Betonung der Vielfalt – keinen Abbruch tut. Und wenn das Ergebnis, was wir hoffen, andere Projekte ähnlicher Art und weitere mikrohistorische Forschungen nach sich zieht, so wäre unsere Entscheidung, die Beiträge zu veröffentlichen, bestätigt. Denn nach wie vor halten wir, neben der Ebene von transnationalen Untersuchungen auch die innerhalb der alten Bundesrepublik für notwendig, nicht zuletzt um auch die Netzwerke zu entdecken, die die großen Mobilisierungsaktionen wie Brokdorf I und II, Gorleben aber auch die der Friedensbewegung ermöglichten und bundesweite Aktionen initiierten.

Die Auseinandersetzungen vor dem Weserstadion am 6. Mai 1980 anlässlich einer feierlichen Rekrutenvereidigung der Bundeswehr – die als Geburtsstunde der autonomen Bewegung in der Bundesrepublik gelten – werden in vier Beiträgen ausführlich analysiert, allerdings aus sehr unterschiedlichen Perspektiven. Zentral in allen Artikeln ist die Frage nach der Gewalt, die nicht nur auf Seiten des Staates und in den Medien, sondern auch intern in den Gruppen diskutiert wurde. Eng damit zusammen hängt die Konstruktion des „autonomen gewaltbereiten Akteurs".

Die Ereignisse vor dem Weserstadion, die Eskalation der Gewalt, die auch durch eine nicht vorhandene oder nicht adäquate Polizeistrategie hervorgerufen wurde, führten zu zwei parlamentarischen Untersuchungsausschüssen: und zwar der bremischen Bürgerschaft wie des Bundestags (Christoph Schindler, Florian Reible). Der bremische Ausschuss sorgte für einen Eklat, da die CDU die Regierungspartei SPD bezichtigte, wegen der Beteiligung des Senators für Jugend, Henning Scherf (später Bürgermeister der Hansestadt), an der Demonstration, zu der von einem breiten Bündnis von den Jusos, über Teile der Gewerkschaft und Friedensbewegung, aufgerufen worden war, die Ereignisse verschleiern zu wollen. Die CDU-Vertreter verließen unter Protest den Ausschuss. Noch vor der Veröffentlichung des Abschlussberichtes des Bremer Ausschusses konstituierte sich der „Verteidigungsausschuss" des Bundestages. Dieser kam zu der Erkenntnis, dass es erhebliche Kommunikationsprobleme zwischen Bremen und dem Bund auf der Ebene des Verfassungsschutzes gegeben habe. In der vor allem in den Medien ausgetragenen Auseinandersetzung versuchte die CDU Nutzen aus der kritischen Bewertung der Bremer Landespolitik zu ziehen. Die Parteien wurden so auch zu Akteuren in der medialen Debatte, in der es um die Konstruktion eines neuen „inneren Feindes" ging.

Die Diskursanalyse der Berichterstattung in der „BILD" (Kim Dresel, Malte Stieber und Rieke Vogel) zeigt deutlich, wie über Verschiebungen, Naturalisierungen und Emotionalisierungen eine bi-polare Trennung zwischen den Akteursgruppen gezogen und an der Spirale der ‚moral panic' gedreht wurde. Auf der einen Seite stehen die Sicherheitsorgane, die als Opfer der Gewalt gezeichnet werden, und auf der anderen Seite die „Aggressoren" und „Chaoten". Nicht nur wurde nummerisch der Kern der ‚Autonomen' benannt, sondern diese wurden als Bedrohung der Demokratie stilisiert. Die Studierenden arbeiten heraus, dass die „BILD" mit Begriffen wie ‚Gesindel' (Franz-Josef Strauss im Interview) oder ‚Bürgerkriegskämpfer' auf der einen, und der Konstruktion eines „demokratischen ‚Wir'" die Exklusionsstrategien im Diskurs bediente. Wie ein kurzer Blick in die „Frankfurter Allgemeine Zeitung" beweist, waren diese Strategien nicht auf den Boulevard beschränkt.

Wie die Diskussion um die Gewalt in der „linken" Bewegung selbst geführt wurde, analysieren Eike Hermes und Katrin Antweiler in ihrem Artikel. Zum einen wird hier – wie in allen Beiträgen – deutlich, dass die Auseinandersetzung vor dem Weser-Stadion in die außenpolitische Situation auf einem weiteren Höhepunkt des Kalten Krieges, der u.a. von dem Nato-Doppelbeschluss (Modernisierung der Atomwaffenarsenale in Westeuropa) geprägt war, einzubetten ist. Zum anderen ging es um die Anerkennung des Gewaltmonopols des Staates. In den Aufrufen der linken Gruppen zeigt sich, dass eine grundsätzlich antimilitaristische Haltung allen gemeinsam ist, dass aber die Frage der Einschätzung des Staates bzw. die Anerkennung des Gewaltmonopols hier offenbar eine Trennlinie markiert. Die Eskalation vor dem Weserstadion scheint paradoxerweise eben derjenigen Sicht „Recht" zu geben, die in der Bundesrepublik bereits einen Polizeistaat sieht, was wiederum zur Befürwortung von Gewalt als legitimes Mittel des Kampfes führt, allerdings nur in bestimmten Situationen. D.h. die Diskussion innerhalb der Bewegung, selbst desjenigen Teils, den BILD zweifellos zum radikalen Kern zählte, war vielstimmig und differenziert und spiegelt auch die Erfahrungen der Akteure wider.

Eine weitere Facette der internen Auseinandersetzung behandelt der Beitrag zur Diskussion in der Bremer SPD von Alexander Melski. Die Partei war – aufgrund der spezifischen bremischen Tradition – besonders in der Friedensbewegung höchst gespalten. An der Basis fanden sich viele Unterstützer. So war es nicht verwunderlich, dass der Beschluss des Bürgermeisters Hans Koschnick, die Vereidigungszeremonie in Bremen durchzuführen, auf große Kritik stieß. Anders jedoch als viele aus den sozialen Bewegungen, stellte die Mehrheit der Kritiker in der SPD die Institution der Bundeswehr nicht in Frage. Die gewalttätigen Auseinandersetzungen ebenso wie die Kritik der Opposition, v.a. aus den Reihen der CDU und des konservativen hansestädtischen Bürgertums, führten dann eher zu einer Solidarisierung mit dem in der Partei (und weit über die Grenzen Bremens) höchst angesehenen Bürgermeister Hans Koschnick. Letztlich schwächten die heftigen Auseinandersetzungen über die Ereignisse am 6.Mai 1980 die Linken in der SPD.

Die Anti-Atom-Kraft-Bewegung war fest in der Stadt Göttingen verankert.[14] Gorleben 1980, Republik Freies Wendland – viele Göttinger_innen waren dabei. Und auch an der Großdemonstration in Brokdorf 1981 nahmen viele Göttinger_innen teil. Reimar Paul erinnert sich: „Da sind aus Göttingen über 30 Busse und 200 Autos zu der Demonstration gefahren."[15]

Marco Dräger befasst sich in seinem Beitrag über die Göttinger Anti-Atomkraft-Bewegung mit einer besonders pikanten und immer aktuellen Geschichte. Zwei Beamte des Verfassungsschutzes waren über Monate in dem Arbeitskreis eingeschleust. Ihre Enttarnung sorgte bundesweit in den Medien für Furore. Der Göttinger Journalist Reimar Paul, einer der ersten Aktivisten des Arbeitskreises, berichtet, dass dies sowohl auf politischer als auch auf persönlicher Ebene als perfider Verrat empfunden wurde. Er erinnert sich: „Sie haben mit Freunden von uns den Urlaub in Skandinavien verbracht. Diese dachten, sie hätten sich mit ihnen angefreundet. Das war sehr schmerzhaft – abgesehen von den politischen Dimensionen."[16] Die vielfältigen Reaktionen auf diese „Enttarnung" stehen im Fokus von Drägers Analyse und zeigen das intensive bundesweite Echo auf diesen Skandal.

Bremen kann als Hochburg der Anti-AKW-Bewegung gelten. Hier formierte sich bereits 1971 einer der ersten „Arbeitskreise gegen radioaktive Verseuchung". Daher ist in der Neuformierung der Anti-AKW-Bewegung am Ende der 70er und ihrer Entwicklung in den 80er Jahren wie durch ein Brennglas die Gemengelage von unterschiedlichen Strömungen, von Akteuren mit sehr unterschiedlichen Erfahrungen und das Zusammenprallen der

---

[14] Das verweist auf eine längere Tradition in Göttingen, vgl. Ulrich Herrmann: „Der unaufhaltsame Aufstieg um 1940 Geborener in der ‚Generationenlücke'", in: J. Reulecke (Hg.): Generationialität und Lebensgeschichte, München 2003, S. 181f.

[15] Interview mit Reimar Paul, geführt am 22.12.2011 von Maria Rhode.

[16] Siehe Interview mit Reimar Paul, geführt am 22.12.2011 von Maria Rhode.

Generationen zu beobachten. Isabell Hauschild, Katharina Kuhlmann, Semhar Amedeberhan, Elena Pinkwart zeichnen nicht nur die bewegte Geschichte der unterschiedlichen Gruppierungen auf, sie zeigen auch, in welcher Weise diese Bewegung von Mitgliedern aus der Universität wissenschaftlich wie praktisch gestützt wurde, wenngleich, wie im Fall des Atomphysikers Jens Scheer, nicht ohne große Konflikte mit der Universitätsleitung und der Politik. Deutlich wird aber auch, wie die Frage der Gewaltbereitschaft spätestens nach den Demonstrationen vor und auf dem Bauplatz von Brokdorf Trennungslinien zwischen den eher bürgerlichen Akteur_innen und Vertreter_innen aus den neu hinzukommenden, politischen K-Gruppen aber auch den eher Jüngeren markierte. Allerdings wurden diese Konflikte während des Prozesses und der Solidaritätskampagne für Michael Duffke, ein junger Bremer, der wegen versuchten Totschlags an einem Polizisten auf der zweiten großen Brokdorf-Demonstration angeklagt und verurteilt wurde, zurückgestellt. Die Autorinnen kommen zu dem Schluss, dass die Anti-AKW-Bewegung schließlich erfolgreich war – und dieses wohl auch die Erinnerung der Interviewten nostalgisch positiv rahmt.

Das Kerstlingeröder Feld, eine Freifläche im Göttinger Wald, wurde für mehrere Jahre zu einem Gegenstand und schließlich auch Schauplatz des Konfliktes zwischen der Bundeswehr und Göttinger Bürgern. Gegen eine Erweiterung des Truppenübungsgeländes durch Rodungen im Göttinger Wald 1985 organisierte sich eine Protestbewegung, die sowohl von traditionell-konservativen Akteuren der alten Naturschutzbewegung wie von links-alternativen Gruppierungen, auch mit starkem studentischen Anteil, getragen wurde. Neben umweltpolitischen Argumenten bestimmte eine gegen die Militarisierung des öffentlichen Raums gerichtete Haltung das Engagement der Akteure, denen es schließlich auch gelang, ein breites Echo in der Bevölkerung zu finden. Arbeitskreise, Basisgruppen, Bürgerinitiativen organisierten den Protest und suchten auch nach überregionalen Bezügen. Vom Konzept der Rahmung ausgehend kann Sebastian Schlinkheider zeigen, wie die Auseinandersetzung friedens- und umweltpolitisch, aber auch grundlegend systemkritisch kontextualisiert wurde.

Ähnlich wie die Anti-AKW-Bewegung war auch die Friedensbewegung in der Hansestadt tief in den Reihen der Kirchen, der SPD und Gewerkschaften verwurzelt. Rahel Killisch und Wiebke Neuser fokussieren in ihrem Artikel auf den spezifischen Beitrag der Universität, die durch zahlreiche Lehrende und in zahlreichen Aktivitäten wichtige Unterstützung leistete. Im Unterschied zu der Anti-AKW-Bewegung wurden diese universitären Initiativen, insbesondere die internationale Friedensuniversität von der Hochschulleitung generell unterstützt. Gerade die Friedensuniversität war ein Versuch, in die Stadt hineinzuwirken: Die Beteiligung der nichtuniversitären Gruppierungen zeigt, dass dies gelungen war. Hier wäre zu fragen, aus welchen Gründen diese Initiativen an der Universität letztlich „einschliefen". Eine der Ursachen war natürlich die sich ändernde außenpolitische Situation. Eine andere war die veränderte Hochschullandschaft. Die Universität Bremen verabschiedete sich immer mehr von den Ideen aus ihrer Gründungsphase als Reformuniversität, als sie mit einem durchaus politischen Verständnis von Wissenschaft angetreten war.

Der Mangel an bezahlbarem Wohnraum sowie dessen Vernichtung und Zweckentfremdung – besonders im innerstädtischen Raum – war Ursache für die bundesweite Herausbildung einer Hausbesetzerszene. Am Beispiel von zwei spektakulären Besetzungen in Göttingen, der Augenklinik und der Zahnklinik, skizziert Daniel Strauß die verschiedenen beteiligten Akteure. Göttingen zählte zu den dichtbesiedelten Städten der Bundesrepublik und sah sich durch die Expansion der Universität mit einem besonders prekären Wohnraumproblem konfrontiert. Strauß analysiert das Agieren der drei Akteurs-Parteien – der Stadt Göttingen, der Hochschule und der Besetzer.

Er kann dabei sowohl Hintergründe und Motive für die verschiedenen Positionen aufzeigen als auch eine zunehmende Differenzierung innerhalb der Akteursgruppe der Besetzer eruieren. Der Unterschied der sich herausbildenden Strömungen innerhalb der Besetzerszene manifestierte sich im Wesentlichen an der grundsätzlichen Frage, ob die Wohnungskämpfer eine dauerhafte Wohn-Nutzung der Räume und den Abschluss von Mietverträgen anstrebten oder ob sie durch kurzzeitige Inbesitznahmen die Errichtung einer „realen Gegenmacht" etwa in Form von Aktionszentren anstrebten. Auch die diametral entgegengesetzte Haltung der beiden Strömungen gegenüber Gewalt führte schließlich zu unüberbrückbaren Gegensätzen – und zu unterschiedlicher Solidarisierung und Akzeptanz durch die Bevölkerung.

Um die Besetzung von Orten geht es auch in dem Artikel von Lea Barten, Kristina Haase und Judith Tietel. Sie untersuchen, wie die Frauenbewegung in Bremen entstanden ist und wie sie sich in den frühen 1980er Jahren entwickelt hat. Was unter Autonomie damals verstanden wurde, ist eine ihrer Leitfragen. Eine Veranstaltung mit den Feministinnen Heike Sander und Marianne Herzog aus West-Berlin 1969 wird als Initialzündung einer Bremer Frauenbewegung bezeichnet – zu einem Zeitpunkt, als Bremen noch keine Universität hatte. Ziele und Orte der autonomen Frauenbewegung sowie Projekte und Aktionsformen (z.B. Walpurgis-Nacht), mit denen die Akteurinnen Einsichten aus ihren theoretischen Diskursen praktisch umzusetzen versuchten, stehen im Mittelpunkt ihres Beitrags. Ausführlich wird das „autonome Frauenhaus" als eines der erfolgreichsten und heute noch existierenden Projekte der Frauenbewegung in Bremen vorgestellt. Grundlage neben schriftlichen Quellen ist ein Interview mit einer früheren Mitarbeiterin des Frauenhauses, die in den 1980er Jahren dort aktiv war. Frauen, die aus gewalttätigen Beziehungen flüchteten, wurden nicht als „Fälle" behandelt, sondern „als völlig normale Frauen", deren

Selbständigkeit und Autonomie gefördert werden sollten. Auch auf die „im Autonomieanspruch begründeten Konflikte" – z.B. die unterschiedliche Haltung der Mitarbeiterinnen und der Bewohnerinnen zur Polizei – gehen die Verfasserinnen ein. Abschließend greifen sie eine Überlegung von Barbara Duden auf, ob die Forderungen *von* Frauen heute als Forderungen *an* Frauen gestellt werden.

Wie sich in den 80er Jahren die Beziehungen zwischen Geschlechtern im alternativen Milieu verändert haben, untersuchte der Konstanzer Historiker Sven Reichardt anhand von Kontaktanzeigen am Beispiel des Frankfurter Pflasterstrands und der Berliner Zitty. Kontaktanzeigen als aussagekräftige Quellen für das Geschlechterverhältnis waren in der Geschichtswissenschaft noch Neuland. Diesen Zugang fanden Larena Schäfer und Jens Crueger ausgesprochen spannend und sie machten sich auf die Suche, wie im alternativen Milieu Bremens Kontakte geknüpft und welche Bilder von Partner_innen gezeichnet wurden. Die Präsentationen ihres Vorhabens sorgten im Seminar immer für vergnügte Stimmung. Zwei Zeitungen, das Kursbuch und das Bremer Blatt, können der Szene zugerechnet werden und erschienen über einen Zeitraum von über zehn Jahren. Beide hatten eine ständig größer werdende Rubrik Kontakte. Die Leserschaft kam nicht nur aus dem links-alternativen Spektrum, was sich auch in den Anzeigen widerspiegelte. Im Bremer Blatt stellen die Verfasser_innen eine „Szene-Verdrossenheit" fest, die sich im „Wunsch nach konventionellen partnerschaftlichen Aspekten" äußerte und im Widerspruch zu den alternativen Normen stand. Ab Mitte der 80er Jahre nimmt der Wunsch nach „Dauerfreundschaft" mehr und mehr Raum ein – interessanterweise aber ein ausdrücklich nur von Männern artikuliertes Konzept.

Wir haben weiter oben angedeutet, dass die Wahl der Forschungsfelder wohl auch z.T. von den Sympathien der Studierenden mit bestimmten

Gruppen geprägt war. Teilweise sind einige von ihnen auch heute in ähnlichen Gruppen aktiv. Jedenfalls war auffällig, dass es in den Diskussionen auch um die politische Positionierung der Teilnehmer_innen ging. Wir können nicht verhehlen, dass v.a. in Bremen, wo die Dozentinnen nicht nur „Zeitzeuginnen" (das sind auch die Göttinger Lehrenden) sind, sondern in unterschiedlicher Weise selbst in diesen Bewegungen aktiv waren, auch ihre Erinnerungen in die Diskussionen einflossen. Insofern spiegelten sich die intergenerationell geprägten Auseinandersetzungen, von denen schon die Rede war, auch in den Seminaren wider. Wir haben dies als fruchtbar erlebt und sind den Studierenden für ihren Langmut mit uns dankbar.

Wir haben zu danken:

Vor allem und zuerst unseren Studierenden aus dem Projekt, Tobias Kornemann, der die Formatvorlage erstellt hat, allen Interviewpartner_innen und hilfsbereiten Menschen in den Archiven, den Fotografen Nils König, Karlheinz Otto und Eckhard Stengel, dem Klartext Verlag für die Bereitschaft, dieses in manchem „unfertige" Projekt zu publizieren, der Georg-August-Universität in Göttingen und der Universität Bremen für großzügige finanzielle Unterstützung.

Eine umstrittene Vereidigung

Der 6. Mai 1980 in Bremen stand im Vorfeld bereits unter den Vorzeichen des am 12. Dezember 1979 abgeschlossenen NATO-Doppelbeschlusses. Dieser hatte eine Reglementierung des amerikanischen und sowjetischen Nuklearwaffenpotenzials im Bereich der sogenannten „Mittelstreckenraketen" beinhaltet, gleichzeitig aber auch die Modernisierung und Aufstockung des amerikanischen Waffenpotentials mit neueren und vor allem moderneren Raketentypen vorgesehen. Insbesondere der letzte Punkt sorgte dafür, dass der „NATO-Doppelbeschluss" in der deutschen Friedensbewegung eher als „Nachrüstungsbeschluss" bekannt geworden war.[1] Die für den 6. Mai 1980 in Bremen geplante öffentliche Vereidigung von 1.700 Bundeswehrrekruten war also nach Meinung des Autors Karl-Ludwig Sommer die erste Gelegenheit, öffentlich gegen den Doppelbeschluss der NATO kritisch Stellung zu beziehen.[2] Gleichzeitig fiel die Vereidigung auf den 25. Jahrestag des Beitritts der Bundesrepublik in die NATO, weshalb die Vereidigung zu einem *„Staatsakt von überregionaler politischer Bedeutung ausgestaltet"* wurde.[3] Auch deshalb waren mit prominenten politischen Gästen wie Verteidigungsminister Hans Apel, Bundespräsident Karl Carstens und *„einer Reihe hochrangiger NATO-Offiziere"* mehr in der (politischen) Öffentlichkeit agierende Teilnehmer gekommen als dies bei vorangegangenen, öffentlichen Vereidigungen der Fall gewesen war. Bereits im Vorfeld war die Vereidigung innerhalb der Bremer Politik umstritten gewesen, insbesondere die SPD diskutierte die

---

[1] Karl-Ludwig Sommer: „Bremen und die Bundesrepublik: Konfliktfelder: Rekrutengelöbnis", in: K. M. von Barfuß/H. Müller/D. Tilgner (Hg.): Geschichte der Freien Hansestadt Bremen von 1945-2005, Bd. 2: 1970-1989, Bremen 2010, 42 ff.

[2] Sommer, 40 ff.

[3] Ebd.

von vielen als „überholtes militärisches Ritual" bezeichnete Vereidigung innerhalb der eigenen Partei und auch in der Bürgerschaft sehr kontrovers.[4] Gleichzeitig mehrten sich die Zeichen, dass es am 6. Mai zu groß angelegten Demonstrationen verschiedener Gruppierungen kommen würde, die aber offenbar z.T. von den Bremer Sicherheitsbehörden nicht ernsthaft überprüft bzw. nicht kommuniziert wurden. Der Bremer Historiker Karl-Ludwig Sommer fasst die Ereignisse kurz zusammen:

> „Am 6. Mai formierten sich bereits nachmittags mehrere, von verschiedenen Gruppierungen organisierte Demonstrationszüge zum Weser-Stadion, in deren Verlauf sich bereits im Ostertorviertel mehrere Zwischenfälle ereigneten. Vor dem Stadion lieferte sich schließlich eine größere Gruppe von Demonstranten, die das Stadion stürmen wollten, eine Straßenschlacht mit der Polizei, bei der mehrere Autos in Brand gesteckt wurden und es auf beiden Seiten viele, zum Teil sogar schwer Verletzte gab, während die Vereidigungszeremonie im Stadion programmgemäß durchgeführt wurde."[5]

---

[4] Ebd.

[5] Ebd.

Florian Reible und Christophe Schindler

„... bürgerkriegsähnliche Zustände!"
Die politische Bewertung der Bremer Ausschreitungen

„Am 6. Mai vormittags ist in Bremen bei unserer Ankunft die Welt noch in Ordnung. Nachmittags und abends herrschen in der Stadt bürgerkriegsähnliche Zustände mit brennenden Autos, hunderten von Verletzten. Straßenschlachten toben um das Stadion. Carstens und ich müssen mit dem Hubschrauber in das Stadion eingeflogen werden."[1]

So beschreibt der Bundesminister der Verteidigung Hans Apel den 6. Mai 1980 in Bremen. 250 verletzte Polizisten, 50, zum Teil schwer verletzte, Demonstrant_innen in den Krankenhäusern: Die „feierliche Vereidigung" von 1.700 Bundeswehrrekruten im Bremer Weserstadion endet in einer blutigen Schlacht oder, wie es der Bremer Innensenator Helmut Fröhlich (SPD) 1980 im Interview mit dem Magazin SPIEGEL ausdrückte, „den schwersten Zwischenfällen in Bremen seit Kriegsende".[2]

Doch wie konnte eine Vereidigung von Bundeswehrrekruten derart eskalieren? Zwei Untersuchungsausschüsse – einer auf regionaler Ebene in der Bremer Bürgerschaft und der Verteidigungsausschuss des Bundestages auf Bundesebene – beschäftigte genau diese Frage. Im Mittelpunkt des Artikels steht nach einer knappen Darstellung der Arbeit des Bremer Ausschusses die Auseinandersetzung im Verteidigungsausschuss. Dabei sollen vor allem die Fragen nach etwaigen Vorkenntnissen der Bremer Behörden über zu erwartende Unruhen, der Kenntnisstand der Bundesbehörden am

---

[1] Verteidigungsminister Apel über den 6. Mai 1980 in Bremen, zit. nach: Wolfgang Schmidt: „Vom Kalten Krieg zur deutschen Einheit: Analysen und Zeitzeugenberichte zur deutschen Militärgeschichte 1945-1995", München 1995, 253 f.

[2] Art.: „Signale überhört", in: DER SPIEGEL, 20 (1980), 25.

Beispiel des Militärischen Abschirmdienstes (MAD) und die Rolle von Bürgermeister Hans Koschnick und Senator Dr. Henning Scherf behandelt werden. Außerdem soll geklärt werden, inwiefern die „Jusos" innerhalb der SPD Kontakt zu militant agierenden Gruppen hatten.

A. „In Plötzlichkeit und Heftigkeit nicht absehbar"[3]
Die Bremer Bürgerschaft ermittelt

Bereits am folgenden Tag kam es in der Bremer Bürgerschaft zu einer „erregten Debatte"[4], in der nahezu alle Parteien die Ausschreitungen auf das Schärfste verurteilten. Lediglich der Abgeordnete der Bremer Grünen Liste, Axel Adamietz, wertete die Krawalle als „Symptom von Angst und Ohnmachtsgefühlen innerhalb der Bevölkerung".[5] Der sozial-liberale Senat beauftragte den ehemaligen Justizsenator Ulrich Graf (FDP) die Vorfälle objektiv und neutral zu untersuchen und dabei zu prüfen, ob die zuständigen Behörden die Sicherheitslage falsch eingeschätzt hatten. Als Reaktion auf eine äußerst kontroverse Debatte im Bundestag, die das Chaos in Bremen als sicherheitspolitisches Desaster wertete, und auf die in den westdeutschen Medien verheerende Berichterstattung beschloss die SPD-Fraktion der Bürgerschaft unter Vorsitz von Klaus Wedemeier am 21. Mai 1980 die Einberufung eines parlamentarischen Untersuchungsausschusses.[6] Diese Forderung wurde zeitgleich auch von der CDU eingebracht[7], gleichzeitig

---

[3] Der Bremer Polizeipräsident Ernst Diekmann über die Krawalle, in Art.: „Bremer Krawalle: Grüße von Graf Molotowski", in: DER SPIEGEL, 28 (1980), 36.

[4] Sommer, 42 ff.

[5] Verhandlungen der Bremer Bürgerschaft, zit. nach Ebd.

[6] Vgl. Drucksache 10/207, 10. Wahlperiode Bremer Bürgerschaft, 21.05.1980.

[7] Sommer, 42.

drohte diese aber damit, die Untersuchungen des 6. Mais an den Verteidigungsausschuss der Bundesregierung abzugeben, sollte sich herausstellen, dass „die SPD Mehrheit in Bremen die Wahrheit zu verschleiern versuche".[8] Dieser aus sieben Politikern verschiedener Parteien – die Anzahl der Sitze abhängig von der Anzahl der Mandate aufgeschlüsselt (SPD= 4 Sitze, CDU=2 Sitze, FDP=1 Sitz) – gebildete Ausschuss hatte die Aufgabe, bis zum 20. Juni 1980 einen Bericht vorzulegen. Zentrale Aufgabe des Ausschusses war es, den Ablauf der Krawalle, die politischen Vorbedingungen und eine kritische Analyse des Bremer Sicherheitskonzeptes zu erarbeiten. Allerdings wurde die Arbeit des Bremer Ausschusses zu einem lokalen Problem, welches auch die eigenen Sicherheitsorgane betraf, in den westdeutschen Medien und auch der Politik sehr kritisch rezipiert, vor allem, weil schnelle Untersuchungsergebnisse ausblieben. So diagnostizierte die „Frankfurter Rundschau" in einem Artikel vom 18.06.1980: „Der nach den Krawallen ermittelnde Ausschuss tritt im Wesentlichen noch auf der Stelle."[9] Weiterhin heißt es, dass auch durch die Befragung mehrerer verantwortlich gemachter Politiker „nichts als die Bestätigung der Unsicherheit dieses nun seit einer Woche öffentlich tagenden Gremiums" zum Ausdruck gebracht wurde.[10] Zwar attestierte die Korrespondentin der Frankfurter Rundschau, Lilo Weinsheimer dem Bremer Ausschuss „Bienenfleiß", letztlich werde aber von allen Verantwortungsträgern wie beispielsweise von Innensenator Helmut Fröhlich (SPD) „immer wieder auf die Zuständigkeit anderer" verwiesen.[11]

---

[8] Art.: Lilo Weinsheimer: „Wie man in Bremen den ‚schwarzen Dienstag' bewältigt", in: Frankfurter Rundschau vom 18.06.1980.
[9] Ebd.
[10] Ebd.
[11] Ebd.

Bereits in den ersten Sitzungen kam es zu heftigen Meinungsverschiedenheiten, die sich insbesondere an der Rolle des Jugendsenators Henning Scherf (SPD) entzündeten. Dieser hatte sich am 6. Mai direkt am Schauplatz der Krawalle aufgehalten, um – laut Protokoll – „mäßigend" auf die oft jugendlichen Demonstrant_innen einzugehen.[12] Dieser Streitpunkt und die Diskussion um formale Verfahrensfragen sorgten schließlich dafür, dass die zwei von der CDU gestellten Mitglieder Ralf Bortscheller und der Ausschussvorsitzende Günter Klein den Ausschuss unter Protest verließen. Die Arbeit des Ausschusses wurde nur mit den Mitgliedern von SPD und FDP fortgesetzt, da sich die CDU-Fraktion weigerte, neue Vertreter zu schicken. Noch vor der Veröffentlichung des Bremer Ausschussberichtes konstituierte sich der Verteidigungsausschuss des Bundestages auf Antrag der Bundesfraktion der CDU/CSU.[13]

B. „Einsetzung des Verteidigungsausschusses beantragt"[14]

Der Verteidigungsausschuss[15] des Bundestages bestand aus 12 Abgeordneten der SPD und zwei FDP-Abgeordneten, die im Folgenden als Ausschussmehrheit bezeichnet werden, ihnen gegenüber standen 13

---

[12] Protokoll des Ausschusses, zit. nach Sommer: Bremen und die Bundesrepublik, 42.

[13] Ebd.

[14] Bericht des Verteidigungsausschusses als 2. Untersuchungsausschuss nach Artikel 45 a Abs. 2 Grundgesetz zu dem Antrag der Mitglieder der Fraktion der CDU/CSU im Verteidigungsausschuss auf Einsetzung des Verteidigungsausschusses als Untersuchungsausschuss zur Untersuchung der Vorgänge im Zusammenhang mit den blutigen Krawallen anlässlich des öffentlichen Gelöbnisses von Bundeswehrsoldaten am 6. Mai 1980 im Weserstadion, Drucksache 8/4472 vom 08.09.1980, 9.

[15] Gebildet auf Grundlage von Artikel 45 a Abs. 2, Grundgesetz: „Der Ausschuss für Verteidigung hat auch die Rechte eines Untersuchungsausschusses. […]"

CDU/CSU Mitglieder, die sogenannte Ausschussminderheit. Die Machtverhältnisse entsprachen dabei prozentual den Sitzen der Parteien im Bundestag (SPD=228 Sitze, CDU/CSU=237 Sitze und FDP=54 Sitze).[16] Der Verteidigungsausschuss formulierte zu Beginn seiner Arbeit acht Kernfragen, die er erörtern werde. Darunter fallen unter anderem auch die Vorabermittlungen sowohl von Bundesorganen wie beispielsweise dem Militärischen Abschirmdienst als auch die lokale Gefahreneinschätzung durch die bremische Bürgerschaft und die daraus hervorgegangenen Bewertungen der unterschiedlichen Gremien. Interessanterweise sind auch die Haltung und die Aktivitäten des Bremer Senators Henning Scherf Bestandteil eines gesondert ausformulierten Punktes für die Ausschussarbeit. Die Frage lautete: „Hat sich der Bremer Senator Dr. Scherf beim DGB-Landesvorsitzenden Bremen/Niedersachsen darum bemüht, eine Aufhebung des Verbots der Teilnahme an den Bremer Demonstrationen für die DGB-Jugend zu erreichen, und was hat die Bundesregierung darüber wann erfahren?"[17] Von dieser Ausnahme abgesehen werden keine weiteren Personen oder Gruppierungen erwähnt, lediglich die Frage nach einer – wie auch immer gearteten – „Willensbildung der SPD-Fraktion der Bremer Bürgerschaft zu den bevorstehenden Demonstrationen"[18] wird thematisiert.

Durch diesen Fragenkatalog sollten der Kenntnisstand, die getroffenen Gegenmaßnahmen, die Zusammenarbeit sowie Fehler und Versäumnisse der verantwortlichen Stellen geklärt werden. Verantwortlich waren dabei die Landesregierung Bremen und die zuständigen Sicherheitsbehörden, wie die Bremer Polizei und der Verfassungsschutz des Landes Bremen. Aber

---

[16] Offizielles Endergebnis des Bundeswahlleiters.

[17] Verteidigungsausschuss, 1980, 5.

[18] Ebd.

auch die Bundesregierung war mit ihren Institutionen wie dem Amt für die Sicherheit der Bundeswehr (ASBw), dem Militärischen Abschirmdienst (MAD) und dem Bundeskriminalamt (BKA) für bestimmte Aktionen im und um das Weserstadion zuständig. Auch Angehörige der Bundeswehr, wie die Feldjäger, waren zudem mitverantwortlich für die Planung als auch den teilweisen Schutz der Veranstaltung.

C. „... dem MAD lagen eigene Erkenntnisse vor ..."[19]

Im Untersuchungsbericht wurde festgestellt, dass der MAD frühzeitig Hinweise auf *„massive Störungen"*[20] der Rekrutenvereidigung im Weserstadion erhalten habe. Im April hatten mehrere Veranstaltungen stattgefunden, in denen Gegner_innen der Vereidigung über ein gemeinsames Vorgehen beraten hatten. Teilnehmer dieser Veranstaltungen waren Gewerkschaften, wie die IG Metall und die DGB-Jugend, und Angehörige politischer Parteien, wie die Arbeitsgemeinschaft der Jungsozialistinnen und Jungsozialisten in der SPD (Jusos), die Bremer Grüne Liste (BGL), die Alternative Liste (AL) und andere Gruppierungen wie die Bremer Bürgerinitiativen gegen Atomanlagen (BBA) und der Kommunistische Bund Westdeutschlands (KBW). Außerdem nahmen Betriebs- und Personalräte sowie Schülervertretungen teil. Diese Treffen der Gegner_innen der Vereidigung standen unter Beobachtung des MAD und des Landesamts für Verfassungsschutz (LfV) des Landes Bremen.

Die Erkenntnisse des MAD wurden am 23. April an das Verteidigungsministerium gemeldet, dort hieß es unter anderem:

---

[19] Ebd., 20.

[20] Ebd., 20.

Die politische Bewertung der Bremer Ausschreitungen

„Nach dem derzeitigen Erkenntnisstand ist nur der gemeinsame Wille erkennbar geworden, die Veranstaltung der Bundeswehr auf jeden Fall zu stören. Form und Umfang sind weiterhin strittig. Vom KBW und von der BBA sind aufgrund bisheriger Erfahrungen gewaltsame Aktionen zu erwarten. [...] Der Senat von Bremen ist unterrichtet."[21]

Das Bundesamt für Verfassungsschutz (BfV) war über die geplanten Störungen des Gelöbnisses nicht unterrichtet worden. Dies wäre Aufgabe des Landesamtes für Verfassungsschutz und des MAD gewesen, sollten überregionale, Ländergrenzen übergreifende Aktionen erwartet werden. Das LfV Bremen rechnete aufgrund seiner Erkenntnisse jedoch mit lokal begrenzten Demonstrationen und erwartete nur die Beteiligung bremischer Organisationen an den Gegenmaßnahmen. Erst am 6. Mai, dem Tag der Vereidigung, erlangte das LfV Bremen durch die Presse und durch Hinweise vom LfV Hamburg Kenntnis von einer überregionalen Mobilisierung, die damit einer Meldepflicht an das Bundesamt für Verfassungsschutz unterlag. Die anschließende Meldung kam für etwaige Konsequenzen durch das BfV jedoch zu spät. Das LfV Bremen hat später diesen Fehler zugegeben und sich in einem Schreiben an das BfV entschuldigt.

Insbesondere die Vertreter der CDU/CSU kritisierten in dem Untersuchungsbericht das Verhalten des LfV. So sei nicht auszuschließen, dass „eine rechtzeitige Unterrichtung des BfV und die unverzügliche Aktivierung seiner Arbeitsmöglichkeiten dazu beigetragen hätten, Art und Ausmaß der geplanten Störungen besser zu erkennen und ihnen erfolgreicher entgegenzuwirken"[22]. Neben dem LfV Bremen seien aber auch der MAD und Bundesinnenminister Gerhart Baum (FDP) ihrer Informationspflicht gegenüber dem BfV nicht nachgekommen. Das BfV hatte also bis zum 6. Mai

---

[21] Ebd., 21.

[22] Ebd., 37.

keinerlei Erkenntnisse über die erwarteten Aktionen erhalten und konnte sich deshalb weder an der Aufklärungsarbeit noch an der Vorkehrung geeigneter Sicherheitsmaßnahmen beteiligen.

Die Arbeit des MAD wird, sieht man über die unterlassene Informierung des BfV hinweg, vom gesamten Ausschuss als korrekt und angemessen bewertet, während das LfV insbesondere von der Union kritisiert wird. Das LfV Bremen sei demnach durch politische Vorgaben in seiner Arbeit behindert und politisch vereinnahmt worden. So habe das LfV im Bereich der Hochschulen keine Nachforschungen anstellen dürfen und auch die Aufklärungsarbeit in Betrieben sei durch die Vorgabe der regierenden SPD behindert worden. Auch sei durch politische Einflussnahme im Abschlussbericht des LfV die maßgebliche Rolle der Jusos bei der Planung der Demonstrationen zusammen mit extremistischen Gruppierungen nicht erwähnt worden. Die SPD und die FDP kommen in dieser Hinsicht zu einem ambivalenten Ergebnis. Einerseits führen auch sie die Zeugenaussagen an, die eine Einflussnahme der Politik auf das LfV schilderten. Andererseits erwähnen sie aber auch die Aussagen von Innensenator Helmut Fröhlich (SPD) und dem Leiter des LfV, wonach dies keineswegs der Fall gewesen sei. Die Praxis des LfV, die Hochschulen und die Betriebe auszusparen, sei gesetzeskonform gewesen, da demokratische Organisationen vom Verfassungsschutz nicht überwacht werden dürften. Der Absprache zwischen dem MAD und dem LfV Bremen, wonach das LfV hauptsächlich die Bremer Bürgerinitiative gegen Atomkraftwerke (BBA) und den KBW beobachten sollte, sei nachgekommen worden. Daher sei im Abschlussbericht, der für den MAD bestimmt war, auch hauptsächlich von Gruppierungen aus dem Bereich der „K-Gruppen" die Rede. Daraus resultiere, dass nicht alle Erkenntnisse des LfV in dem Bericht erwähnt wurden, so auch nicht diejenigen über die Aktionen der Jusos.

Das BKA war – ebenso wenig wie das BfV – über befürchtete Ausschreitungen nicht unterrichtet worden. An der Gelöbnisfeier nahmen neben ranghohen NATO-Funktionären auch Bundespräsident Carstens und Verteidigungsminister Apel teil, für deren Personenschutz das BKA zuständig war. Aufgrund der fehlenden Informationen über ein Bedrohungspotenzial ist dieser Schutz jedoch nicht, wie es nach Aussage des BKA nötig gewesen wäre, verstärkt worden. Auch der Referent der Sicherungsgruppe, der die Lage vor Ort am 2. Mai inspizierte, sei nicht auf eine mögliche Gefährdung hingewiesen worden. Das BKA stellte zudem am 5. und 6. Mai Anfragen „über Personen oder Ereignisse, welche die Sicherheitslage beeinflussen konnten"[23] an das LKA Bremen, erhielt jedoch keine Antwort.

Der Verteidigungsausschuss stellt in seinem Abschlussbericht fest, dass der MAD, das LfV Bremen und Bundesinnenminister Baum ihrer Informationspflicht gegenüber dem BfV und dem BKA nicht nachgekommen seien, weshalb diese Behörden keine angemessenen Gegenmaßnahmen vorbereiten konnten. Auch habe der bremische Senat, bestehend aus SPD und FDP auf das LfV Bremen politisch eingewirkt, die Auswirkungen davon seien aber strittig.

D. Bürgermeister Koschnick und der Bremer Senat

Im Untersuchungsbericht kritisierte die CDU insbesondere den Präsidenten des Bremer Senats, Bürgermeister Hans Koschnick. So sicherte Koschnick dem Bundespräsidenten Karl Carstens im Februar 1980 zu, dass die geplante Rekrutenvereidigung im Bremer Weserstadion stattfinden könne. Die offizielle Bestätigung erfolgte dann durch Verteidigungsminister Hans Apel und Bürgermeister Koschnick. Einer Zustimmung des Bremer

---

[23] Ebd., 38.

Senats bedurfte es für diese Entscheidung nicht. Die Vertreter der CDU/CSU warfen Koschnick vor, den Senat von seiner Entscheidung erst so spät unterrichtet zu haben, so dass „sich in Bremen heftige Kontroversen über die geplante Veranstaltung entwickeln konnten, die den Boden für die Ereignisse in Bremen bereitet haben"[24]. Eine Äußerung Koschnicks gegenüber der Presse, er empfinde „die Vereidigung mit großem Zapfenstreich und Fackelzug als vordemokratisches Ritual"[25], habe den Eindruck erweckt, er selbst stehe nicht vollständig hinter dem geplanten Gelöbnis. Koschnick sei außerdem nicht in der Lage gewesen, seine Position innerhalb des Senats und der SPD durchzusetzen. So sei auch vom Senat nur erklärt worden, dass „Bürgermeister Koschnick zu der Veranstaltung in der Senatspressekonferenz positiv Stellung nimmt"[26]. Koschnick sei nicht in der Lage gewesen, große Teile der Bremer SPD zu einer positiven Stellung gegenüber der Vereidigung zu bewegen. Stattdessen hätten die Jusos mit ihrer Demonstration die Veranstaltung zu verhindern gesucht und die SPD-Bürgerschaftsfraktion habe dies durch Nichteinwirkung auf die Jusos billigend in Kauf genommen.

In seiner Rede vor dem Bundestag am 13. Mai anlässlich der „Vorfälle beim Rekrutengelöbnis in Bremen im Mai"[27] habe Koschnick außerdem „objektiv unrichtig vorgetragen"[28], dass die Bremer Jusos im Vorfeld der Demonstrationen keine Kontakte mit dem KBW gehabt hätten. So sei auch trotz gegenteiliger Äußerungen Koschnicks die Universität Bremen an den Aktionen des 6. Mai nicht unwesentlich beteiligt gewesen. Hinweise aus

---

[24] Ebd., 41.

[25] Ebd., 42.

[26] Ebd.

[27] Protokoll des deutschen Bundestags vom 13.05.1980: BT - 2. Beratung Plenarprotokoll 08/216 13.05.1980.

[28] Ebd., 41.

dem Verteidigungsministerium auf bevorstehende Krawalle habe Koschnick nicht an die zuständigen staatlichen Stellen weitergeleitet. Es sei dafür nur parteiintern nachgefragt worden, ob es eine Zusammenarbeit zwischen Jusos und dem KBW oder anderen „K-Gruppen" gebe. Nach einer verneinenden Antwort habe man keine weiteren Erkundigungen eingezogen. Hätte man jedoch weitergeforscht, so die Union, dann wäre die Zusammenarbeit zwischen Jusos und Kommunisten offensichtlich geworden, was Koschnick wiederum „die Möglichkeit geboten [hätte], sich rechtzeitig einzuschalten und Einfluß auf den Gang der Demonstrationen zu nehmen"[29].

Die Unionspolitiker im Verteidigungsausschuss warfen Koschnick vor, einerseits der Rekrutenvereidigung politisch zugestimmt, andererseits aber durch seine Äußerungen Stimmung gegen selbige gemacht zu haben. Zudem habe Koschnick die Verbindung der Jusos zu den „K-Gruppen" nicht weiter untersuchen lassen, so dass eine Einflussnahme nicht möglich war.

E. „Zwischen den Linien"[30]
Jugendsenator Henning Scherf

Das Verhalten Henning Scherfs, des Bremer Senators für Soziales, Jugend und Sport, ist neben der Rolle Koschnicks besonders kontrovers diskutiert worden. Im Vorfeld der Demonstrationen hatte Scherf zwei dem Gelöbnis gegenüber positive Stellungnahmen als Mitglied des Bremer Senats mitgetragen, am 6. Mai nahm Scherf jedoch an den Demonstrationen teil. Nach eigener Aussage habe er für Anwesende ansprechbar sein und extreme Demonstrant_innen mäßigen wollen. Dies geschah mit Kenntnis

---

[29] Ebd., 42.

[30] Verteidigungsausschuss, 1980, 43.

des Bremer Bürgermeisters Koschnick und des Verteidigungsministers Apel. Während der Demonstrationen habe Scherf dann mit vielen Bremer Bürger_innen, Journalist_innen und Demonstrant_innen gesprochen. Versuche, gewalttätige Demonstrant_innen zu mäßigen, seien jedoch nicht erfolgreich gewesen, so der Untersuchungsbericht.[31]

Die Vertreter der SPD und der FDP bewerteten die Rolle Scherfs nicht, da sie zu dem Schluss gekommen waren, dass die Haltung des Bremer Senats und seiner Mitglieder als Verfassungsorgane eines Landes nicht durch einen Ausschuss des Bundesparlaments beurteilt werden könne. Dem widersprach die Union. Sie sah keine verfassungsrechtlichen Probleme, da nicht zuletzt auch andere Bundesausschüsse solche Wertungen vorgenommen hätten. Senator Scherf habe versucht, so die Vertreter der CDU/CSU, die Demonstration zu verstärken, indem er den DGB-Landesvorsitzenden von Niedersachsen telefonisch um eine Teilnahme der DGB-Jugend an der Demonstration ersuchte. Außerdem wurde Scherf vorgehalten, durch seine Anwesenheit die Demonstrant_innen ermutigt zu haben, da sie „aus dieser Anwesenheit ‚zwischen den Linien' Schlüsse auf seine Distanz zum feierlichen Gelöbnis"[32] hätten ziehen können. Dabei gelte die Erklärung des Bremer Polizeipräsidenten Diekmann nicht zuletzt auch für Scherf: „Für einen Gewalttäter solcher Gewalthandlungen, die am 6. Mai passiert sind, bedeutet jeder, der steht, toleriert und duldet eine Ermutigung, auch jeder sogenannte friedliche Demonstrant."[33] Zudem gerate Senator Scherf auch in die Nähe der orthodoxen Kommunisten und ihrer politischen Ziele, weil er sie als Gesprächs- und Verhandlungspartner akzeptiert habe. Ein weiterer Kritikpunkt der Union war eine Aussage

---

[31] Ebd., 30-31.

[32] Ebd., 43.

[33] Ebd.

Scherfs gegenüber der Polizei anlässlich ihres Einsatzes am 1. Mai 1980, wonach die Polizei jede Jugendarbeit dramatisch gefährde. Damit habe Scherf die Polizei psychologisch verunsichert.[34]

Die CDU kam zu dem Ergebnis, dass Scherf durch sein Verhalten zur Eskalation der Demonstration beigetragen habe.

F. Die Rolle der Jungsozialisten

Der Untersuchungsausschuss befasste sich auch mit der Rolle der Jusos. Vor dem Hintergrund der Gewalteskalation am 6. Mai war es eine politisch brisante Frage, ob die Jusos mit als gewaltbereit bekannten „K-Gruppen" zusammengearbeitet oder diese unterstützt hätten. Besonders kontrovers wurde diskutiert, ob die Jusos an einem Treffen des KBW am 17. April teilgenommen hatten und was dabei ihre Rolle gewesen war.

Nach Angaben des MAD nahmen Angehörige der Jusos an der KBW-Veranstaltung teil, demgegenüber standen jedoch die eidesstattlichen Aussagen der Jusos selbst und die des LfV Bremen, die eine Teilnahme verneinten. Der Ausschuss kam zu dem Ergebnis, dass die Frage nach einer Beteiligung der Jusos wohl nicht mehr mit Sicherheit zu beantworten sei. Von einem Aktionsbündnis der Jusos und anderen demokratischen Organisationen mit dem KBW könne jedoch keine Rede sein. Stattdessen hätten die Jusos zu einer eigenen friedlichen Demonstration aufgerufen, „um den KBW zu isolieren"[35]. Auf einer Veranstaltung der Jusos seien Vertreter des KBW des Saals verwiesen worden, jedoch nach deren Weigerung nicht

---

[34] Ebd.

[35] Ebd., 23.

gewaltsam entfernt worden. Dies könne nicht als „gemeinsames Vorgehen umgedeutet werden"[36].

Die Vertreter der CDU/CSU konnten sich dieser Bewertung nicht anschließen und sprachen stattdessen davon, dass die Jusos aktiv die Beteiligung der orthodoxen kommunistischen Organisationen an den Demonstrationen befürwortet hätten. Ohne die Teilnahme insbesondere der Jusos an den Demonstrationen hätten die gewalttätigen Demonstrant_innen nicht den Schutz der Menschenmassen gehabt. Zudem hätten die Jusos mit Absicht „die Federführung bei den Aktivitäten gegen die Bundeswehr"[37] übernommen, indem sie kirchliche, gewerkschaftliche und politische Organisationen zu einer gemeinsamen Demonstration aufgefordert hätten. Die Teilnahme der Jusos an der Veranstaltung des KBW sieht die Union als erwiesen an.

Während die SPD und die FDP im Untersuchungsbericht eine Zusammenarbeit der Jusos mit orthodoxen Kommunisten bestreiten, sieht die Union die Teilnahme der Jusos an Treffen kommunistischer Gruppierungen als gegeben an.

G. Fazit

Nachdem der Bremer Untersuchungsausschuss aus Sicht der Bremer CDU Fraktion gescheitert war, forderte diese eine Untersuchung durch einen Ausschuss auf Bundesebene. Trotz des Ausscheidens der Unionspolitiker publizierte der Bremer Ausschuss einen abschließenden Bericht, in dem den zuständigen Behörden keine fahrlässige Verantwortung für die

---

[36] Ebd.

[37] Ebd., 35.

Eskalation der Demonstrationen attestiert wurde. Der Untersuchungsausschuss des Bundesministeriums für Verteidigung in Bonn nahm seine Arbeit am 6. Juli 1980 und somit noch vor Veröffentlichung des Bremer Ausschussberichtes auf. Hiermit wird deutlich, dass die CDU/CSU Bundesfraktion der Arbeit des Bremer Gremiums misstraute, was insbesondere durch den fehlenden Minderheitenschutz in der Bremer Verfassung (§ 105) begründet war. Dieser Schutz war hingegen auf Bundesebene gegeben und bot der Union die Möglichkeit, ihre gegensätzliche Position im Abschlussbericht darzustellen. Der Untersuchungsausschuss des Bundes stellte in seinem am 8. September 1980 veröffentlichten Abschlussbericht fest, dass auf Grundlage der vorhandenen Erkenntnisse im Vorfeld der Rekrutenvereidigung vom 6. Mai 1980 mit gewaltsamen Störungen der Veranstaltung in Bremen hätte gerechnet werden müssen. Bereits hier zeichnet sich eine erheblich andere Einschätzung ab, als dies im Bericht des Bremer Ausschusses der Fall war. Nach Ansicht des Verteidigungsausschusses haben die zuständigen Bremer Behörden keine hinreichenden Maßnahmen getroffen, um dem zu erwartenden Gewaltpotenzial der verschiedenen Demonstrationszüge unterschiedlicher Gruppierungen entgegenzutreten. Das Hauptaugenmerk der Sicherheitskräfte lag auf der störungsfreien Durchführung der Veranstaltung, dieses Ziel konnte zumindest für den Innenbereich des Bremer Weserstadions und somit für die eigentliche Vereidigungszeremonie erreicht werden. Der Ausschuss erkennt die Prioritäten der Bremer Behörden einerseits an, wirft ihnen aber andererseits eine eklatante Unterschätzung des Risiko- und Gewaltpotenzials der Demonstrationsteilnehmer_innen vor.

Die fehlende Unterrichtung zweier Bundesbehörden, des BKA und des BfV, macht ein Versagen der Informationspolitik und somit ein Kommunikationsdefizit der Sicherheitsbehörden untereinander auch auf Bundesebene deutlich. Vor dem Hintergrund, dass das BKA für den Personenschutz des

Bundespräsidenten und des Verteidigungsministers zuständig war, wiegt das Nichtwissen über die erwartete Eskalation besonders schwer. Der Bundesausschuss bewertet den gewaltsamen Protest im Umfeld der Vereidigung als das Versagen gleich mehrerer Behörden, sowohl auf Landes- wie auf Bundesebene.

Die Arbeit des Verteidigungsausschusses und dessen Abschlussbericht können in ihrer Gesamtheit auch als Parteipolitik bewertet werden. Die Opposition aus CDU/CSU versuchte aus der von der Öffentlichkeit aufmerksam beobachteten Debatte politischen Nutzen zu schlagen. Eine Hauptverantwortung für die Eskalation der Bremer Ereignisse schrieb die Opposition verschiedenen SPD-Institutionen und Politikern der Partei auf Bundes- sowie auf Landesebene zu. Besonders führende Bremer SPD-Politiker, wie Jugendsenator Henning Scherf und Bürgermeister Hans Koschnick attackierte die CDU/CSU vehement für deren Rolle im Zusammenhang mit den Krawallen. Scherfs Intervention während der Demonstrationen und sein Versuch, das Bündnis gegen die Vereidigung durch Mitglieder der DGB-Jugend zu verstärken, sorgten im Ausschuss für erregte Debatten. Auch den Jusos unterstellte die Union eine erhebliche Mitschuld an der Eskalation im Rahmen der Proteste, da die große Anzahl von Jungsozialisten eine Verfolgung der militanten Demonstrant_innen erschwerte beziehungsweise unmöglich machte.

Im Kontrast zur CDU/CSU-Position versuchten die Regierungsparteien SPD und FDP das Verhalten der kritisierten Personen und Institutionen zu rechtfertigen und als korrekt und angemessen darzustellen. Sie betonten, dass es keine Kontakte der Jusos zu sogenannten „K-Gruppen" gegeben habe, und dass sowohl Koschnicks als auch Scherfs Verhaltensweisen keinerlei Anlass für derartige Anschuldigungen geboten hätten. Die blutigen Ausschreitungen in Bremen vom 6. Mai 1980 offenbarten nicht nur ein massives Kommunikationsdefizit zwischen den Behörden auf Länder- und

Bundesebene, sondern zeigten auch deutlich die verschiedenen Strömungen innerhalb der SPD auf, ein Umstand, den die Union sowohl in Bremen als auch auf Bundesebene als Politikum zu nutzen versuchte. So sollte der Bremer Senat aus SPD und FDP diskreditiert und auch die sozial-liberale Bundesregierung sollte durch die Ausschussarbeit massiv für die Eskalation der Proteste verantwortlich gemacht werden. Die Aufklärung der Ursachen und Hintergründe für die Krawalle rückte phasenweise hinter den Versuch der Unionspolitiker zurück, der SPD und den Jusos eine entscheidende Mitschuld an den gewaltsamen Zusammenstößen zu attestieren.

Kim Dresel, Malte Stieber und Rieke Vogel

„Das ist doch wie im Krieg"[1]
Eine Mediendiskursanalyse der BILD-Berichterstattung zu den Protesten gegen die Rekrutenvereidigung im Bremer Weserstadion vom 6. Mai 1980

„Das erste, was in einem Krieg stirbt, ist die Wahrheit" stellte der ehemalige US-Senator Hiram Johnson bereits 1917 fest. Nun hat sich seit dem Ersten Weltkrieg an der Art und Weise über den Begriff der Wahrheit zu reden, zu schreiben und vor allem zu denken einiges verändert. Wahrheit ist nicht länger zwingend mit einer erlebten Realität oder einer intersubjektiv nachvollziehbaren Faktensammlung zu verbinden, sondern ist vielmehr das Produkt gesellschaftlicher Diskurse. Macht haben diejenigen inne, die diese Diskurse generieren und somit auch die Produktion von Wahrheit erheblich beeinflussen.[2] Massenmedien gehören in diesem Zusammenhang zu einem vielbeachteten Akteur, da sie durch ihre Verbreitung in erheblichem Maße Einfluss auf die Produktion von Wahrheit nehmen können. Am Beispiel der Berichterstattung in der BILD über die Proteste gegen die Rekrutenvereidigung der Bundeswehr vom 6. Mai 1980 im Bremer Weserstadion lässt sich dies exemplarisch nachvollziehen. Ausgehend davon, dass dabei verschiedene diskursive Konstruktionen ein ganz bestimmtes Bild der Proteste prägen, stehen die Rezeption und die mediale Aufbereitung der

---

[1] Aussage eines Polizisten zu den Protesten gegen die Rekrutenvereidigung im Mai 1980, Art.: „Stadion blockiert: Carstens mußte mit Hubschrauber einfliegen", in: BILD, 7.5.1980.

[2] Michel Foucault: Die Archäologie des Wissens, Frankfurt am Main 1973; Michel Foucault: Die Ordnung des Diskurses, 6. Aufl., Frankfurt am Main 2001.

gewalttätigen Auseinandersetzungen im Fokus. Der gewählte Untersuchungszeitraum der Analyse umfasst dabei den gesamten Monat Mai 1980.[3]

Die gesellschaftliche Wirkungsmacht eines Mediendiskurses lässt sich dabei nicht mit empirischen Methoden „messen" und damit endgültig abschätzen. Deshalb ist das Ziel vielmehr, zentrale Merkmale der massenmedialen Wahrheitsproduktion aufzuzeigen: Welche Bedeutung kommt der BILD als Massenmedium zu? Welche Struktur lässt sich in der Berichterstattung über die Proteste erkennen? Und was ist der Inhalt der diskursiven Bilder, die dabei gezeichnet werden?

Nicht zuletzt lassen sich aus den Ergebnissen der Analyse auch Rückschlüsse auf eine generelle Funktionsweise von Massenmedien und mögliche Strukturierungsmuster der Wahrheitsproduktion erkennen.

---

[3] Das Anfangsdatum lässt sich ereignisorientiert begründen: Um einen möglichen Wandel in Bezug auf den Gewaltbegriff innerhalb der BILD ausmachen zu können, beziehen wir mögliche Vorberichte zu den angekündigten Protesten genauso wie Berichte zum 1. Mai, der traditionell für Auseinandersetzungen zwischen „Linken" und der Polizei steht, mit ein. Das Ende des Analysezeitraumes ergibt sich aus dem begrenzten Rahmen dieser Arbeit. Da sich die Hauptberichterstattung jedoch primär in den zwei Wochen nach dem Ereignis verorten lässt, konnten wir die wesentliche Debatte erfassen. Die in den Artikeln gedruckten Bilder sind nicht Teil unserer Untersuchung, da eine eigene Bildanalyse – wenn auch sicherlich gewinnbringend – im Rahmen dieser Arbeit nicht leistbar war. Dennoch wird im Kontext der Textanalyse gelegentlich auf die Bilder Bezug genommen, sofern dies aus inhaltlichen Gründen sinnvoll erscheint.

A. Diskursposition der BILD

„Ich war mir seit dem Kriegsende darüber klar, daß der deutsche Leser eines auf keinen Fall wollte, nämlich nachdenken. Und darauf habe ich meine Zeitungen eingestellt."

(Axel Springer, 1959)[4]

Um die Bedeutung des durch die BILD geprägten Diskurses einschätzen zu können, soll zunächst ihre Diskursposition bestimmt werden. Dabei werden einerseits äußere Faktoren wie die Auflagenstärke, die Organisation der Redaktionen sowie die Leser_innenschaft[5] betrachtet und andererseits die inhaltlich politische Ausrichtung der Zeitung im ausgewählten Zeitraum skizziert.

Am Dienstag, den 24. Juni 1952, wurde die erste Auflage der BILD gedruckt und 250.000 Exemplare kostenlos verteilt.[6] Bereits ein Jahr später betrug die tägliche Auflage der Zeitung 500.000 Exemplare und mit einigen Änderungen in Layout und Inhalt entwickelte sich die BILD in den folgenden Jahren zu einer der größten Zeitungen der Welt. So betrug die Druck-

---

[4] http://www.taz.de/1/archiv/archiv/?dig=2002/06/24/a0124, (Zugriff 6.6.2011, 11:01).

[5] Steffen Kitty Herrmann schlägt den Unterstrich, – „Gender-Gap" – vor, um Raum zu lassen für die sprachliche Repräsentation aller Menschen auch jenseits von weiblichen und männlichen Geschlechtern und Geschlechtsidentitäten. Durch den „Gender-Gap" werden all die Subjekte wieder in die Sprache eingeschrieben und repräsentiert, die von der zweigeschlechtlichen Ordnung ausgeschlossen werden oder nicht Teil von ihr sein wollen. In Bezug auf Polizisten und Soldaten verwenden wir jedoch bewusst die männliche Form, um die reelle Zusammensetzung dieser Gruppen widerzuspiegeln. Vgl. S. K. Herrmann (Hg.): Verletzende Worte. Die Grammatik sprachlicher Missachtung. Bielefeld 2007.

[6] Volker Reissmann: Die „Bild"-Zeitung als Massenmedium, Hamburg 1986. 11.

auflage 1980 5.553.000 Exemplare und die verkaufte Auflage 4.710.209.[7] Gelesen wiederum wurden diese Ausgaben von rund 11,92 Mio. Leser_innen täglich.[8]

Herausgegeben wurde die BILD von der Axel Springer Verlag AG, die ihrerseits zum einen mit zwei anderen Unternehmen[9] der Axel Springer Gesellschaft für Publizistik KG angehörte. Zum anderen verfügte die Axel Springer Verlag AG 1980 über 25 Tochtergesellschaften, alle zu 100% im Firmenbesitz, sowie über Beteiligungen von 20% - 91% an 14 weiteren Unternehmen.[10] Neben ihrer bundesweiten Verbreitung hatte die BILD schon 1980 eigene Regionalteile, die, von eigenen Redaktionen verfasst, nur in den jeweiligen Regionen erschienen. Die Ausrichtung der Zeitung, zu welchen Themen auf welche Weise Stellung bezogen und wie sie sich im politischen Diskurs positionierte, variierte mit dem jeweiligen Chefredakteur.[11] Seit 1971 hatte diesen Posten der ehemalige Polizeireporter und Träger des Bundesverdienstkreuzes Günter Prinz.

Ein weiterer bedeutsamer Aspekt ist die Zielgruppe der BILD. Dabei geht ein zentrales Motiv bereits aus dem eingangs erwähnten Zitat hervor. So richtete sich die BILD dem Anspruch nach an den „deutschen Leser" und untermauerte auch konzeptionell die sich aus den Auflagenzahlen ergebende Stellung der BILD als Massenmedium. Die Sozialstruktur der Leser_innenschaft setzte sich nach Erhebungen von 1978 folgendermaßen zusammen: Arbeiter_innen und Facharbeiter_innen stellten 38%, sonstige

---

[7] Detlev Wende: Über die medizinische Berichterstattung von Krebs in Tageszeitungen und deren kritische Bewertung, Bochum 1990. 52.

[8] Reissmann, 18.

[9] Ullstein Tele-Video-Produktions- und Vertriebsgesellschaft mbH und VIDG Verlag- und Industrieversicherungsdienste GmbH.; Vgl. Reissmann, 10.

[10] Ebd.

[11] Ebd., 15.

Angestellte und Beamte 33% und Nicht-Berufstätige 18%. Alle weiteren Gruppen wie Landwirte, Inhaber_innen und leitendes Personal von Unternehmen, freie Berufe, kleine und mittlere Selbstständige sowie leitende Angestellte und Beamte machten jeweils weniger als 5% aus.[12] Dabei überwogen männliche Leser mit 55%.[13] Die gesamte Leser_innenschaft belief sich im Verhältnis zur Gesamtbevölkerung auf 25,8%.

Ebenfalls von Bedeutung ist die thematische Ausrichtung der Zeitung. Es finden sich zwar auf bestimmten Seiten festgelegte Kategorien, wie beispielsweise auf der zweiten Seite das ‚Thema des Tages' (oder abgewandelt: ‚Interview des Tages', ‚Mann des Tages'), thematisch-inhaltliche Stringenzen lassen sich jedoch nicht ausmachen. Die Themenauswahl folgt in der Regel keinem festen Muster, variiert je nach tagesaktuellem Geschehen und speist sich aus den Feldern Werbung, Service[14], Politik, Sport, Prominente, Sex & Crime[15]. Davon unterscheidet sich der Regionalteil der BILD-Bremen, in dem sich die vorgenannten Kategorien auf Lokales beziehen.

Auch in Bezug auf die politische Ausrichtung ist das an den Anfang gestellte Zitat aussagekräftig, da die BILD den Anspruch erhebt, sich an den Bedürfnissen eines möglichst breiten Publikums zu orientieren. In Verbindung mit dem Massencharakter der BILD ist der Schluss zulässig, dass sich die politische Ausrichtung des Blattes an die „Mitte der

---

[12] Daten der AG. MA 1978. Vgl. Reinhard Bechmann/Joachim Bischoff/Karlheinz Maldaner/ Ludger Loop: BILD – Ideologie als Ware. Inhaltsanalyse der BILD-Zeitung, Hamburg 1979, 74.

[13] Vgl. Wende, 60f.

[14] „Service" umfasst in dieser Arbeit all jene Themenbereiche, welche praktische Informationen für die Leser_innen beinhalten. Sei es das Fernsehprogramm, die besten Orte zum Ausgehen in Bremen, wo die besten Eigenheime zu erwerben sind oder der Wetterbericht.

[15] Hierbei stand die besondere Beachtung von Gewalt im Fokus der Berichterstattung.

Gesellschaft" wendet. Diese „Mitte" ist dabei keine statische Gruppe bzw. ein politisch zu lokalisierender Ort, sondern wird erst durch ihre Benennung existent. Eine politische Ausrichtung wird nicht explizit formuliert, implizit können jedoch auch hier Tendenzen skizziert werden. Im Untersuchungszeitraum 1980 bildete der Kalte Krieg die Folie allen politischen Geschehens. Die BILD stellt hierbei Systemtreue zur BRD, ihren Repräsentanten und Obrigkeiten in den Vordergrund und positioniert sich in Abgrenzung zu kommunistischen oder subversiven Bewegungen. In Bezug auf die im Oktober 1980 bevorstehende Bundestagswahl wird der CDU im Vergleich zu anderen Parteien relativ viel Raum geboten.

Im Folgenden soll auch gezeigt werden, dass vor dem Hintergrund der vorgenommenen Bestimmung der Diskursposition der BILD die Berichterstattung über die Proteste gegen die Rekrutenvereidigung am 6. Mai 1980 programmatisch in keinem Widerspruch zum politischen Selbstverständnis der BILD steht.

B. Quantitative Analyse

Im ausgewählten Untersuchungszeitraum finden sich in der BILD und der BILD-Bremen insgesamt 36 Artikel mit direktem und indirektem Bezug zu den Protesten gegen die Rekrutenvereidigung. Diese Beiträge lassen sich mit Blick auf deren inhaltliche Ausrichtung in drei Kategorien einordnen:

a. Sieben Artikel beziehen sich unmittelbar auf die Ereignisse am 6. Mai rund um das Weserstadion. Es handelt sich hierbei um eine direkte Thematisierung von Handlungsabläufen der Proteste, die die Vorgänge mit unterschiedlichen Schwerpunkten behandeln.

b. 22 Artikel haben die politische Debatte – vor allem im Land Bremen – nach dem 6. Mai zum Gegenstand. Hierbei handelt es sich um Berichte und Interviews, in denen die Folgen der Proteste für beispielsweise die Landesregierung, die Kritik am Verhalten einzelner gesellschaftlicher Akteure oder die Konsequenzen für zukünftige Rekrutenvereidigungen Thema sind. Sie behandeln die Ereignisse nicht als Schwerpunkt, nehmen jedoch Bezug auf sie und können deshalb als eine Art politische Nachbereitung der Proteste innerhalb der Berichterstattung gesehen werden.

c. Sieben Artikel beschäftigen sich mit themenverwandten Ereignissen, die nicht im direkten Zusammenhang mit den Protesten am Weserstadion stehen. Sie handeln von anderen Protesten im Untersuchungszeitraum, bei denen nach Einschätzung der BILD die gleichen politischen Akteure mitwirken wie am 6. Mai in Bremen. Das sind beispielsweise Proteste gegen die Parade der Alliierten Streitkräfte in Berlin, Brandanschläge gegen Fahrzeuge der Bundeswehr oder eine Demonstration gegen eine Rekrutenvereidigung in Emden.

Ausgehend von dieser Kategorisierung lassen sich vor einer diskursiven Feinanalyse der Inhalte bestimmte Merkmale der Artikel quantitativ herausarbeiten. Um einen besseren Überblick über wiederkehrende Argumentationsmuster der Beiträge zu erhalten, sollen drei Klassifizierungen vorgenommen werden, die die Grundlage der weiteren Analyse bilden.

a. Die Akteur_innen gewalttätiger Handlungen: In 21 von 36 Artikeln werden Protestierende als Initiator_innen gewalttätiger Handlungen beschrieben, hingegen werden in drei von 36 Berichten Polizisten als gewaltförmig Handelnde thematisiert.

b. Die Opfer gewalttätiger Handlungen: 15 von 36 Artikeln haben direkte (etwa verletzte Polizisten) und indirekte (zum Beispiel Sachschäden) Opfer gewalttätiger Handlungen auf Seiten der Polizei und anderer beteiligter Staatsorgane zum Gegenstand, in zwei dieser 15 Artikel findet sich explizit die Bezeichnung „Opfer". In einem der 36 Artikel kommt ein ziviles Opfer auf Seiten der Protestierenden zur Sprache.

c. Direkte bzw. indirekte Zitation verschiedener Akteure der Ereignisse: In 23 der 36 Artikel werden Akteure direkt zitiert, die sich allesamt als Gegner_innen bzw. Kritiker_innen der Proteste äußerten (beispielsweise Polizisten, Soldaten oder Regierungsmitglieder). In fünf von 36 Artikeln kommen Einzelpersonen oder Gruppen zu Wort, die nach Einordnung der BILD zu den Beteiligten bzw. Befürworter_innen der Proteste gehören.

Schon bei der quantitativen Analyse dieser drei speziellen inhaltlichen Kategorien wird deutlich, dass die Berichterstattung der BILD eine klare Grenze zwischen den verschiedenen Akteur_innen der Ereignisse um die Rekrutenvereidigung zieht. In der folgenden Analyse der Inhalte sollen die diesem Muster zugrunde liegenden Diskursstränge genauer bestimmt werden.

C. Täter-Opfer-Schema als Leitmotiv

> *„Wer hat den Demonstranten die Freiheit gegeben,*
> *Polizisten und Soldaten derart in die Enge zu treiben.*
> *Sehen sie denn nicht, daß in der Uniform ein Mensch steckt."*
> *Innensenator Fröhlich (BILD, 22.05.1980)*

Der rote Faden in der Berichterstattung der BILD ist die Einteilung der Beteiligten in eine Gruppe von „Tätern" und eine von „Opfern". Im Folgenden wird diese Einteilung herausgearbeitet, um zu zeigen, wie diese beiden Gruppen von der Berichterstattung konstruiert werden.

I. Bürgerkriegskämpfer, Politrocker und Gesindel – die Gruppe der „Täter"

Zur Gruppe der „Täter" gehören laut BILD primär die Menschen, die am 6. Mai gegen die Rekrutenvereidigung demonstrierten. Wer genau dieser Gruppe zugerechnet wird, bleibt unklar, auffällig ist jedoch eine zunehmende Radikalisierung der Berichterstattung, die schnell nach dem Ereignis einsetzt: So wird in einem ersten Artikel vom 7. Mai über einen „harten Kern von 200 Linken"[16] gesprochen, am 8. Mai wird diese Zahl ohne weitere Erklärung auf „einen harten Kern von 2000 Demonstranten"[17] erweitert. In den ersten, direkt auf die Ereignisse folgenden Berichten, wird zwischen „gewalttätigen" Protestierenden und der Gesamtzahl aller an der Demonstration Beteiligten unterschieden, etwa durch Differenzierungen wie „7000 Jugendliche blockierten den Zugang zum Stadion, ein harter Kern von 200 Linken randaliert."[18] Bereits ab dem 8. Mai bis zum Ende des Untersuchungszeitraumes ist diese Trennung jedoch nicht wiederzufinden und eine Differenzierung innerhalb der Masse der Protestierenden findet nicht weiter statt.[19] Jegliche Darstellung der Protestierenden verzichtet dabei auf eine Personalisierung der Akteur_innen. Keine_r der Protestierenden wird namentlich erwähnt, keines der berichtsbegleitenden Bilder stellt

---

[16] Art.: „Stadion blockiert: Carstens mußte mit Hubschrauber einfliegen", in: BILD, 7.5.1980, 3.

[17] Art.: „Krawalle: 257 Opfer", in: BILD, 8.5.1980, 2.

[18] Art.: „Stadion blockiert: Carstens mußte mit Hubschrauber einfliegen", in: BILD, 7.5.1980, 3.

[19] Einzige Ausnahme stellt hierbei die Berichterstattung zur Rekrutenvereidigung in Emden dar. Vgl. Art.: „Die friedliche Vereidigung von Emden: Zapfenstreich mit Trillerpfeifen und Babyrasseln", in: BILD, 16.5.1980, 2.

Protestierende personalisiert oder im Portrait dar und – abgesehen von den fünf oben bereits erwähnten Ausnahmen – werden Protestierende nicht wörtlich zitiert. Bei diesen fünf Ausnahmen handelt es sich um eine bestimmte Art der Darstellung: Sie alle diffamieren die konstruierte Gruppe der „Täter". Zweimal wird dabei aus Flugblättern bzw. Bekenner_innenschreiben politischer Gruppen zitiert. Durch diese Art der Wiedergabe findet trotz Zitation eine Entpersonalisierung statt, da die Personen nicht direkt, sondern anonymisiert durch eine Gruppenstellungnahme zu Wort kommen. Des Weiteren wird in einem direkten Situationsbericht eine Demonstrantin beschrieben, die laut Artikel mit ihrem Kind auf dem Arm „Ihr Schweine!"[20] in Richtung Polizei ruft.

Der vierte Artikel, in dem Befürworter_innen der Demonstration direkt oder indirekt zitiert werden, behandelt die Rekrutenvereidigung in Emden und fällt somit in die Kategorie der themenverwandten Ereignisse. Bereits der Titel „Die friedliche Vereidigung von Emden: Zapfenstreich mit Trillerpfeifen und Babyrasseln"[21] verweist auf die deutlich anderen, nämlich gewaltfreien Umstände im Vergleich zum 6. Mai. Zu verdanken sei dies der Polizei, welche „aus den Krawallen von Bremen gelernt" und „linke Berufsdemonstranten" rechtzeitig abgefangen habe. An dieser Stelle findet eine kontradiktorische Differenzierung der „Täter-Gruppe" statt: Nachdem die Gewalttäter mit „Holzlatten und Stahlzacken" aussortiert worden sind, bleiben Demonstrierende mit „Trillerpfeifen und Babyrasseln" als eine harmlose und ebenso nicht ernstzunehmende Gruppe übrig. Dieses Motiv taucht in der Zitation und Charakterisierung ihrer Mitglieder wieder auf. Wenn es heißt: „‚Das Volk soll sich an den Anblick von Soldaten gewöhnen

---

[20] Art.: „Sogar Kinder bei der Schlacht ...", in: BILD, 8.5.1980, 2.

[21] Art.: „Die friedliche Vereidigung von Emden: Zapfenstreich mit Trillerpfeifen und Babyrasseln", in: BILD, 16.5.1980, 2. Die folgenden Zitate stammen alle aus diesem Artikel.

„Das ist doch wie im Krieg"

– das ist alles Kriegsvorbereitung', schimpfte ein Langhaariger", werden die Protestestierenden nicht nur wie in den obigen Fällen entpersonalisiert, sondern auch stark stereotypisiert dargestellt. Weiter schreibt die BILD: „Auf ihren Transparenten standen kommunistische Parolen wie: ‚BRD raus aus der Nato.'" Inwiefern der zitierte Satz als eine „kommunistische Parole" zu verstehen ist, wird nicht erläutert. Wichtig ist hierbei, dass das Bild der Demonstrierenden durch die Verbindung von der stereotypen Charakterisierung „Langhaariger" mit dem Schlagwort „kommunistisch[...]" konkretisiert und diskursiv geformt wird.

Die fünfte Situation, in der Beteiligte bzw. Befürworter_innen der Proteste direkt zu Wort kommen, ist die einzige Stelle in der Berichterstattung, in der ein potenzielles Mitglied der Gruppe „Täter" portraitiert und personalisiert dargestellt wird. Einer der BILD-Autoren beschreibt dabei einen Besuch in einer „Hamburger Punker-Kneipe". Sein Gesprächspartner „Micky" wird als gefährlich, verroht, gewalttätig und menschenverachtend beschrieben und kommt mit Sätzen zu Wort, die dies unterstreichen sollen: „Micky" wolle alles zerstören „was nach Gesellschaft stinkt."[22] Am Ende zitiert ihn der Artikel resümierend: „Alles ist shit!"[23] Im Beitrag selbst wird kein Zusammenhang zu den Ereignissen des 6. Mai hergestellt und auch der Schauplatz Hamburg weicht vom Hauptort der Ereignisse ab. Gleichwohl spielt das Portrait von „Micky" für die Konstruktion der Gruppe der „Täter" eine entscheidende Rolle. Dadurch, dass es sich hierbei um den einzigen als Einzelperson beschriebenen Vertreter der potenziellen Unterstützer_innen der Proteste handelt, trägt das gezeichnete Bild erheblich zum Diskurs der „Täter"-Gruppe bei.

---

[22] Art.: „Die rohen Punker: Nadel im Ohr, Haß auf die Welt", in: BILD, 14.5.1980, 2.

[23] Ebd.

II. Schwerverletzt, in Lebensgefahr, verbrannt.
Die Gruppe der „Opfer"

„257 verletzte Polizisten, davon 20 schwer, 3 verletzte Bundeswehr-Soldaten, 5 Autos ausgebrannt."[24] In ihrem Titelseiten-Artikel vom 8. Mai zieht die BILD diese „blutige Bilanz der Straßenschlacht am Weserstadion."[25] Das Motiv, die Verletzten im Rahmen der Ereignisse des 6. Mai eindeutig und ausschließlich auf der Seite der staatlichen Exekutive zu verorten, zieht sich durch die gesamte Berichterstattung im Untersuchungszeitraum. Dabei werden hauptsächlich Polizisten aber auch Bundeswehr-Soldaten zu unschuldigen „Opfern" von Gewaltakten stilisiert, die den Protestierenden zugeschrieben werden. Die BILD bedient sich hierbei militärisch konnotierten Vokabulars: So wird der Ort des Geschehens zu einer Art Kriegsschauplatz verklärt, auf welchem sich Polizei und Bundeswehr-Soldaten in einem „blutigen Kampf"[26] gegen die Demonstrierenden vor dem Weserstadion verteidigen müssen. Immer wieder finden sich eindringliche und bildhafte Beschreibungen von Situationen, in denen Polizisten und Soldaten von den Protestierenden lebensbedrohlich angegriffen worden seien. So wird bereits direkt nach den Ereignissen am 7. Mai berichtet: „Ein Polizist wurde von einem Sprengkörper am Kopf getroffen. Seine Haare standen sofort in Flammen – dann brannte die ganze Kleidung"[27], und weiter heißt es: „Ein Bundeswehrfahrzeug ging in Flammen auf – der Fahrer kroch brennend aus

---

[24] Art.: „Bremer Krawalle: Autos in Flammen, Steine, Blut", in: BILD, 8.5.1980, 1.

[25] Ebd.

[26] Art.: „Stadion blockiert: Carstens mußte mit Hubschrauber einfliegen", in: BILD, 7.5.1980, 3.

[27] Ebd.

dem Seitenfenster – er schwebt in Lebensgefahr."[28] Die Schilderungen sind hierbei im Vergleich zur relativen Kürze der Artikel verhältnismäßig lang. In der Darstellung der Ereignisse wird mit starken Emotionalisierungen gearbeitet, die wiederum durch teilweise im Präsens formulierte Situationsbeschreibungen bekräftigt werden. Indem in den verschiedenen Artikeln immer wieder ähnliche Bilder gezeichnet werden, wird der Opferdiskurs auf nachhaltige Weise manifestiert. In der Berichterstattung vom 8. Mai lässt sich dies besonders anschaulich zeigen: „Einem Beamten wird ein Molotow-Cocktail zwischen die Beine geworfen – sofort steht er in Flammen. Kameraden werfen sich über ihn und ersticken die Flammen."[29] Die Verwendung des militärischen Begriffes „Kameraden" für die Polizisten steht symbolisch für die In-Eins-Setzung von Polizisten und Soldaten als „Opfer" der Proteste.

Die Grundlage für die niedrigschwellige Opferidentifikation wird in der gesamten Berichterstattung auch durch die personalisierte und emotionalisierte Darstellung einzelner Mitglieder der „Opfer-Gruppe" geschaffen. In acht von 36 Berichten kommen Polizisten und Soldaten mit direkten wörtlichen Zitaten zu Wort, wobei als weitere Informationen nicht nur ihr teilweise vollständiger Name mit Alter angegeben werden, sondern in einigen Fällen auch ein Foto von der betreffenden Person abgedruckt ist. Im Artikel „Es sollte ein großer Tag sein"[30] vom 8. Mai kommen nacheinander fünf Soldaten aus verschiedensten militärischen Rängen (vom einfachen Rekruten über einen Oberfeldwebel zum Militär-Attaché) in kurzen Statements zu Wort. Drei von ihnen sind auf einer Art Passfoto zu sehen. Markant ist, dass vor allem ihre Enttäuschung über die Ereignisse des 6.

---

[28] Ebd.

[29] Art.: „Krawalle: 257 Opfer", in: BILD, 8.5.1980, 2.

[30] Art.: „Es sollte ein großer Tag sein", in: BILD, 8.5.1980, 2.

Mai („Rekrut Ralph G. (19): ‚Für mich sollte es ein großer Tag werden. Ich hatte extra meine Mutter und meine Verlobte mitgebracht.'"[31]) oder ihre daraus resultierende beschriebene Wut auf die Gruppe der „Täter" und ihr Bedürfnis nach Rache an eben dieser entkontextualisiert im Vordergrund stehen: „Oberfeldwebel Rainer Krusel (30): ‚Schlechte Vorkehrungen der Polizei. Ich war im Kartenhäuschen vor dem Stadion und habe gesehen, wie Demonstranten_innen Steine warfen und ein Polizist schwer verletzt wurde. Am liebsten wär ich auf die Kriminellen los ...'."[32]

In Bezug auf den Diskurs über die verletzten Polizisten lassen sich noch stärkere Personalisierungen und Emotionalisierungen ausmachen. So zeigen nicht nur alle Fotos verwundete Polizisten auf Krankenhaus-Liegen; auch die Bildunterschriften geben zum Teil besonders ausführliche Auskunft über die persönlichen Umstände des Einsatzes: „Polizist Lutz Exner im Krankenhaus. Er wurde von drei Pflastersteinen getroffen und hat ein tiefes Loch am rechten Schienbein. Er hatte seinen Dienst morgens um 7.30 Uhr angefangen. Er ist noch auf der Polizeischule. Als der 20jährige verletzt wurde, war es 23 Uhr."[33] In diesem Kontext steht der Artikel „Bremer wollen Opfern helfen"[34] vom 9. Mai, der sowohl Höhepunkt als auch Resultat des emotionalisierten „Opfer-Diskurses" darstellt. So wird in der BILD beschrieben, dass „ständig" Bürger_innen der Bremer Polizei ihre Solidarität bekundeten und ihnen Sachspenden, Erholungsurlaube oder Geldgeschenke anböten, damit diese „sich einmal einen schönen Abend machen könnten."[35] Durch die suggerierte Bedürftigkeit der Polizisten nach

---

[31] Ebd.

[32] Ebd.

[33] Bildunterschrift in: BILD, 8.5.1980, 2.

[34] Art.: „Bremer wollen Opfern helfen", in: BILD, 9.5.1980, 3.

[35] Ebd.

Unterstützung aus der Bevölkerung, entsteht der Eindruck, Polizisten hätten freiwillig oder gar unentgeltlich am Weserstadion ihr Leben riskiert und seien nun auf Hilfe der Bevölkerung angewiesen bzw. darauf, dass diese ihnen die nötige Dankbarkeit für ihren Einsatz zeige.

An einer einzigen Stelle ist die Rede von einer durch Polizisten verletzten Demonstrantin. Bezeichnenderweise geschieht dies im Rahmen der Diffamierung der Radio-Bremen Sendung „Pop-Carton", die beschuldigt wird, zu Gewalt aufgerufen zu haben. In diesem Kontext wird auf die Inhalte der Sendung eingegangen, wo es heißt: „Im Reportageteil wurde berichtet, wie drei Polizisten angeblich eine Frau brutal wegschleifen und einer ihr mit dem Knie die Kehle zudrückt."[36] Die einzige Erwähnung von Opfern auf der Seite der Demonstrierenden findet also in der distanzierten Form einer inhaltlichen Wiedergabe eines anderen Mediums statt. Durch den Zusatz „angeblich" wird der Wahrheitsgehalt dieser Aussage absolut in Frage gestellt. So wird den Macher_innen der Sendung der Vorwurf gemacht, sie würden nicht „objektiv" berichten. Denn: „Über die verletzten und brennenden Polizisten kam nichts."[37] So paradox das Pochen auf Objektivität in diesem Zusammenhang auch erscheinen mag, so dient es als stilistisches Mittel, jede andere Interpretation der Ereignisse als falsch bzw. subjektiv gefärbt zu diffamieren und die Darstellungen der BILD als wahr und objektiv aufzuwerten.

---

[36] Art.: „Bremer Krawalle: Radio Bremen heizte an … sagt CDU Neumann", in: BILD, 9.5.1980, 3.

[37] Ebd.

D. Agressor-Verteidiger-Diskurs

„Mit Stahlkugeln gegen Schutzhelme" (BILD, 09.05.1980)

Die Konstruktion dieser normativ bipolar aufgeladenen Akteursgruppen bildet die Grundlage der gesamten Berichterstattung der BILD im Untersuchungszeitraum. Im Detail lassen sich verschiedene Diskursstränge erkennen, die auf unterschiedlichen Ebenen das gezeichnete Bild untermauern. Am deutlichsten wird diese Konstruktion im Diskursstrang Aggressor-Verteidiger in der konkreten Darstellung der Ereignisse vor dem Weserstadion. In ausnahmslos allen Berichten, die sich auf die Vorgänge des 6. Mai beziehen, wird das Handeln der Demonstrierenden als Aktion, das der Polizei als Reaktion beschrieben. Immer, wenn auf explizite Handlungsabfolgen eingegangen wird, sind chronologisch die Protestierenden als die Zuerst-Handelnden beschrieben, wodurch ein kausaler Ursache-Wirkung-Zusammenhang hergestellt wird, z.B.: „Während Carstens noch im Rathaus war, flogen vor dem Stadion die ersten Pflastersteine. Die Polizei ging mit Schlagstöcken gegen die Jugendlichen vor. Molotow-Cocktails flogen."[38] Bei diesem Zitat handelt es sich um eines der wenigen Beispiele (drei von 36 Artikeln), in dem der Polizei überhaupt eine gewaltförmig handelnde Rolle zugesprochen wird. Im Großteil aller Fälle werden ausschließlich gewaltvolle Handlungen der Demonstrierenden beschrieben: „Brutale Demonstranten benutzten beim Angriff auf die Polizisten nicht nur Steine und Eisenstangen, sondern auch Stahlkugeln. Sie schossen mit Katapulten auf die Scheiben der Wasserwerfer."[39] Die „Täter-Gruppe" wird

---

[38] Art.: „Stadion blockiert: Carstens mußte mit Hubschrauber einfliegen", in: BILD, 7.5.1980, 3.

[39] Art.: „Mit Stahlkugeln gegen Schutzhelme", in: BILD, 9.5.1980, 3.

„Das ist doch wie im Krieg"

zum kaltblütigen Aggressor mit gefährlichen Waffen (Steine, Sprengkörper, Leuchtraketen, Molotow-Cocktails), die Polizisten zu unterlegenen, in diesem Fall noch nicht einmal mehr reagierenden „Opfern". Dieses Motiv der Hierarchisierung des Kräfteverhältnisses zugunsten der „Täter-Gruppe" und ihre unverhältnismäßige Überlegenheit findet seinen Ausdruck im Titel des zitierten Artikels vom 9. Mai: „Mit Stahlkugeln gegen Schutzhelme."[40] Zur Untermauerung dieses Bildes wird die Meinung vermeintlicher Experten herangezogen: „Ein Waffenexperte: ‚Katapulte mit Stahlkugeln sind Mordwerkzeuge [...]'."[41] Jegliche Handlung der Polizei wird somit als notwendiger Akt der Verteidigung deklariert und der Grund für die bereits erwähnten 257 verletzten Polizisten in „der mangelhaften Ausrüstung"[42], wie es der Vorsitzende der Gewerkschaft der Polizei in einem Interview vom 9. Mai formuliert, gesehen. In dem Aggressor-Verteidiger-Diskurs steckt daher eine klare Aufforderung zur Aufrüstung der Polizei: „Die runden Schutzschilder reichen nicht aus."[43] Eigene Bewaffnung der Polizisten wird also nüchtern als notwendiges Verteidigungsmittel angesehen, deren Einsatz (auch wenn in seltenen Fällen erwähnt) durch die Gewalt der Demonstrierenden legitimiert sei. Damit einher geht eine Beschreibung des Vorgehens der Polizei nach den Krawallen, welche dieses als nicht ausreichend erscheinen lässt. So bringt die Art der Berichterstattung eine Empörung über das Verhalten der Polizei zum Ausdruck, wenn wiederholt betont wird, sie habe „Randalierer"[44] und sogar „Sympathisanten der Roten-Armee-Fraktion

---

[40] Ebd.

[41] Ebd.

[42] Art.: „Warum jetzt Polizisten Flugblätter verteilen", in: BILD, 9.5.1980, 3.

[43] Ebd., Aussage des Vorsitzenden der Gewerkschaft der Polizei, Werner Oelkers.

[44] Art.: „Bremer Krawalle: Autos in Flammen, Steine, Blut", in: BILD, 8.5.1980, 1.

(RAF)"[45] zwar ausfindig gemacht, diese jedoch immer „wieder freigelassen."[46]

In Bezug auf die Bundeswehr-Soldaten lässt sich eine weitere abmildernde Differenzierung erkennen. Paradoxerweise erscheinen diese als der Inbegriff des A-Militärischen. In den Artikeln werden sie nicht, noch nicht einmal als reaktiv handgreiflich erwähnt, sondern äußern sich nur auf verbaler Ebene empört und wütend; eigene Gewaltakte spielen sich hierbei höchstens in ihrer persönlichen Phantasie ab (Vgl. Oberfeldwebel Rainer Krusel). Zwar wird bei der Berichterstattung zur Rekrutenvereidigung in Emden erwähnt, dass die Soldaten „Stöcke" trugen, jedoch hätten sie diese „diskret hinter dem Rücken verb[o]rgen."[47] In der Berichterstattung und den zitierten Aussagen wird die Bundeswehr zum Symbol für die Sicherung von Frieden und Freiheit der Nation und aller Staatsbürger_innen[48]: „Die jungen Soldaten haben auch die Pflicht, Leute zu schützen, die gegen die Bundeswehr eingestellt sind.'"[49] Im Gegensatz dazu steht der formulierte Auftrag an die Polizei, im Namen des demokratischen Rechtsstaates explizit gegen 'Staatsfeinde' vorzugehen. Wie die „Täter" in den untersuchten Artikeln als solche charakterisiert und anschließend aus einer konstruierten Bremer Identität ausgeschlossen werden, soll im Folgenden gezeigt werden.

---

[45] Ebd.

[46] Ebd.

[47] Art.: „Die friedliche Vereidigung von Emden: Zapfenstreich mit Trillerpfeifen und Babyrasseln", in: BILD, 16.5.1980, 2.

[48] So äußerte sich der IG-Metall-Chef Loderer in einem Interview vom 28.5.1980 folgendermaßen: „Die Bundeswehr ist ein notwendiges Mittel der Verteidigung und Friedenssicherung. Sie braucht sich nicht zu verstecken."

[49] Carstens, 7. Mai 1980.

E. Inklusion-Exklusion-Diskurs

„Es war in diesem Jahr schon der 15. Großeinsatz, mit dem Linksextremisten und Terroristen die Bundesrepublik und unsere Demokratie erschüttern wollten." (BILD, 20.05.1980)

„Woher kommen die Gewalttäter?" Diese Frage stellt sich die BILD am 20. Mai in ihrem Artikel „Krawallmacher: Molotowcocktails kaufen sie von der Alu."[50] Die Antwort ist in keinem anderen Bericht so explizit ausformuliert zu finden:

„Zum Kern der ‚Autonomen' dürften 2000 Mitglieder gehören; viele sind um die 20, Studenten oder verkrachte Studenten. Sie leben nach einem ausgeklügelten System von den Sozialleistungen desselben Staates, den sie bekämpfen: Sie beziehen BAFöG (Stipendien) oder arbeiten in allen möglichen Berufen. Dann melden sie sich krank, beziehen Krankengeld und später Arbeitslosengeld. Wenn das Arbeitsamt die Zahlungen einstellt, halten sie beim Sozialamt die Hand auf."[51]

Die „Autonomen" werden hier als eine homogene, geschlossene und organisierte Gruppe dargestellt, die „den Staat" bekämpft. Die Unterstellung, sie würden kollektiv und berechnend die Ausnutzung der Sozialsysteme betreiben, impliziert, dass sie sich an fremdem Eigentum bereichern würden und schließt sie somit aus der Solidargemeinschaft aus, die diese Sozialsysteme zur Verfügung stellt und gebraucht.

Auch der damalige CDU/CSU-Kanzlerkandidat Franz Josef Strauß definiert in einem BILD-Interview vom 9. Mai eine homogene Gruppe von

---

[50] Art.: „Krawallmacher: Molotowcocktails kaufen sie von der Alu", in: BILD, 20.5.1980, 2.
[51] Ebd.

Demonstrant_innen, die er implizit als außerhalb der Gesellschaft stehend verortet: „Ich bin erschüttert. Das ist immer wieder dasselbe Gesindel, das sind immer wieder dieselben Bürgerkriegskämpfer und Gewalttäter."[52]

Durch das diskursive „Othering"[53] der Demonstrierenden wird in den untersuchten Artikeln ein demokratisches ‚Wir' konstruiert, dem sich die BILD selbst zurechnet. Immer wieder tauchen gruppenidentitäre Bezeichnungen wie „unser[...] Land[...]"[54], „unser [...] demokratische[r] Staat"[55] und „unsere Bundeswehr"[56] auf. Die Gruppe der Demonstrierenden scheint von dieser Gemeinschaft per se exkludiert, da die über das „unsere" hergestellte Gruppenzugehörigkeit die angegriffenen Institutionen bezeichnet und somit die Angreifenden außerhalb dieser stehen müssen. In einem weiteren Interview mit dem CDU-Rechtsexperten Wittmann werden die K-Gruppen als der verlängerte Arm der Sowjetunion – dem Inbegriff des kommunistischen Feindbildes – charakterisiert, denn sie würden laut Wittmann „offensichtlich vom sowjetischen Geheimdienst KGB finanziert, um unseren demokratischen Staat von innen heraus wehrlos zu machen."[57] Besonders die Bundeswehr wird hier zur Verteidigerin und Beschützerin „unseres freiheitlichen Rechtsstaates."[58] Daraus wird direkt ein Verhaltenskodex für die Staatsbürger_innen abgeleitet, wie ihn der niedersächsische

---

[52] Art.: „Strauß: Ich war selbst schon mal in Bremen ...", in: BILD, 8.5.1980, 1.

[53] Vgl. Gayatri Chakravorty Spivak: "The Rani of Simur", in: F. Barker/P. Hulme, u.a. (Hg.):Europe and its Others. Vol. 1. Proceedings of the Essex Conferenc on the Sociology of Literature, University of Essex 1985, 128-151.

[54] Art.: „Carstens: Wir sind verläßliche Freunde Amerikas", in: BILD, 27.5.1980, 2.

[55] Art.: „Innenminister Baum muß KBW verbieten", in: BILD, 12.5.1980, 2.

[56] Art.: „Unsere Bundeswehr braucht sich nicht zu verstecken", in: BILD, 10.5.1980, 2.

[57] Art.: „Innenminister Baum muß KBW verbieten", in: BILD, 12.5.1980, 2.

[58] Zitat von dem Niedersächsischen Ministerpräsidenten Albrecht. Art.: „Unsere Bundeswehr braucht sich nicht zu verstecken", in: BILD, 10.5.1980, 2.

Ministerpräsident Albrecht (CDU) in seinem eigens verfassten BILD-Artikel vom 10. Mai formuliert: „Die Bundeswehr schützt unser aller Freiheit. Deshalb sind wir verpflichtet, jenen unsere Dankbarkeit zu zeigen, die im Ernstfall bereit sind, ihr Leben einzusetzen."[59] Die Institution Bundeswehr erscheint hier als normativ richtig und per se gut, die einzelnen Soldaten werden zu altruistischen Helden der Bundesrepublik. Der Artikel „Bremer Krawalle: Das haben unsere jungen Soldaten nicht verdient ..."[60] vom 10. Mai trägt stark zu diesem Diskurs bei. So heißt es in dem Zitat eines Generals „Das haben die jungen Leute, die schließlich aus staatsbürgerlicher Einsicht und weniger aus Begeisterung für die schimmernde Wehr ihren Dienst fürs Vaterland tun, nicht verdient."[61] Das Demonstrieren gegen die Rekrutenvereidigung erscheint in diesem Kontext als ein Akt, der sich gegen den von Albrecht formulierten staatsbürgerlichen Auftrag richtet. Die Demonstrierenden werden zu Kämpfer_innen nicht nur gegen die kollektive Freiheit der Deutschen, sondern auch explizit gegen die einzelnen Soldaten, die als „Opfer" stilisiert werden. Indem sich die BILD auf die Aussage von Bürgermeister Koschnick beruft, er werde „dafür sorgen, daß künftig jeder Demokrat, wenn auch unter Polizeischutz, in Bremen frei sprechen könne"[62], werden die Demonstrierenden deutlich als antidemokratisch klassifiziert. Bezogen auf die Ereignisse des 6. Mai impliziert dies auch, dass jegliche Repression gegen die Menschen, die gegen die Vereidigung protestierten (und in diesem Fall sinnbildlich auch gegen die Soldaten als Vorreiter und Behüter der Demokratie), zu einem legitimen und erwünschten Arbeits-

---

[59] Ebd.

[60] Art.: „Bremer Krawalle: Das haben unsere jungen Soldaten nicht verdient ...", in: BILD, 10.5.1980, 2.

[61] Ebd.

[62] Art.: „Koschnick: Ich wäre zurückgetreten, wenn ...", in: BILD, 8.5.1980. 2.

auftrag der Polizei wird. Die Exklusion der Protestierenden aus der konstruierten Bremer Idealgemeinschaft begründet auch, dass sich mit ihren Inhalten nicht auseinandergesetzt werden muss; sie sind schlicht nicht Teil des „Wir": So konnte der damalige Bundespräsident Karl Carstens in einem Interview vom 27. Mai anmerken, er habe „nirgendwo eine generelle Abneigung unseres Staates in unserer Gesellschaft festgestellt."[63]

F. Gender-Diskurs

„Sogar ihre Kinder brachten die Chaoten mit" (BILD, 08.05.1980)

Mit Blick auf die Konstruktion von Geschlechterrollen innerhalb der Berichterstattung lässt sich ein durchgehend homogenes Bild erkennen. In allen 36 Berichten werden die teilnehmenden Akteur_innen der Proteste selbstverständlich mit der maskulinen Form benannt (z. B. Demonstrant, Autonomer, Polizist, Soldat). In Teilen spiegelt das sicherlich die Realität der Zusammensetzung der agierenden Gruppen wider: Frauen war 1980 der Zugang zur Bundeswehr verwehrt und auch innerhalb des Polizeiapparats bildeten weibliche Angehörige die marginale Ausnahme. Über die Geschlechterzusammensetzung der Gruppe der Demonstrierenden kann zwar keine zuverlässige Aussage getroffen werden, gleichwohl reproduziert die Berichterstattung der BILD durch eine Nichterwähnung weiblicher Teilnehmerinnen ein gesellschaftliches Stereotyp.

Dieser Eindruck bestätigt sich in zwei Ausnahmefällen, in denen Teilnehmerinnen explizit erwähnt werden: Im Bericht über die Debatte über die Proteste in der Bremer Bürgerschaft heißt es: „Sogar Mütter mit ihren Ba-

---

[63] Art.: „Carstens: Wir sind verläßliche Freunde Amerikas", in: BILD, 27.5.1980, 2.

bys saßen da, Generäle, Soldaten und Polizisten."[64] Mit der Betonung, es seien „sogar Mütter" im Publikum gewesen, wird deutlich gemacht, wie außergewöhnlich groß das Interesse an der Debatte war, sodass sich sogar Mütter mit Kindern dafür interessierten. Auffällig ist, dass die anwesenden männlichen Zuhörer allesamt mittels ihrer beruflichen Funktion genannt werden, wohingegen die einzige erwähnte weibliche Gruppe in der ihr gesellschaftlich zugeschriebenen Funktion auftaucht. Im zweiten Fall wird eine Protestierende beschrieben: „Autos brennen, Steine fliegen, Polizei rückt an. Mitten im Getümmel eine Frau mit einem etwa zehnjährigen Kind."[65] Genauso wie im ersten Beispiel – den beiden einzigen Fällen, in denen Frauen überhaupt explizit erwähnt werden – wird die Demonstrantin in ihrer Rolle als Mutter dargestellt. Hinzu kommt, dass die beschriebene Person, in ihrer Doppelrolle als Mitglied der „Täter-Gruppe" und als Mutter scheinbar besonders verantwortungslos handelt, da sie dem angelegten gesellschaftlichen Normmaßstab der fürsorgenden Mutter als Idealbild der Frau in keinem Fall gerecht wird.

G. Diskursive Leerstellen

Ebenso relevant für den von der BILD gezeichneten Gesamteindruck der Proteste am 6. Mai sind auch die Aspekte des Themas, die in der Berichterstattung explizit nicht erwähnt werden – die Leerstellen dieses Diskurses. Diese sollen anhand zweier Beispiele exemplarisch aufgezeigt werden.

---

[64] Art.: „Koschnick: Die große Debatte über die Krawalle - in der Bürgerschaft – Wir vereidigen weiter!", in: BILD, 22.5.1980, 3.
[65] Art.: „Sogar Kinder bei der Schlacht ...", in: BILD, 8.5.1980, 2.

Die erste Leerstelle ist das Fehlen der Inhalte der Proteste. In 34 von 36 Artikeln wird mit keinem Wort auf die Beweggründe, die Kritik oder die Intentionen der Protestierenden eingegangen oder die Frage nach dem politischen Gehalt der Proteste aufgeworfen.

An zwei Stellen in der Berichterstattung lassen sich Andeutungen auf die Ziele der Protestierenden erkennen, die in ihrem Kontext jedoch der Relativierung bzw. Diffamierung eben dieser dienen: Zum einen wird ein Sprecher des Verteidigungsministeriums zitiert, der das Gefühl habe, „daß die Attacken nicht nur der Institution Bundeswehr, sondern mehr noch ihnen [den Soldaten] selbst gelten würden."[66] Der Hinweis, die Angriffe könnten der „Institution Bundeswehr" gegolten haben, wird direkt wieder entpolitisiert und personalisiert. So werden in der gesamten Berichterstattung weder die militärische Rolle der Bundesrepublik im internationalen Kontext noch die militärstrategischen Umwälzungen durch den NATO-Doppelbeschluss im Dezember 1979 thematisiert.

Zum zweiten wird Prinzessin Donata von Preußen mit den Worten zitiert: „Die Demonstranten forderten in Sprechchören Frieden, gebrauchten aber Gewalt. Das ist für mich Krieg""[67] Auch wenn an dieser Stelle – ohne auf genauere Inhalte einzugehen – festgestellt wird, dass die Demonstrierenden Frieden gefordert hätten, scheint dies nur dem Zweck zu dienen, um ihr Vorgehen im Kontrast dazu als „Krieg" vollends zu diskreditieren. So entsteht der Eindruck einer apolitischen und gewalttätigen Gruppe Protestierender, die wahlweise die Bundeswehr, die Polizei, „unsere" Demokratie oder alles gleichzeitig angegriffen habe. Dies sei aber nicht geschehen, um

---

[66] Art.: „Bremer Krawalle: Das haben unsere jungen Soldaten nicht verdient ...", in: BILD, 10.5.1980, 2.

[67] Art.: „Es sollte ein großer Tag sein", in: BILD, 8.5.1980, 2.

damit eine Botschaft zu vermitteln oder ein politisches Ziel zu erreichen, sondern aus reinem Selbstzweck der Gewalt.

Die zweite exemplarische Leerstelle in der Berichterstattung kann als Negativ zu den vorher beschriebenen Phänomenen der Täter-Opfer-Spaltung sowie des Aggressor-Verteidiger-Diskurses gesehen werden. So oft die Rede von der Bewaffnung und dem aggressiven Vorgehen der „Täter" ist, so wenig bzw. gar nicht kommen die Bewaffnung und das gewalttätige Verhalten der Polizei zum Ausdruck. In nur drei der 36 Berichte wird thematisiert, dass die Polizei mit Gewalt gegen Protestierende vorging, allerdings wird mehr als deutlich gemacht, dass dieses Handeln ein reiner Verteidigungsakt gewesen sei, der durch die von den „Tätern" ausgeübte Gewalt unumgänglich gemacht worden wäre. Zusammen mit der Tatsache, dass in keinem der Berichte ernsthaft über „Opfer" unter den Protestierenden berichtet wird (einzige Ausnahme: siehe „Pop-Carton"), ist die beschriebene Leerstelle auch eine bestimmte Form der Aussage und Positionierung. Die Polizei wirkt – ganz im Gegensatz zu ihrer Funktion als Gewaltmonopolistin – als friedliche, rein auf Verteidigung ausgelegte Institution, die durch die äußeren Umstände gezwungen wird (und nicht, weil sie schlicht von den Mitteln Gebrauch macht, die sie inne hat) Gewalt gegen andere anzuwenden.

H. Fazit

„Eine ‚Bild'-Schlagzeile ist mehr Gewalt als ein Stein am Polizisten-Kopf." (DER SPIEGEL, 06.05.1968)

Die Diskursanalyse hat gezeigt, dass die BILD in ihrer Berichterstattung über die Proteste gegen die Rekrutenvereidigung der Bundeswehr im Mai 1980 die teilnehmenden Akteur_innen in ein bipolares Verhältnis setzt, welches sich durch die Einteilung in antonyme Kategorien wie „Täter-Opfer", „Aggressor-Verteidiger" auszeichnet. Durch die, ab dem zweiten Tag der Berichterstattung, konsequente diskursive Formung dieser Kategorien werden sie nachhaltig gefestigt. Dabei werden die Demonstrierenden als eine homogene Gruppe der „Täter" konstruiert, die im Analogieschluss der BILD zu Aggressoren werden. Ein weiterer diskursiver Strang dieser „Täter"-Konstruktion ist die Setzung der Ereignisse vor dem Weserstadion in den Kontext der Bedrohung des westdeutschen Staates: So definiert die BILD die Demonstrierenden als eine Gruppe von Staatsfeinden und Antidemokrat_innen, die, wenn nicht explizit aus der westdeutschen, so doch aus der Bremer Gesellschaft exkludiert sind. Diese Feindbild-Konstruktion ist vor dem Hintergrund des Kalten Krieges zu lesen und findet ihren Höhepunkt in der Identifizierung der „Autonomen" als langer Arm der Sowjetunion. Im Kontrast dazu steht die Stilisierung von Repräsentanten der staatlichen Exekutive als „Opfer" gewalttätiger Handlungen. Allerdings lässt sich im Gegensatz zur durchgehenden Pauschalisierung in Bezug auf die „Täter-Gruppe" in diesem Diskursstrang eine leichte Differenzierung erkennen. So wird in den Artikeln innerhalb der aufgemachten Gruppe zwar nicht zwischen dem Grad der „Betroffenheit" unterschieden – Polizisten wie Bundeswehr-Soldaten erscheinen gleichermaßen als unschuldig gewordene „Opfer" von Gewalt – jedoch schreibt die BILD den Akteursgruppen differierende Handlungs- und Umgangsweisen mit ihrem „Opfer-Dasein" zu und legitimiert diese mit Rückgriff auf die gesellschaftlich normierten Rollen von Polizei und Bundeswehr: Bei der Repräsentation der Soldaten als passive, friedvolle Schützer der Demokratie und aller Staatsbürger_innen lässt sich eine Kongruenz mit dem (bis in die 1990er Jahre) gesamtgesellschaftlich dominierenden Diskurs über die Bundeswehr als reine Verteidigungsarmee ausmachen. Jedoch werden in den untersuchten Artikeln in Bezug auf die Soldaten weder Handlungen beschrieben, in de-

„Das ist doch wie im Krieg"

nen diese gewaltvoll agieren, noch Situationen, wo sie auf Gewalt *re*agieren, sich also mit Gewalt verteidigen. Diese diskursive De-Militarisierung der Bundeswehr-Soldaten findet sich in der Berichterstattung über die zweite „Opfer-Gruppe" (Polizei) nicht wieder. So erwähnt die BILD die Bewaffnung von Polizisten und vereinzelt deren Einsatz, jedoch deklariert sie diese als eine notwendige Ausrüstung zur Verteidigung; Gewalthandlungen erscheinen als rein reaktiv und werden zum legitimen und erwünschten Mittel zum Schutz des Staates.

Trotzdem verkehren sich im von der Berichterstattung gezeichneten Bild die gesellschaftlichen Verhältnisse: Die Demonstrierenden werden mit Zuschreibungen wie „Gewalttäter" und „Bürgerkriegskämpfer" als Aggressoren herausgestellt und damit militarisiert – sie werden als die bewaffneten und gewalttätigen Auslöser_innen von „Krieg" konstruiert. Insbesondere Soldaten treten als friedvolle Verteidiger der Demokratie und des Staates in Erscheinung, die unvorbereitet und ungerechtfertigt Opfer dieses „Krieges" werden. Hier zeigt sich die diskursive Macht der BILD in Bezug auf die Interpretation der Proteste vor dem Hintergrund des politischen Konfliktfeldes der militärischen Rolle der BRD im Mai 1980. Durch die klare Grenzziehung von „Tätern" und „Opfern", durch die Diffamierung der Protestierenden, durch das Auslassen der politischen Inhalte und durch die darin liegende eindeutige Positionierung der Zeitung, interpretiert sie Teile gesellschaftlicher Wirklichkeit als Wahrheit. In diesem Sinne hat US-Senator Hiram Johnson Unrecht: Ein politischer Konflikt ist immer auch ein Konflikt um die Interpretation von Wirklichkeit. Je heftiger ein Konflikt und je eindeutiger die Positionierungen der Diskurssprecher_innen innerhalb dieses Konflikts, desto unterschiedlicher sind im Ergebnis auch die aus dem Konflikt resultierenden Wahrheiten. In einem Konflikt, wie dem hier beschriebenen (bei dem es sich sicher nicht um einen „Krieg" im engeren

Sinne handelt) stirbt die Wahrheit nicht, sondern – im Gegenteil – viele Wahrheiten werden auf vielfache Weisen zur Welt gebracht.

Auch wenn das einleitende Zitat, mit welchem das Magazin *DER SPIEGEL* 1968 seine Abrechnung mit der BILD-Zeitung und dem Springer-Konzern betitelte, in Bezug auf den hier analysierten Gegenstand eine gewisse Ironie in sich birgt, weist es auf einen entscheidenden Umstand innerhalb jedes modernen politischen Konfliktes hin: Massenmedien sind ein mächtiger und eigenständiger Akteur. Da sie eine gesellschaftliche Realität nicht bloß reproduzieren, sondern diese initiativ (re-)strukturieren, kommt ihnen eine entscheidende und für die beteiligten Akteure keineswegs zu unterschätzende, eigene Rolle innerhalb des jeweiligen Konflikts zu.[68] Die „Produktivkraft" der BILD kann als auflagenstärkstes Printmedium innerhalb der BRD kaum unterschätzt werden: Sie war und ist ein mächtiges Instrument, Wahrheiten in Umlauf zu bringen und diskursive Hegemonien zu prägen.

Jedoch lassen sich die von der BILD generierten Wahrheiten keineswegs als bloße „Boulevard-Polemik" relativieren, die zwar als massenwirksame, aber singuläre BILD-spezifische Pauschalisierungen im Kontrast zur „differenzierten" und vor allem als „seriös" definierten bürgerlich-liberalen Berichterstattung stehen würden. Im Rahmen eines kursorischen Überblickes über die Berichterstattung in der FAZ des gleichen Untersuchungszeitraumes[69] soll dies nun anhand von zwei thematischen Auffälligkeiten gezeigt werden. Die erste Auffälligkeit bezieht sich auf vier Aspekte, die auf den ersten Blick als leichte Differenzierungen im Vergleich zur BILD interpretiert werden können:

---

[68] Vgl. dazu: Stephen Vella: "Newspapers", in: M. Dobson/B. Ziemann (Hrsg.): Reading primary sources – The interpretation of texts from nineteenth- and twentieth-century history, New York, 2009, 192 – 208.

[69] Zeitraum der Recherche: 29.4. - 29.5.1980, Anzahl der Artikel: 36.

"Das ist doch wie im Krieg"

1. Indem die Demonstrierenden mit unterschiedlichen Attributen wie „Jungsozialisten"[70], „ultralinke Gruppen"[71] und „'linksradikale' Gruppen der SPD"[72] (linksradikal steht hierbei in Anführungszeichen) charakterisiert werden, erscheinen sie weniger als eine homogene Gruppe von „Gewalttätern". Den aus der BILD-Zeitung bekannten Ausdruck „Politrocker" markiert die FAZ durch Anführungszeichen als Zitat.[73]
2. Ähnliches gilt für die – im BILD-Jargon ausgedrückt – „Bewaffnung" der Demonstrierenden. So spricht die FAZ von „selbstgebastelten Brandsätzen **in der Art von** Molotow-Cocktails."[74]
3. Inhalte und Forderungen der Demonstrierenden finden in der FAZ zwar Erwähnung, jedoch geschieht dies in einer stark distanzierten Form. So wird beispielsweise die ehemalige NSDAP-Mitgliedschaft des damaligen Bundespräsidenten Carstens durch indirekte Zitation von Flyern thematisiert, im gleichen Atemzug aber als „Polemik gegen Bundespräsident Carstens"[75] diskreditiert.
4. Im Vergleich zur BILD nennt die FAZ an zwei Stellen die „Quellen" der der Berichterstattung zu Grunde liegenden Informationen. So heißt es am 8. Mai „**Nach Mitteilungen der Polizei** gab es ei-

---

[70] FAZ, 6.5.1980.

[71] Ebd.

[72] Art.: „Nach Bremen befürchtet Bonn neue Ausschreitungen", in: FAZ, 10.5.1980, 1.

[73] „In Koschnicks Erklärung vom Donnerstag werden die Rädelsführer bei den Demonstrationen als ‚Politrocker' bezeichnet [...]."

[74] Art.: „250 Polizisten in Bremen verletzt", in: FAZ, 8.5.1980, 2. (Hervorhebungen durch uns).

[75] Art.: „‚Viele bunte Eier für die Feier' Die Vorbereitung auf das Gelöbnis der Rekruten.", in: FAZ, 14.5.1980, 3.

nen 'harten Kern' unter den Demonstranten [...]."[76] Und weiter heißt es einen Tag später: „**In Koschnicks Erklärung** vom Donnerstag werden die Rädelsführer bei den Demonstrationen als 'Politrocker' bezeichnet […]."[77]

Hervorzuheben ist jedoch, und dies beschreibt die zweite Auffälligkeit der FAZ-Analyse, dass die erwähnten Differenzierungen keineswegs in allen Artikeln zu finden sind, also scheinbar willkürlich gemacht werden, und sich diese inkonsequente Markierung/Nicht-Markierung von Begriffen sogar in ein und demselben Artikel wiederfinden lässt. Beispielsweise steht der Begriff „Politrockerkommandos" im Artikel „Die SPD in Bremen sucht nach dem Schuldigen" vom 11. Mai ohne Anführungszeichen, während im folgenden Satz das Wort „Politrocker" in Anführungszeichen gesetzt wird.[78]

So lässt sich zwar teilweise in Bezug auf die obigen vier Punkte im Vergleich zur BILD eine „differenzierte" Darstellung erkennen, diese weist jedoch keine Stringenz auf und wird wiederum durch polemisierende Sätze im Original „BILD-Sprech" gebrochen.[79] Dies wird durch die in hohem Maße an die BILD-Zeitung erinnernden diskursiven Leerstellen der FAZ-Artikel bekräftigt: Polizeigewalt als auch Opfer unter den Demonstrierenden blenden die Autor_innen der Zeitung konsequent aus.

---

[76] Art.: „250 Polizisten in Bremen verletzt", in: FAZ, 8.5.1980, 2. (Hervorhebungen durch uns).

[77] Art.: „Bestürzung in Bremen", in: FAZ, 9.5.1980, 2. (Hervorhebungen durch uns).

[78] Als ein weiteres Beispiel lässt sich der Artikel *Nach Bremen befürchtet Bonn neue Ausschreitungen* vom 10.5.1980 anführen, in dem einerseits „‚linksradikale' Gruppen der SPD" erwähnt werden, während im gleichen Atemzug von „Demonstrationen von Linksextremisten" die Rede ist, wodurch die einleitende „Differenzierung" aufgehoben wird, um (wie die BILD) eine homogene gewaltbereite Masse von Demonstrierenden zu konstruieren.

[79] „Bewaffnet waren sie mit Brech- und Eisenstangen, Knüppeln, Leuchtpistolen […].", in Art.: „250 Polizisten in Bremen verletzt", in: FAZ, 8.5.1980, 2.

„Das ist doch wie im Krieg"

Zusammenfassend lässt sich festhalten, dass die BILD nicht nur hinsichtlich des „Täter-Diskurses" ein durchgehend homogenes Bild der Demonstrierenden, sondern insgesamt in ihrer Generierung von Diskursen eine deutliche Stringenz und Kompatibilität in Bezug auf ihre Diskurspositionierung aufweist. Im Vergleich dazu erscheinen die Artikel der FAZ (leicht) differenziert(er), jedoch auch weitaus weniger in sich geschlossen. Diese augenscheinliche Heterogenität der generierten Diskurse hat dabei den Effekt einer Abmilderung der teilweisen Differenzierung. Dieser tendenzielle Unterschied zur BILD entlarvt die BILD-Wahrheiten als nur vermeintliche „Boulevard-Polemiken". Vielmehr sind sie auch in den Artikeln eines renommierten, auflagenstarken bürgerlich-konservativen Printmediums wiederzufinden.[80]

---

[80] Es lässt sich hier nur mutmaßen, ob die im Ergebnis der BILD-Diskursanalyse mögliche völlige *Abstraktion von dem Autor* deshalb nicht auf die FAZ übertragbar ist, weil die Zeitung keine derart hierarchisch-strukturelle Organisationsform wie die BILD aufweist.

Katrin Antweiler und Eike Hermes

„Drum flogen all die Steine/ in Bremen, jüngst im Mai"[1]

Der Gewaltdiskurs in Publikationen der Bremer linken Szene zur Rekrutenvereidigung am 6. Mai 1980

„Wenn denn schon, aus fragwürdigen politischen Gründen, der Eid partout volksnah geleistet werden soll, lassen sich Pfeifkonzerte und Sprechchöre allenfalls dann ausschließen, wenn der protestbereite Teil des Publikums radikal ferngehalten oder gewaltsam zum Schweigen gebracht wird"

schrieb *Der Spiegel* in einem Artikel vom 17. November 1980.[2] Diese Schlussfolgerung entstand vor dem Hintergrund der Ereignisse rund um öffentliche Rekrutenvereidigungen in Bremen, Bonn, München und Hannover im Jahre 1980. In allen Fällen endeten die Proteste gegen die Gelöbnisse in gewaltsamen Auseinandersetzungen zwischen Demonstrierenden und der Polizei. Dies stellte eine neue Form des Widerstandes gegen die Bundesrepublik und ihre Militärpolitik dar. Der 6. Mai 1980 in Bremen war „eine der ersten militanten Aktionen des Jahres 1980, die große Aufmerksamkeit erzeugten".[3] Zu der öffentlichen Vereidigung waren auch der damalige Bundespräsident und ehemalige SA–Obersturmbannführer Karl Carstens als

---

[1] Art.: „Ballade vom Blutmai", in: Info, Wissenswertes über radikale Gruppen, Nr.56 13.7.1980, 10.

[2] Art.: „Grün und Gloria", in: Der Spiegel, 47/1980.

[3] Jan Schwarzmeier: Die Autonomen zwischen Subkultur und sozialer Bewegung, Göttingen 2001, 95.

Redner geladen. Diese Veranstaltung wollten viele Bremerinnen und Bremer nicht hinnehmen, da sie als Inszenierung militärischer Stärke wahrgenommen wurde. Sie organisierten eine Großdemonstration, die sich jedoch bereits im Vorfeld in zwei unterschiedliche Lager teilte. Bei der Organisation hatten sich die beteiligten Parteien von den parteiunabhängigen Gruppen abgespalten und planten eine eigene Demonstration (es handelte sich im Wesentlichen um Jusos, Grüne und DKP). Die Spaltung des Demonstrationsbündnisses war das Resultat differierender Bewertungen des westdeutschen Staates; uneinig waren sich die Organisierenden nicht nur in ihrer Staatskritik, sondern auch in ihrem Verhältnis zu Militanz als Mittel politischer Artikulation. Ein Teil der Demonstrierenden setzte Pflastersteine und Molotow Cocktails gegen Polizisten ein, was für damalige Verhältnisse eine neue Stufe der politischen Gewalt bedeutete.

Die Relevanz der Ereignisse vom 6. Mai zeigt sich vor allem darin, dass die Bremer Demonstration in der linken Szene[4] schnell eine Art Vorbildcharakter entwickelte.[5] Zu der Rekrutenvereidigung in Hannover im November 1980 ist zu lesen: „Unter allen Beteiligten und auch in der

---

[4] Wir verwenden den Begriff „Linke" für eine große heterogene Bewegung und unterscheiden diese im Folgenden in „bürgerliche Linke" (womit hauptsächlich Parteien, aber auch Teile der Friedensbewegung gemeint sind) und „radikale Linke" bzw. „Linksradikale" (hiermit sind parteiunabhängige, antidemokratisch orientierte Gruppen und Einzelpersonen gemeint, die sich selbst als „radikal" bezeichnen. Die Benennung folgt nicht der disqualifizierenden Begrifflichkeit der Medien zu diesem Zeitpunkt). Der Begriff „Linke" ist durchaus problematisch, da er eine Homogenität der Bezeichneten suggeriert, die zu keiner Zeit gegeben war, weshalb es schwierig ist von „der Linken" als eine Einheit zu sprechen. Wir versuchen deshalb den Begriff so differenziert wie möglich zu verwenden.

[5] Zwar gab es in den 70er Jahren durchaus militant agierende Gruppen, wie die RAF oder die Revolutionären Zellen (RZ), doch wurde deren Militanz innerhalb der Linken anders diskutiert, da sie nicht in dem Maße wie andere Gruppen und Einzelpersonen Bestandteil einer breiteren Bewegung waren. Siehe hierzu A.G. Grauwacke: Autonome in Bewegung, aus den ersten 23 Jahren, Berlin Hamburg Göttingen 2007, 3. Auflage, 16, 144.

Öffentlichkeit war ein Stichwort ständig präsent, das alles ausdrückte: "Bremen 6. Mai". Laut Graffitis sollte dies „überall" sein, für Spannung war also gesorgt."[6]

Die Untersuchung des Gewaltdiskurses innerhalb der Bremer Linken rund um den 6. Mai 1980 ergibt jedoch, dass eine Erklärung und Bewertung dieser neuen Form der Gewalt nicht so einheitlich ausfiel, wie der Kommentar des *Spiegel* suggeriert. Schon in den Aufrufen der verschiedenen Gruppen und Einzelpersonen zur Demonstration lassen sich Unstimmigkeiten erkennen. Die Begründungen des Protests weisen zwar durchaus inhaltliche Überschneidungen auf; bei genauerem Lesen zeigen sich jedoch sehr unterschiedliche Positionen.

Anders als es bei Massenprintmedien der Fall ist, lässt sich der Einfluss so genannter „grauer Literatur"[7] auf die Rezipierenden nur schwer nachvollziehen. Linken Kräften war der Zutritt zu etablierten Verlagen praktisch unmöglich und so stellten diese Formen der Veröffentlichungen oft die einzige Möglichkeit dar, kritische Perspektiven für eine breite Öffentlichkeit zugänglich zu machen. Leider gibt es weder Statistiken über Auflage- und Leser_innenzahlen, noch können die Veröffentlichungen einwandfrei bestimmten Autoren und Autorinnen zugeordnet werden, was die Klassifikation und Interpretation ihrer Inhalte erheblich erschwert. Die Sichtung des Materials zum 6. Mai 1980 hat ergeben, dass sich die Publikationen der Bremer linken Szene entlang einer Haupttrennungslinie gruppieren lassen. So scheint der größte Streitpunkt darin gelegen zu haben, die BRD und ihr demokratisches System anzuerkennen oder abzulehnen. Damit einher ging die Akzeptanz oder Verwerfung des Gewaltmonopols

---

[6] Geronimo: Feuer und Flamme, zur Geschichte der Autonomen, Berlin 1995, 125f.

[7] Unter Grauer Literatur werden Publikationen verstanden, die nicht über einen Verlag erschienen und vertrieben worden sind, wie e.g. Flugblätter, Fanzines, Kataloge oder sog. Gelegenheitsschriften.

des Staates. Anhand dieses Gliederungsprinzips soll versucht werden, den Gewaltdiskurs, wie er sich in den Veröffentlichungen äußert, nachzuzeichnen und die Positionen der Teilnehmenden des Diskurses bestmöglich darzulegen.[8] Hierzu werden exemplarisch einige Veröffentlichungen von unmittelbar vor und nach dem Ereignis gegenübergestellt und kritisch diskutiert. Der Fokus liegt dabei ausschließlich auf Publikationen von partei- und gewerkschaftsunabhängigen Gruppen. Der Streit um die Militanz und der um die Ausformulierung neuer politischer Kritiken markieren einen Wendepunkt in den radikalen linken Bewegungen der 1980er Jahre. Ein Beispiel hierfür ist die Entstehung der so genannten „Autonomen", die bis heute wesentlicher Bestandteil der deutschen linksradikalen Szene sind.[9]

Da der von uns gewählte Zeitpunkt einen Anfangspunkt einer neuen Entwicklung bedeutet, fallen die Äußerungen der Publizierenden in den meisten Fällen noch sehr subtil und subjektiv aus. Es ist deshalb nur schwer möglich, klare Positionen zu Systemkritik und Militanz herauszuarbeiten, was eine systematische Gruppierung nur teilweise zulässt. Zunächst werden

---

[8] Wir verwenden den Diskursbegriff im Sinne eines Sprach- oder Diskussionszusammenhangs. Wir analysieren Aussagen, die zwar Teil eines Diskurses sind, wie ihn Foucault definiert, diesen können wir jedoch nicht darlegen, da er den Rahmen dieses Artikel überschreiten würde.

[9] „Der Begriff „Autonome" wird schon seit Mitte der 70er Jahre in der westdeutschen Linken verwendet und war zu keinem Zeitpunkt, weder personell noch politisch, genau einzugrenzen" (Grauwacke 2007, S.7). In linken Publikationen zur Rekrutenvereidigung im Weserstadion taucht diese Bezeichnung jedoch nur sporadisch auf, weshalb wir versuchen, den Begriff weitestmöglich zu vermeiden. „Autonome" würden sich vor allem durch ihre politische Praxis auszeichnen, die radikal, und meist militant ausgeübt wird. Anders als in der marxistischen Tradition kam in dieser neuen Bewegung der Partei keine Schlüsselrolle als Avantgarde des Proletariats zugute. Dennoch lässt sich auch „diesbezüglich [keine] allgemeingültige Aussage treffen". Eine weitere Schwierigkeit besteht darin, „Autonome" als gesellschaftliche Gruppe einzuordnen. Bernd Langer schwankt dabei zwischen sozialer Bewegung, Subkultur, Jugendkultur und politischer Bewegung. Bernd Langer: Kunst als Widerstand, Bonn 1997, 30.

die Demonstrationsaufrufe im Hinblick auf das jeweilige Staatsverständnis der Unterzeichnenden analysiert, es wird untersucht, ob überhaupt ein Gewaltbezug zu erkennen ist und wie dieser sich gegebenenfalls äußert. Anschließend werden die Reflexionen, die unmittelbar nach dem Ereignis veröffentlicht wurden, untersucht. Dabei legen wir drei Kategorien zugrunde, die sich aus der Analyse des Materials ergeben haben: erstens die Distanzierung von der ausgeübten Gewalt, zweitens der positive Bezug auf die stattgefundene Militanz und drittens die Auseinandersetzung darüber, auf welche Art und Weise sie ausgeübt werden sollte, falls sie als legitimes Mittel anerkannt wurde.

A. „Nie wieder Krieg! Nie wieder Faschismus"

Bevor wir uns der Analyse der Publikationen zuwenden, möchten wir in Kürze beleuchten, vor welchem politischen und gesellschaftlichen Hintergrund die Ereignisse am 6. Mai 1980 stattfanden und warum sich zunächst ein sehr breites und heterogenes Demonstrationsbündnis bildete.

Unter dem Eindruck zunehmender Aufrüstung und sich erneut verhärtender Fronten zwischen 'Ost' und 'West' schien ein dritter Weltkrieg in den Augen vieler Bürger_innen nicht fern. Dieses Thema war zu Anfang des Jahres 1980 wegen des Nato – Doppelbeschlusses zur Modernisierung der Atomwaffenarsenale in Europa besonders aktuell. Die geplante Stationierung von Mittelstreckenraketen löste nicht nur in der radikalen Linken Empörung und Angst aus. Der Bundesregierung wurde vorgeworfen, dass sie versuche diese Angst vor einem dritten Weltkrieg noch zusätzlich zu schüren, um sie wiederum als Legitimation zur Aufrüstung zu instrumentalisieren. Die BRD wurde von vielen Linken als „Marionette des US-Imperialismus" begriffen, da der Marshallplan maßgeblich mit für den Wiederaufbau und die weitere Konstitution des westdeutschen Staates mitverantwortlich waren.[10] Somit galt der Widerstand vieler Linker nicht allein dem westdeutschen System, sondern vor allem den USA und ihrer Militär- und Außenpolitik. „Sie trägt Verantwortung für die Hochrüstung der NATO, unterstützt und steuert den Kampf gegen die Befreiungsbewegungen im Trikont usw."[11] Spätestens seit dem Krieg gegen das kommunistische Nord-Vietnam waren die USA zur Hauptprojektionsfläche anti-imperialistischen Widerstands geworden. Vor diesem Hintergrund ist es nicht verwunderlich, dass die Rekrutenvereidigung im Weserstadion bei bürgerlichen Linken – wie den Jusos und den Gewerkschaften – gleichermaßen wie bei Linksradikalen auf Widerstand stieß.[12]

B. „Keine Sportpalastatmosphäre am 6.5.1980 im Weser-Stadion! Verhindern wir die Vereidigung von 1700 NATO-Soldaten"[13]

Die vier Demonstrationsaufrufe, die in diesem Artikel genauer beleuchtet werden, verdeutlichen exemplarisch drei unterschiedliche Bewertungen des westdeutschen Staates. Eine Position bezieht sich positiv auf die westdeutsche Demokratie und kritisiert im Wesentlichen den Militarismus als einen Fehltritt der Politik. Im Gegensatz dazu wird in anderen Aufrufen

---

[10] Nachzulesen in den Ausgaben 54-57 des Info Bremer Un Gruppen (Info Bug) und in diversen Flugblättern zur Rekrutenvereidigung.

[11] Bernd Langer: Kunst als Widerstand, Bonn 1997, 30.

[12] Geronimo: Feuer und Flamme, zur Geschichte der Autonomen, Berlin 1995, 125f.

[13] Art.: „Wollt ihr den totalen Ölkrieg?", in: Info Bug Nr.54, Mai 1980, 10.

die Demokratie westdeutscher Ausprägung grundsätzlich angegriffen. Die dritte Position richtet sich zwar gegen die BRD, sieht diese jedoch eher als Spielball zwischen den beiden Großmächten USA und UdSSR. Die BRD erscheint hier lediglich als Marionette der US-Außenpolitik, weshalb die Kritik dieser Aufrufe sich explizit auf den „US-Imperialismus" bezieht.

C. „Nein wir wollen uns niemals an den Anblick von Gewehren gewöhnen!"[14]

Im *Weser Klavier* wurden zwei Aufrufe veröffentlicht, in denen keine grundsätzliche Staatskritik erkennbar ist.[15] Das Flugblatt nimmt sowohl im Titel als auch im Layout Bezug auf die Bremer Tageszeitung *Weser-Kurier*. Als Herausgeberin ist die „Initiative gegen die öffentliche Rekrutenvereidigung am 6. Mai" angegeben. Hier sind zwei Demonstrationsaufrufe abgedruckt, die beide eine ähnliche Rhetorik aufweisen; diese zeichnet sich durch eine sachliche Sprache und deutliche Worte gegen Militarismus und für Frieden und Demokratie aus. Die zwei von uns untersuchten Resolutionen verstehen sich explizit als Aufruf „gegen öffentliche Rekrutenvereidigungen", und wurden von verschiedenen Gruppen und Einzelpersonen unterzeichnet.[16] Bei den Unterzeichnenden handelt es sich vor allem um Asten, Juso-Ortsverbände und Pastoren. Beide Aufrufe richten sich primär an eine demokratische Linke und basieren auf einem bürgerlichen Demokratieverständnis. Explizit wird zu der alternativen Demonstration am

---

[14] Weser Klavier, Bremer Tageszeitung, Regionale Rundschau, 1.Jahrgang, Nr.1, Bremen im Mai 1980.

[15] Dieses zweiseitige Flugblatt erschien im Vorfeld des Gelöbnisses vermutlich einmalig.

[16] Weser Klavier 1980, 2.

Goetheplatz und zu friedlichen Aktionen gegen die öffentliche Vereidigung aufgerufen, die im ersten Aufruf als „MILITÄR-SHOW" bezeichnet wird. Beide Resolutionen im *Weser Klavier* betonen ihre Intention, den Frieden zu wahren und gegen jegliche Form öffentlicher Zurschaustellung militärischer Stärke zu protestieren. So: „[...] haben sich mehrere demokratische Organisationen und Einzelpersönlichkeiten zusammengeschlossen, um der zunehmenden Verflechtung von Gesellschaft und Militär entgegenzutreten." Ziel sei es „die öffentliche Vereidigung abzusagen und die Soldaten dort hinzuschicken, wo sie hingehören, IN IHRE KASERNEN". Mehrfach werden die „undemokratischen Strukturen in der Bundeswehr" kritisiert, gleichzeitig jedoch mit Formulierungen wie „unserem Land" ein positiver Bezug zur BRD hergestellt und lediglich ihr „Militarismus" angeprangert. Die Forderung nach Frieden wird im zweiten Aufruf noch zusätzlich durch die Symbolik einer Friedenstaube illustriert.

Inhaltlich wird zunächst Bezug auf das Ende des Zweiten Weltkrieges genommen. So heißt es, dass die Menschen in Deutschland und aller Welt einig darüber gewesen seien, dass nie wieder von deutschem Boden Krieg ausgehen dürfe. Diese Einigkeit scheint laut Verfasser_innen wieder in Vergessenheit geraten zu sein, da sich 35 Jahre nach Ende des zweiten Weltkrieges „Völkerhaß und Militarismus wieder breit [machen]". Mit der Parole „Nein! Wir wollen uns niemals an den Anblick von Gewehren gewöhnen!" wird die antimilitaristische und pazifistische Haltung der Autor_innen deutlich. Sie bedienen sich sehr viel plakativerer Formulierungen als die Verfassenden des ersten Aufrufs im *Weser Klavier*. Der Bezug auf die BRD und ihr Grundgesetz ist zwar weniger explizit, aber dennoch genauso positiv wie im ersten Aufruf, da es „keine Alternative zur Entspannungspolitik." gebe.[17]

---

[17] Ebd.

D. „Die Vereidigung [ist] eine bedingungslose Unterwerfung unter die Politik des BRD-Imperialismus"[18]

Eine radikal kritische Einstellung zum demokratischen System Westdeutschland, wird in der folgenden Resolution der Marxistischen Gruppe „anlässlich der Rekrutenvereidigung"[19] vertreten, die direkten Bezug auf die beiden oben untersuchten Aufrufe des *Weser-Klaviers* nimmt. Sie ruft Studierende der Uni Bremen zu einer Vollversammlung zur Diskussion über das Gelöbnis und gleichzeitig zu Protesten gegen dieses auf. Im Namen der „Studentenschaft der Universität Bremen" wird die Rekrutenvereidigung „verurteilt". Begründet wird diese Verurteilung damit, dass die Vereidigung der Rekruten eine „bedingungslose Unterwerfung unter die Politik des BRD-Imperialismus bedeutet".[20] Der „Kampf um den Erhalt des Friedens" wird als Teufelskreis beschrieben, da er „mit schöner Regelmäßigkeit zu Kriegen führt". Im Folgenden wird erläutert, dass „die Politik der Entspan-

---

[18] Titel eines Flugblatts, das im Vorfeld des 6. Mai von der Marxistischen Gruppe (MG) veröffentlicht wurde. Diese Gruppe ist eine Hochschulgruppe, über ihre genauere Zusammensetzung haben wir jedoch keine Informationen. Es ist die einzige Veröffentlichung einer Hochschulgruppe, die wir im Zusammenhang mit dem Rekrutengelöbnis gefunden haben, was die These bestärkt, dass der Protest gegen die Vereidigung von einer sehr heterogenen Bewegung getragen wurde. Es ist ein loses Flugblatt ohne Erscheinungsdatum. Vorhanden im Archiv der sozialen Bewegungen in Bremen in dem Ordner „Rekrutenvereidigung Mai 1980".

[19] Flugblatt der MG.

[20] Interessant an dieser Aussage ist, dass sie sich im Gegensatz zu anderen Aufrufen nicht in erster Linie auf die NATO oder die USA, sondern explizit auf die BRD bezieht, die BRD also als handlungsfähig, mit eigenständiger Außenpolitik, gedacht wird und dementsprechend nicht bloß als „Marionette des US-Imperialismus" kritisiert wird, wie in allen anderen Aufrufen, die wir untersucht haben.

nung" als eine „fortgeschrittene Variante des Kalten Krieges" zu verstehen sei. Dieser Erklärung wird eine fundamentale Staatskritik angeschlossen, da die Studentenschaft die „imperialistische Größe, zu der es die BRD gebracht hat" ablehne, ob sie sich nun in „Handelsverträgen" oder „in Divisionen" zeige. Der nächste Kritikpunkt bezieht sich auf den vermeintlichen Wandel von der „Pflege von Friedensillusionen" hin zu einem „Kampf um den Erhalt des Friedens". Es wird erklärt, warum die Marxistische Gruppe die „Einwände von Friedensfreunden und Demokratieverbesserern" nicht teilt. In der Resolution wird den Unterzeichnenden der Aufrufe des *Weser Klaviers* vorgeworfen, dass sie sich positiv auf den westdeutschen Staat bezögen und sogar nationalistisch seien. Gestützt wird sich zunächst auf die schon erwähnte Parole „Nie wieder darf von deutschem Boden ein Krieg ausgehen". Dies wird von der Marxistischen Gruppe als eine Beruhigung ihres Gewissen durch die Linke interpretiert, um sich als Deutsche auch weiterhin für die Nation einsetzen zu können. Vermutlich lösten aber zusätzlich der unkritische Umgang mit der deutschen „Entspannungspolitik", die Identifikation mit den Werten einer bürgerlichen Demokratie und auch ein ausdrücklich positiver Bezug auf das Grundgesetz bezüglich der Wehrdienstverweigerung im *Weser Klavier* diesen Vorwurf aus. Die Studentenschaft lehnt die Identifikation mit der Nation ab und möchte sich nicht „als Deutsche [...] für Krieg und Frieden verantwortlich" sehen. Dazu ist in der Resolution nicht erwähnt, ob, und wenn ja, wie gegen die Rekrutenvereidigung protestiert werden sollte. Somit ist weder ein Aufruf zur Gewalt noch eine pazifistische Ausprägung erkennbar.

E. „Ins Stadion wollen wir, aber Alle oder keiner!"

Dieser Slogan gegen das Gelöbnis im Weserstadion stammt von der Bremer linksradikalen Gruppe „B.Troffen" und wurde am Tag der Vereidigung auf einem Flyer veröffentlicht.[21] Der Flyer wendet sich mit Informationen über den Tagesverlauf an andere Linksradikale. Er ist emotional sehr aufgeladen; so heißt es

> „Entspannung heißt das schöne Wort für Aufrüstung zum Massenmord. Die 25-jährige Nato-Gründung ist für uns kein Grund zu feiern. Wir würden feiern, wenn die Nato sich auflöst und der Warschauer Pakt dazu. [...] Wer heute individuell ins Stadion einsickert, wird individuell eingesackt [...]."

Die öffentliche Vereidigung wird als „psychologische Rüstung" verurteilt, die mit „Polizeistaatsmethoden" gesichert werden solle. Im Gegensatz zu den zuvor untersuchten Positionen, die sich in erster Linie mit der BRD auseinandersetzen und dabei unterschiedliche Haltungen einnehmen, beziehen sich die Verfasser_innen dieses Aufrufs zusätzlich auf die Außenpolitik der USA und den Kalten Krieg. Die Bundesregierung sei auf dem Weg, einen Polizeistaat zu etablieren, wodurch sie jedoch lediglich als Marionette des „US-Imperialismus" agiere. „Weder wollen wir sterben für die Pläne des Pentagon noch für die Strategien des Kreml." Die Politik der BRD wird inhaltlich scharf kritisiert, nicht aber das demokratische System an sich. Es wird ein Szenario gezeichnet, das in einem dritten Weltkrieg gipfeln könne,

---

[21] „Linksradikal" ist als Selbstbezeichnung der Gruppe als Signatur auf dem Aufruf zu lesen (dies muss in unseren Augen als eine Aneignung des Begriffs verstanden werden, da er zuvor primär zur Stigmatisierung der Bewegung durch bürgerliche Medien und Politker_innen diente). Es handelt sich hierbei um ein loses Flugblatt ohne Erscheinungsdatum. Vorhanden im Archiv der sozialen Bewegungen in Bremen in dem Ordner „Rekrutenvereidigung Mai 1980". Über die Gruppe „B.Troffen" ist uns weiter nichts bekannt.

was unbedingt zu verhindern sei: „[...] einen neuen Krieg der Herren um ihr Geld machen wir nicht mit." Die Gruppe „B.Troffen" weist in ihrem Flyer darauf hin, dass sie die Vereidigung zwar verhindern wolle, aber ohne das Risiko einzugehen, sich bei dem Versuch „lächerlich" zu machen, die Veranstaltung individuell zu stören.

Wie einleitend skizziert, werden an den unterschiedlichen Aufrufen bereits die wesentlichen Differenzen der Bremer Linken deutlich. Es ist zu erkennen, dass dem Gewaltdiskurs eine Auseinandersetzung um die Bewertung des westdeutschen Staates vorweg ging und die differierenden Positionen zur BRD die Positionen zur Militanz als politischem Mittel maßgeblich bedingten. Vereinfacht kann zusammengefasst werden, dass die beiden Aufrufe des *Weser Klavier* sich positiv auf die bundesdeutsche Demokratie beziehen und der praktische Ausdruck ihrer Kritik auf pazifistischen Werten basiert. Die Marxistische Gruppe lehnt das politische System der BRD grundlegend ab und äußert sich weder positiv noch ablehnend zu Militanz. Die Gruppe „B-Troffen" kritisiert sowohl die Bundesrepublik als auch die Politik der USA und die der Sowjetunion. Sie lässt am ehesten Raum für die Interpretation, dass militante Aktionen vielleicht ein legitimes Mittel sein könnten.

Somit scheint nicht erst die Debatte um die Ausübung von Gewalt die linke Szene in Bremen gespalten zu haben, sondern bereits die ideologische Basis, auf der das jeweilige Verhältnis zu Militanz aufbaute. Vor diesem Hintergrund werden wir nun versuchen, anhand der Reflexionen – die explizit auf die stattgefundene Gewalt eingehen – den Zusammenhang zwischen diesen Unterschieden in der inhaltlichen Vorbereitung und den daraus resultierenden Praktiken nachzuvollziehen. Die Nachbetrachtungen, die nach den Ereignissen am 6. Mai in linken Publikationen veröffentlicht wurden, fallen sehr unterschiedlich aus und geben Aufschluss über den Dissens, der zum

Bruch in der Szene führte. Sehr subjektiv und emotional wurde im Nachhinein der Konflikt um die Ereignisse im Weserstadion aufgearbeitet; besonders die Abhandlungen, die sich positiv auf die militanten Aktionen gegen das Gelöbnis beziehen, sind überraschend unterschiedlich in ihrer Argumentation und Bewertung der Ereignisse. An den sechs analysierten Publikationen werden wiederum verschiedene Positionen deutlich. So gibt es einerseits eine klare Distanzierung von der stattgefundenen Gewalt, aber andererseits auch eine Rechtfertigung dieser Gewalt und mit ihr verbunden die Frage, wie sie als politisches Mittel angewendet werden könne, um legitim zu sein.

F. „Nun geht also die ganze Distanziererei wieder los."[22]

Ein Beispiel für eine klare Distanzierung von der stattgefundenen Gewalt ist die Auswertung des 6. Mai, die vom Sozialistischen Büro Bremen (SBB) als Diskussionspapier veröffentlicht wurde.[23] Unter dem Eindruck der eskalierten Demonstration wendet sich das SBB in diesem Schreiben an eine diffuse linke Szene, die sowohl Bürgerliche als auch Radikale einschließt, um eine Debatte über „die Autonomen" anzuregen. Nach Einschätzung des SBB wurden die Ausschreitungen aufgrund des Fehlverhaltens einiger weniger Militanter ausgelöst. Es wird als grundlegend falsch angesehen, Militarismus mit Militanz zu bekämpfen.

„Daß die Diskussion noch nicht breit genug geführt wird, und der politische Widerstand gegen die öffentliche Entmündigungsschau nicht stark genug gewesen ist, wird letztlich dadurch ausgedrückt, daß die

---

[22] Art.: „Zur Lage der Nation", in: Info Bug Nr.54, Mai 1980, 8.
[23] Ebd.

> Vereidigung politisch nicht verhindert werden konnte. Ziel muß es daher sein, die antimilitaristischen Motive des Protestes all denen zu vermitteln, die noch nicht demonstriert haben.
>
> Den traurigen Ruhm, dieses verhindert zu haben, dürfen sich die ‚autonomen' Kämpfer einheimsen: Ihre Steine und Mollis gaben Anlaß für ein tagelanges Einschwören der Nation auf Bundeswehr und NATO."

Diese Art der Kritik ist bereits aus den 1970er Jahren bekannt, in denen der RAF Ähnliches vorgeworfen wurde. Die Vorwürfe bestehen primär darin, dass militante Aktionen von so genannten „Autonomen" in der restlichen Bevölkerung, der „Nation", als Rechtfertigung für die Angriffe der Polizei auf die Demonstration gesehen würden und letztlich die Identifikation mit dem Staat bestärkten. Dies sei das Gegenteil von dem, was wirklich durch die Proteste erreicht werden sollte. Es wird sich dagegen ausgesprochen, das Gelöbnis und die damit verbundene Zurschaustellung militärischer Stärke als eine „besondere Provokation demokratischer Gesinnung" zu verstehen. Die „besondere Provokation" wird mit den Worten: „dies alles gehört zum Alltag in unserer Gesellschaft" entkräftet und der symbolische Charakter des Gelöbnisses betont. Auffällig ist die Schlussfolgerung, die das SBB aus der politischen Praxis der „Autonomen" zieht. Es unterstellt denen, die militant agieren, sie würden „die BRD-Gesellschaft als eine allumfassende Gewalttätigkeit wahr[nehmen], ohne innere Widersprüche [...]" und spricht den „autonomen" Gruppen somit jegliche Fähigkeit zum Differenzieren und Analysieren der Verhältnisse ab. Zusätzlich werden diese „autonomen" Gruppen als unsolidarisch kritisiert, da sie mit ihrer Gewalttätigkeit die politischen Ziele der Bewegung massiv gefährdeten. Militanz als politischem Mittel wird vom SBB eine klare Absage erteilt, da diese Form des Widerstandes weder sinnvoll noch gerechtfertigt sei, sondern vielmehr der Polizei in die Hände spiele, sodass diese auf künftigen Demonstrationen noch härter vorgehen könne: „In Bremen haben sie zudem die Öffentlichkeitsarbeit [...] erschwert und die Legitimation für eine verschärfte Polizeitaktik zur Störung der nächsten Aktion geliefert."

G. „wenn wir leben wollen, müssen wir uns wehren mit allem, was wir haben, mit unseren stimmen und mit steinen, mit flugblättern und mollis "[24]

Beispielhaft für die wohl radikalste positive Positionierung zu politischer Gewalt ist die „Ballade vom Blutmai", die in der *Bremer Info* Nr. 55 erschienen und von den „Bremer Stadtmusikant/innen" unterzeichnet ist. In den ersten sieben Strophen der Ballade wird der Verlauf der Ereignisse des 6. Mais beschrieben. Die letzte Strophe befasst sich mit Militanz:

„Drum flogen all die Steine/ in Bremen, jüngst im Mai/ und auch so mancher Molli/ war diesmal mit dabei!/ Doch das war noch zu wenig,/ der Kampf ist nicht vorbei!/ Erst, wenn wir zusammen kämpfen,/ dann werden wir auch frei!"[25]

Diese eindeutig positive Bewertung der Militanz wird einerseits unterstützt durch den Satz „Distanzieren fehl am Platz"[26] und anderseits gerechtfertigt: „wer von uns wäre nicht gegen gewalt/ die andere seite diskutiert nicht über gewalt/ sie übt sie aus und giesst sie in gesetze". Demzufolge wird Gewalt hier nicht an sich als legitimes Mittel betrachtet, sondern erst als Reaktion auf staatliche Gewalt zu einem legitimen Mittel erklärt. Auch in

---

[24] Art.: „Zur Lage der Nation", in: Info Bug, Nr. 54, Mai 1980, 8.

[25] Art.: „Ballade vom Blutmai", in: Info, Wissenswertes über radikale Gruppen, Nr.56 13.7.1980, 10.

[26] Die einzelnen Strophen der Ballade sind durcheinander auf die Seite geklebt. Im Hintergrund sind Bilder und die beiden, oben erwähnten Textstellen.

den weiteren Strophen wird immer wieder darauf eingegangen, wie brutal die „Bullen" gegen die Demonstrierenden vorgegangen seien und dass sie zudem ihren Spass daran gehabt hätten. Die Staatskritik der „Bremer Stadtmusikant/innen" lässt sich nicht dezidiert herausarbeiten, auch wenn die zweite Strophe Raum für Interpretationen bietet und auf eine Ablehnung des westdeutschen Staates hinweist: „Wir wolln [sic!] doch nicht in den Krieg ziehn [sic!], für diesen miesen Staat! Wir lassen uns nicht verheizen für Ost oder für West! Die Bundeswehr, die stinkt uns, die hassen wir wie die Pest!"

H. „der tägliche Hammer auf den Kopf ist für mich Grund genug, auch mit Steinen zu schmeißen, wenn es die Situation erfordert"[27]

Der Artikel „EINE KOMMENTIERTE CHRONOLOGIE 6. MAI 80"[28] ist weder unterzeichnet noch datiert. Er ist wahrscheinlich unmittelbar nach der Rekrutenvereidigung verfasst worden.[29] Nachdem die Spaltung des Bündnisses beschrieben, und sich klar von der „alternativen Demo" (gemeint ist hier die der Bremer Grünen Liste, Jusos und der DKP, Anm. d. Verf.) distanziert wird, folgt eine Selbstreflexion der eigenen Organisation. Die relativ detailgetreue Beschreibung der militanten Auseinandersetzungen vor dem Stadion befasst sich zunächst mit den Reaktionen auf die

---

[27] Art.: „Zur Lage der Nation", in: Info Bug Nr.54, Mai 1980, 8.

[28] Art.: „Eine kommentierte Chronologie 6.Mai 80", in: Info Bremer unpolitischer Rotznasen Nr.54, 4-5.

[29] Der Artikel ist durchweg in Minuskeln verfasst. Die Schreibweise wird in den Zitaten ohne weitere Kommentierung übernommen. Gleiches gilt für folgende Zitate.

Berichterstattung der bürgerlichen Presse nach den Ereignissen. Es wird dementiert, dass ein „[...] bulle wegen seinen verletzungen erlegen [sei]". Außerdem sei es nicht wahr, dass, wie in der Presse behauptet, „[...] blind mollis in die wagen geworfen [wurden]". Weiter werden die militanten Aktionen damit gerechtfertigt, dass sie sehr kontrolliert abgelaufen seien. Es sei darauf geachtet worden, keine Personen, sondern Gegenstände wie Bundeswehrfahrzeuge, zu beschädigen, da diese als wichtige Bestandteile der Vereidigung angesehen wurden. Am Ende der Chronologie werden die Reaktionen der unterschiedlichen Lager auf die Krawalle erwähnt:

„die jusos werfen der polizei vor, sie seien verantwortlich, weil sie unsere demonstration und unseren laustsprecherwagen genehmigt habe. Außerdem hätte sie dafür sorgen müssen, daß sich die demonstrationen nicht vermischen. die cdu sagt, die spd sei verantwortlich, weil teile ihrer partei gegen diese veranstaltung protestiert hätten. Die spd sagt – wir seien verantwortlich."

Gewalt wird in dem Artikel nicht explizit diskutiert oder bewertet. Aus den Beschreibungen des Geschehenen lassen sich jedoch Schlüsse im Hinblick auf die Diskursposition der Verfassenden ziehen. Es wird erwähnt, wie einige Demonstrierende anfingen, Pflastersteine zu werfen. Dieses Vorgehen wird als Fehler bezeichnet, mit der Begründung „[...] diese konfrontation kam zu schnell".[30] Hier wird sich also nicht prinzipiell von Gewalt distanziert; dennoch findet eine kritische Auseinandersetzung statt. In den oben beschriebenen Äußerungen bezüglich der brennenden Fahrzeuge wird auch mit keinem Wort eine Ablehnung dieser militanten Vorgehensweise erkennbar. Bezüglich der allgemeinen Diskussion um die Verantwortung für die gewaltvollen Auseinandersetzungen wird zwar keine

---

[30] Art.: „Eine kommentierte Chronologie 6.Mai 80", in: Info Bremer unpolitischer Rotznasen Nr.54, 4-5.

Stellung bezogen, die Demonstration allerdings als gelungen bewertet, da sie Hoffnung auf weiteren wirkungsvollen Widerstand mache: „ich denke, diese demonstration war ein guter anfang. es wird hoffentlich dazu führen, daß nunmehr auch in anderen städten der widerstand gegen jubelveranstaltungen und militarisierung wächst."[31] Auf die Politik der Bundesrepublik wird auch in der Chronologie nicht weiter eingegangen. Die Einstellung zum Staat wird hier – abgesehen von der Einstellung zur Militanz und der Tatsache, dass der Text in der *Bremer Info* erschien – nur durch die klare Distanzierung zu allen Parteien und Rhetoriken wie: „bullen" oder „kriegsminister" deutlich.

I. „ich denke, diese demonstration war ein guter anfang."[32]

In derselben Ausgabe der *Bremer Info* erschien der Text „Zur Lage der Nation", der ebenfalls eine sehr persönliche und subjektive Auseinandersetzung mit dem 6. Mai darstellt. Der Ton des Textes ist teilweise sehr ironisch, besonders wenn er sich auf die Bewertungen anderer Linker zum 6. Mai bezieht. Die Differenzen mit den Jusos und der DKP, die sich von den „Krawallen" rund um die Demo vehement distanzieren, werden zu Beginn als nicht verwunderlich befunden. Aber, „daß das jetzt auch von leuten kommt, die ich immer als ‚zu uns gehörig' betrachtet habe" scheint hier Überraschung und Ärger zu verursachen. Als wäre es eine Antwort an eben diese „eigentlich Dazugehörigen", wird versucht, eine Erklärung für die Vorkommnisse abzugeben, die die Gewalt sowohl kritisch beleuchtet wie auch rechtfertigt. Die Person, die diesen Text verfasst hat,

---

[31] Ebd. 5.

[32] Ebd.

sagt zwar, dass sie sich selbst nicht an den gewalttätigen Ausschreitungen beteiligt habe; hierfür sei jedoch Angst das Motiv gewesen und nicht eine grundsätzliche Ablehnung von Gewalt. Dennoch werden auch Zweifel an der Richtigkeit der Militanz geäußert:

> „als gut ausgerüsteter demonstrant hätte ich durchaus in vorderster linie stehen und steine schmeißen können. Ich habe es deshalb nicht getan, weil ich mir während "der schlacht" nicht sicher war, ob es richtig ist [...] es hat für mich einen unterschied gemacht, ob ich mich mit helm und knüppel gegen anstürmende bullen wehre, oder selber angreife."

Die nachträgliche Bewertung fällt anders aus und wird mit einer Erklärung bekräftigt: „trotz meines eigenen passiven verhaltens finde ich aber das steinewerfen richtig! und zwar deswegen, weil ich glaube, daß wir uns nicht anders gegen die bullen hätten wehren können." Im Folgenden wird politische Gewalt als legitime Antwort auf die alltägliche, vom Staat ausgeübte Gewalt begründet, gegen die „kundgebungen und friedensmärsche" nichts mehr auszurichten scheinen. Als Rechtfertigung für die „Krawalle" wird zusätzlich noch auf die Gefahr verwiesen, die Einsatzkräfte hätten ohne die Ausschreitungen problemlos die „ausgerüsteten von den friedlichen" Demonstrierenden trennen können was zum Schutz der „ausgerüsteten" verhindert werden musste. Trotz dieses praktischen Aspekts heißt es nach einer knappen Reflexion über eigene Fehler abschließend noch einmal:

> „[...] wir [müssen] uns massiv gegen solche propaganda-shows [wehren]. denn die gewalt geht immer noch von denen aus, die mir so ein spektakel schmackhaft machen wollen, um mich dann in ihrem krieg zu verheizen. [...] jede/r von uns erfährt täglich wie er/sie unterdrückt und eingemacht wird durch den ganzen kram der uns umgibt."

Hier lässt sich erkennen, dass das militante politische Agieren in den Kontext gesamtgesellschaftlicher Herrschaftsverhältnisse gestellt wird, die als Unterdrückung all derer verstanden werden, die „den Krieg der Herren um ihr Geld" nicht unterstützen wollen. Bezüglich der Staatskritik verhält es sich wie bei der oben analysierten Chronologie; es wird nicht explizit darauf eingegangen. Vermutungen können wieder nur auf Basis der Rhetorik, der Einschätzung der Gewalt und dem Erscheinen in der *Bremer Info* angestellt werden; daraus kann geschlossen werden, dass es sich um eine Person handelt, die das System „Bundesrepublik" an sich ablehnt.

Knapp einen Monat nach den Ereignissen am Weserstadion scheint der Gewaltdiskurs aktueller denn je. In der *Bremer Info* vom 11. Juni 1980 finden sich eine Reihe Leser_innenbriefe, die sich thematisch mit der Rekrutenvereidigung beschäftigen. Einer dieser Briefe trägt den Titel „Es herrscht immer Krieg".[33] Er reflektiert einerseits die Ausschreitungen vom 6. Mai und erklärt andererseits die politischen Hintergründe der Demonstration. Auch dieser Brief ist weder unterschrieben noch datiert. Wie in den vorher analysierten Texten wird hier Gewalt als politisches Mittel zunächst nicht in Frage gestellt. Es geht vielmehr darum, wie und in welchem Maße die Gewalt legitim sein könnte. Sie solle dem Leser_innenbrief nach nur angewendet werden um ganz konkrete Ziele durchzusetzen, dann aber so gering wie möglich gehalten werden. Er_sie argumentiert damit, dass sie als „Linke" „[...] nicht militant durch eine blinde wut auf alles, was eine uniform trägt [sind]." Es wird gefordert, „[...] daß unsere Aktionen so anzulegen sind, daß das risiko menschen zu verletzen möglichst gering gehalten werden muss."[34]

Dieser Leser_innenbrief zeigt, dass der Diskurs nicht nur darum kreist, ob Gewalt überhaupt ein politisches Mittel sein kann, sondern vielmehr wie, an welcher Stelle und in welchem Maße diese ausgeübt werden sollte. Er ist

---

[33] Leserbrief mit dem Titel: „Es herrscht immer Krieg", in: Info Bug Nr.55, Resonanz zum Wesertanz, 11.6.1980,12.

[34] Ebd.

die einzige Reflexion, in der dezidert auf die politischen Hintergründe eingegangen wird. Zur westdeutschen Demokratie wird sich zwar nicht geäußert, dafür umso stärker zur NATO und dem „auftreten der usa als weltpolizist", die beide massiv kritisiert werden. Deutschland wird als „ruhiges hinterland" im Kampf der „großmächte um ihre souvereinität in europa" beschrieben. Demnach könnten die Verfassenden, die Staatskritik betreffend, in eine ähnliche Richtung wie die linksradikale Gruppe „B.Troffen" eingeordnet werden.

J. „Wir sind nicht militant durch eine blinde Wut, sondern Militanz ist ein Mittel zur Durchsetzung politischer Ziele!"[35]

Es ist ein Anliegen dieses Artikels, die Vielschichtigkeit des innerlinken Gewaltdiskurses hervorzuheben. Die exemplarisch analysierten Auseinandersetzungen rund um den 6. Mai 1980 bieten Raum für unterschiedliche Interpretationen. Die These, dass sich an den gewalttätigen „Krawallen" am Osterdeich eine neue Form der politischen Praxis zu etablieren begann und damit eine weitreichende Spaltung innerhalb der (Bremer) Linken in Gang gesetzt wurde, lässt sich insbesondere an der Unsicherheit vieler militant agierender Linker bestätigen. Fast alle untersuchten Äußerungen zur Militanz fallen unentschlossen und ambivalent aus. Die große Bereitschaft, das eigene gewaltbereite Verhalten zu hinterfragen, sowie die größtenteils subjektiven Reflexionen, erwecken den Eindruck, dass es eine gewisse Überforderung mit der neuen Rolle als „Autonome" gab. Die politischen Positionen und Praktiken variieren deutlich mehr, als es zum Beispiel die

---

[35] Ebd.

Veröffentlichung des SBB nahe legt, denn der Vorwurf, mit dem Rest „der Szene" unsolidarisch zu sein, löste bei einigen Linksradikalen massive Selbstzweifel aus. Nach Jahren der gemeinsamen Bewegung scheint zum ersten Mal eine unüberwindbare Differenz spürbar zu werden, die als Bruchstelle der linken Szene gedacht werden kann. Seit den 1960er Jahren gab es zwar immer wieder große Konflikte um differierende Ansätze der Gesellschaftsanalyse[36], doch das Verhältnis zur BRD und die daraus resultierende Kritik unterscheidet die politischen Gruppen zu Beginn der 1980er Jahre so stark, dass der einzig verbleibende gemeinsame Nenner der Kampf gegen Krieg und Imperialismus bleibt. Wie dieser Kampf jedoch ausgestaltet werden sollte, mit welchem Mittel und auch mit welchem Ziel, darüber gab es bereits zum Zeitpunkt der Rekrutenvereidigung im Weserstadion keinen Konsens mehr. Einen Zusammenhang zwischen politischer Theorie und Praxis herzustellen, ist anhand des von uns untersuchten Materials schwierig. Dennoch lässt sich eine Verknüpfung herstellen. Tendenziell sind die Gruppen und Einzelpersonen, die das System „BRD" nicht als solches in Frage stellen, auch diejenigen, die Militanz als politisches Mittel klar ablehnen; wohingegen die Gruppen, die die westdeutsche Demokratie angreifen, ebenso wie die, die in erster Linie die USA kritisieren, Gewalt als politischem Mittel vergleichsweise offener gegenüber eingestellt sind. Zunächst erscheint diese Kategorisierung durchaus logisch. Eine fundamentale Staatskritik müsste in ihrer Konsequenz die Abschaffung des Systems zu Folge haben, die friedlich kaum zu erreichen ist. Damit erscheint diese Kategorisierung durchaus plausibel. Eine fundamentale Staatskritik müsste in ihrer Konsequenz die Abschaffung des Systems BRD

---

[36] Beispiele hierfür sind u.a. Debatten um Marxismus, Anarchismus, die Unterstützung Chinas und Mao Tse Tungs, aber auch über Feminismus und Sexualität, die intensiv geführt wurden. Vergl. A.G. Grauwacke (2007).

zu Folge haben, die friedlich kaum zu erreichen ist. Eine Kritik, die sich nur auf bestimmte Aspekte des Politischen bezieht, das westdeutsche System jedoch nicht in seiner Gänze in Frage stellt, sondern es als Versuch der demokratischen Überwindung des NS-Faschismus versteht, wird dieses eher nicht gewalttätig angreifen. So einfach ist die Trennungslinie jedoch nicht zu ziehen. Zunächst einmal besteht die Schwierigkeit, dass die analysierten Texte diese Kategorisierung nicht einwandfrei belegen können, da in den Reflexionen wenig Hinweise bezüglich der theoretischen Staatskritik zu finden sind und in den Aufrufen wiederum kaum ein Bezug zur Gewalt hergestellt wird. Festzuhalten ist aber, dass der Militanzdiskurs seit Beginn der 1980er Jahre intensiv geführt wurde und sich an dieser Schnittstelle die so genannten „Autonomen" entwickelten, deren politische Praxis immer weniger vereinbar mit der bürgerlichen Linken zu sein schien. An dieser Stelle sei erwähnt, dass bürgerliche Medien und Politiker_innen starken Druck ausübten, damit sich Teile der Bewegung von der Militanz distanzierten. Trotz dieser Spaltung darf jedoch nicht vergessen werden, dass es keine homogene neue Bewegung war, die auf einmal politische Gewalt ausübte, sondern sich vor dem Hintergrund unterschiedlicher politischer Kritiken und Theorien eine spezifische neue Form der Artikulation entwickelte.

Die inhaltliche Analyse einiger linker Publikationen zum 6. Mai 1980 in Bremen sollte zeigen, dass die in ihrer Motivation stark variierenden Proteste gegen die Rekrutenvereidigung und die daraus folgende Debatte um Militanz als politisches Mittel als ein Schlüsselmoment in der weiteren Entwicklung der linksradikalen Szene in Bremen verstanden werden kann; mit Auswirkungen auf die gesamte westdeutsche Linke. Obwohl es problematisch ist, vom 6. Mai als der „Geburtsstunde der Autonomen" zu sprechen, wird an den Ereignissen in Bremen deutlich, dass sich in den

Jahren 1980/81 Strömungen und Positionen innerhalb der linken Szene herauskristallisierten, die inhaltlich so weit auseinander gingen, dass schon wenige Jahre später nicht mehr von „der Linken" als einer einheitlichen Szene mit gemeinsamen Zielen gesprochen werden konnte.[37] Auch wenn, wie eingangs erwähnt, die westdeutsche Linke schon vor den „Krawallen" am Weserstadion oder der Startbahn West sehr heterogen war, hatte sie doch mehr den Charakter einer sozialen Bewegung, die unter dem Dach der alternativen Lebensformen gemeinsam für ein besseres Leben kämpfte. Viele diffuse politische Positionen schienen durch diesen Bewegungscharakter vereint; erst zu Beginn der 1980er Jahre kam es zu massiven Spaltungen innerhalb dieser Bewegung. Mit unserer Analyse der öffentlichen Auseinandersetzungen innerhalb dieser Szene wollen wir vor allem zeigen, dass sich die Szene nicht, wie oft im Nachhinein behauptet, in ein pazifistisches und ein militantes Lager aufspaltete, sondern dass der Gewaltdiskurs sehr viel differenzierter war. Insbesondere in der militanter orientierten Bewegung kursierten unterschiedliche Einschätzungen dazu, wie, in welchem Maße und zu welchem Anlass Gewalt als politisches Mittel legitim sein kann und wie damit umgegangen werden sollte. Durch Militanz sollte zwar eine radikale politische Haltung ausgedrückt werden, die zu keinen Kompromissen bereit war, was jedoch keineswegs zu unreflektiertem Agieren führen sollte, bei dem die Gewalt zum Selbstzweck würde. „Militant" bedeutete für die Aktivist_innen vor allem „kämpferisch"; politische Gewalt sollte lediglich in ausgewählten Situationen eingesetzt werden, die immer von Neuem zu definieren seien.[38]

---

[37] Wir nehmen diese Differenzierung vor dem Hintergrund der besseren Verständlichkeit im Text vorweg.

[38] A.G. Grauwacke: Autonome in Bewegung. Berlin, Hamburg, Göttingen 2007, 3. Auflage, 142.

Der Gewaltdiskurs in Publikationen der Bremer linken Szene

Seit Beginn der 1980er Jahre prägen sowohl der Gewaltdiskurs wie auch die dargestellten inhaltlichen Auseinandersetzungen mit „dem Staat" Debatten innerhalb der Linken. Es entwickelten sich immer neue Positionen, die eng mit der Bewertung des BRD-Systems verknüpft waren und sind. Noch heute wird auf Demonstrationen gerufen „BRD - Bullenstaat, wir haben dich zum Kotzen satt!" Doch trifft diese politische Einschätzung überhaupt noch zu oder tat sie das je? Fragen wie diese sind nach wie vor unbeantwortet, immer wieder Diskussionsgegenstand und Grund für neue Spaltungen und Organisationsformen. Damals bestand trotz vieler Uneinigkeiten der Konsens, dass es in erster Linie galt, den Imperialismus der USA, und daraus folgend auch den der BRD, zu bekämpfen. Um die Jahrtausendwende entwickelte sich aus diesem Konsens eine große Diskussion bez. verkürzter Kritik am kapitalistischen System und bez. Antisemitismus innerhalb der linksradikalen Szene. Diese führte zu dem wohl heftigsten Bruch innerhalb der deutschen Linken in den letzten 15 Jahren, bei dem auch der hier oft angesprochene Antiamerikanismus neu reflektiert und diskutiert wurde.[39] Diese neue Debatte sei hier jedoch nur am Rande als Beispiel dafür erwähnt, dass die Linke stets eine heterogene Gruppe darstellt und die Diskurse, die diese Bewegung bestimmen, sich ständig wandeln und eine Eigendynamik entwickeln. Eben wegen dieser Dynamik müssen sie in ihrem historischen Kontext analysiert werden, da sie nicht „frei fließen", sondern bestimmten Gesetzen des Sagbaren und des nicht-Sagbaren unterliegen.[40] Die Fragen danach, was die hier dargelegten Aussagen ermöglichte, was ihre Existenzbedingungen waren und warum sich gerade an diesem Punkt die Auseinandersetzungen entflammten, wären

---

[39] G. Hanloser (Hrsg.): Sie waren die Antideutschesten der deutschen Linken. Zu Geschichte, Kritik und Zukunft antideutscher Politik. Münster 2004.

[40] Michel Foucault : Die Ordnung des Diskurses. Frankfurt am Main 1991.

eine weitergehende Arbeit wert; sie sollen hier benannt werden, da sie für eine ausführlichere Diskursanalyse bedeutsam sind.

Die Auseinandersetzung mit „grauer Literatur" bringt ein Bild zum Vorschein, welches sicherlich nicht wenig überrascht. Entgegen gängiger Annahmen (damals wie heute) zeigten sich bei der Sichtung des Materials vielschichtige Konflikte und tief greifende Diskussionen, die zur Folge haben, dass kein Bild in 'schwarz-weiß' gezeichnet werden kann, da die differierenden Positionen alle Grau-Nuancen abdecken.

Alexander Melski

Die Bremer SPD und die Bundeswehrproteste 1980

Stimmungsbild einer Partei zwischen Bündnistreue und Friedenswunsch

A. Einleitung

Als am 6. Mai 1980 entlang des Bremer Osterdeiches mehrere Fahrzeuge brannten und Dutzende von Verletzten in die Bremer Krankenhäuser eingeliefert wurden, markierte dies die bislang gewalttätigste Konfrontation zwischen den staatlichen Organen der Bundesrepublik und der jungen autonomen Szene.

Inmitten der Geschehnisse – umgeben von randalierenden „Chaoten" und knüppelschwingenden Polizisten – befanden sich an diesem Tag auch solche Demonstranten_innen in der Menge, welche gegen eine vermeintliche Kriegsgefahr demonstrieren wollten. Die allermeisten von ihnen waren entschiedene Gewaltgegner, Mitglieder der ebenfalls noch jungen grünen Bewegung oder Angehörige christlicher Verbände. Ihnen zur Seite standen Studenten_innen, Schüler_innen, Gewerkschaftsangehörige und andere Bürger_innen, welche in der politisch aufgeladenen Zeit der beginnenden 1980er Jahre ein Zeichen für den Frieden setzen wollten.

Mit auf dem Osterdeich demonstrierten auch zahlreiche Mitglieder der Bremer SPD, allen voran der spätere Bürgermeister der Hansestadt, Henning Scherf, welcher zu dieser Zeit Jugendsenator im Kabinett von Hans Koschnick war.

Alexander Melski

Während der regierende Bürgermeister Koschnick neben Verteidigungsminister Hans Apel und Bundespräsident Karl Carstens im Weserstadion dem feierlichen Gelöbnis von Bundeswehrrekruten beiwohnte, begann nur wenige Meter weiter entfernt auf den Straßen die Gewalt zu eskalieren. Diese Geburtsstunde der autonomen Bewegung, die zu Beginn der 1980er Jahre noch so jung war, dass ihre Mitglieder als „Politrocker" bezeichnet wurden, war auch gleichzeitig ein bedeutendes Datum für die Bremer SPD. Obwohl die Ausschreitungen an diesem Tag nur von einer geringen Zahl gewaltbereiter Randalierer verübt worden waren, trafen die Konsequenzen dieses militanten Protests alle Demonstranten_innen, die sich vor dem Weserstadion versammelt hatten. In der Nachbetrachtung gerieten alle, die gegen das Bundeswehrgelöbnis protestiert hatten, in das Zwielicht der politischen gewalttätigen Extremisten.

Für die Sozialdemokratie in Bremen bedeutete dieser Tag letzten Endes eine Zerreißprobe, welche die Partei seit den Tagen der Räterepublik am Ende des Ersten Weltkrieges nicht mehr durchzustehen hatte. Im Vorfeld der feierlichen Vereidigung wurden innerhalb des linken Parteiflügels Stimmen laut, die im Angesicht der mehr als angespannten internationalen Lage zwischen Ost und West die Veranstaltung abgesagt sehen wollten. Hier versammelten sich nicht nur überzeugte Parteilinke, sondern auch pazifistisch eingestellte Parteimitglieder, welche solch ein angebliches „Säbelrasseln" als wenig förderlich für die Friedenspolitik der Bundesregierung ansahen. Mehrere Anträge einzelner SPD-Ortsgruppen verlangten ein Überdenken der gesamten Veranstaltung, was wiederum innerhalb der Zeitungslandschaft breit rezipiert wurde und letztlich die gesamte Bremer Politik bestimmte. Ging es nach diesen Parteigruppierungen, so war das Gelöbnis eine eklatante Gefährdung der militärischen Lage zwischen Ost und West.

Erst nach den Unruhen am Weserstadion und der damit einhergehenden Diskreditierung eben dieser kritischen Meinungen konnten die Stimmen der konservativeren SPD-Mitglieder vernommen werden, welche sich ausdrücklich hinter das Gelöbnis und die Bundeswehr per se stellten. Dieser parteiinterne Zwist, an dessen Ende Hans Koschnick nur mittels der eigenen Rücktrittsdrohung beide Fraktionen wieder zusammenführen konnte, war Teil eines jahrzehntelangen Richtungsstreits in der SPD. Bereits im Kaiserreich hatte die Frage der Militärpolitik die Sozialdemokraten entzweit, als man in der sog. „Burgfriedenspolitik" die Anstrengungen des Ersten Weltkriegs mittrug. Zu Beginn der 1980er Jahre verwiesen nicht wenige Mitglieder der SPD auf genau diese fatale Politik, an deren Ende nicht nur Millionen Tote standen, sondern auch die Spaltung der eigenen Partei in Mehrheitssozialdemokraten und Kommunisten.

Dieser Haltung gegenüber standen die konservativen Teile der SPD. In einer Analogie zu den Ereignissen von 1914 stellte sich der rechte Flügel der Partei demonstrativ hinter die Armee, insbesondere da die Bundeswehr keine Streitmacht eines autoritären Staates war, sondern das Militär eines demokratischen Gemeinwesens bildete. Mit dieser Haltung befand man sich auch auf einer Linie mit den anderen bundesdeutschen Parteien, welche von vornherein das Gelöbnis befürworteten.[1]

Diese beiden Positionen hatten innerhalb der SPD überdauert und brachen letztlich in der Hansestadt aus, wobei sie aber keineswegs ein rein lokales Problem darstellten; Anhänger beider Lager waren überall in der sozialdemokratischen Partei zu finden, wenn auch die radikal-pazifistischen Kräfte letztlich in der Minderzahl waren.

Der von Hans Koschnick letztlich wiederhergestellte Frieden in der Partei führte zu einer Stärkung des konservativen Elements innerhalb der

---

[1] So etwa die CDU und die FDP, während auf der anderen Seite des parlamentarischen politischen Spektrums die Bremer Grüne Liste (BGL) die Veranstaltung strikt ablehnte; vgl. K.M. Barfuß/H. Müller/D. Tilgner: Die Geschichte der Freien Hansestadt Bremen von 1945 bis 2005, Band 2: Von 1970 bis 1989, Bremen 2010, 40f.

SPD; es brauchte erst das Menetekel der schweren Unruhen am Osterdeich, damit die Bremer Sozialdemokraten ihren Standpunkt in der Verteidigungspolitik endgültig festlegten.

B. Kämpft für den Frieden!

Der interne Zwist in der bremischen SPD ist ohne ein Verständnis der damaligen politisch-militärischen Verhältnisse zu Beginn der 1980er Jahre nur schwer nachzuvollziehen. Nur allzu leicht vergisst man bei der einseitigen Fokussierung auf die sozialdemokratische Partei und die Ausschreitungen am Bremer Osterdeich die Hintergründe sowohl des Gelöbnisses als auch der gewaltsamen Proteste.

Das breit angelegte Protestbündnis, welches am 6. Mai 1980 sich in der Hansestadt dem Bundeswehrgelöbnis entgegenstellte, war nur ein Ergebnis einer generellen militärstrategischen Wende, welche sich gegen Ende des gerade abgelaufenen Jahrzehnts innerhalb der NATO-Staaten angebahnt hatte. Hier wurde unter der hauptsächlichen Ägide des deutschen Bundeskanzlers Helmut Schmidt der sog. „NATO-Doppelbeschluss" ins Leben gerufen, der in den Augen der Friedensbewegung die Gefahr einer militärischen Eskalation zwischen Ost und West enorm verstärkte.[2]

Nachdem Schmidt bereits am 28. Oktober 1977 bei einer Rede vor dem Londoner „International Institute for Strategic Studies" auf die potentielle Gefahr hinwies, die von der neuen Generation sowjetischer atomarer Mittelstreckenraketen ausging, wurde von Seiten der NATO eine zweistufige Antwort hierauf formuliert: man bot der UdSSR zunächst an, die betreffenden Raketen abzurüsten, um danach, falls dieses Angebot nicht

---

[2] Hans-Ulrich Wehler: Deutsche Gesellschaftsgeschichte 1949-1990, München 2008, 249ff.

angenommen werden würde, ebenfalls eigene Mittelstreckenraketen zu stationieren.[3]

Genau dieses Vorhaben, das letzten Endes ab 1983 zur Aufstellung dieser Raketen in Westeuropa führte, wurde von einem großen Teil der westdeutschen Bevölkerung als Kriegstreiberei und Verschärfung der politischen Lage im Kalten Krieg gesehen. Insbesondere erschien es den Friedensaktivisten_innen unsinnig, eine weitere nukleare Aufrüstung zu betreiben, obwohl beide Mächtegruppen bereits über ausreichend atomare Waffen verfügten, um sich (zumindest rechnerisch) mehrfach vernichten zu können.[4]

Die Proteste gegen das Bundeswehrgelöbnis im Weserstadion müssen also auch immer im Kontext dieser politischen Prozesse gesehen werden; quasi im Brennglas der internationalen Politik und der Vorgänge auf Bundesebene waren die Ereignisse in Bremen im Mai 1980 auch ein Aufeinandertreffen von Befürwortern dieser Politik (welche sich hauptsächlich innerhalb der hohen Politik und des Militärs befanden) und deren Gegner_innen. Diese äußerst heterogenen Gruppen aus unpolitischen Bürger_innen, kirchlichen Kreisen und linken Studentengruppen bemängelten insbesondere, dass bei der Entscheidung zu diesem militärischen Ereignis die Stimme der Zivilgesellschaft nicht hinreichend gewürdigt worden sei.

---

[3] Werner Offenloch: Erinnerung an das Recht. Der Streit um die Nachrüstung auf den Straßen und vor den Gerichten, Tübingen 2005, 2f.

[4] Ebd.: 8f.

C. Die Granden der Bremer SPD

Im Laufe der 1970er Jahre hatte sich das ursprünglich ambivalente Verhältnis der SPD zu den Streitkräften der Bundesrepublik gewandelt: Nachdem die Sozialdemokratie Adenauers Wiederbewaffnungsbestrebungen skeptisch gegenüber gestanden hatte, übernahm sie im Zuge der Regierungen Brandt und Schmidt eine deutlich aufgeschlossenere Haltung gegenüber der Bundeswehr. Auch die Regierung der sozialliberalen Koalition unter Helmut Schmidt verfolgte eine Politik der uneingeschränkten Bündnistreue gegenüber der NATO;[5] demzufolge sprachen sich sämtliche Bonner Sozialdemokraten für die öffentliche Vereidigung in Bremen aus, da hierdurch die Verbundenheit zwischen der Armee und der Bevölkerung verdeutlicht werden könne. Gleichzeitig wurde so das Konzept des „Staatsbürgers in Uniform" medienwirksam verbreitet, das die Leitidee der militärischen Führung darstellte.[6]

Auch Bundesverteidigungsminister Hans Apel machte klar, dass die Bundeswehr „zusammen mit den befreundeten Nationen [...] den Frieden sichert. [...] Das ist kein Geist der Provokation und der Aggression".[7]

Auch der Bremer Bürgermeister und Präsident des Senats Hans Koschnick stellte sich auf die Seite der Befürworter des Gelöbnisses: für ihn, so

---

[5] Franz, Walter: Die SPD; Berlin 2002, 201f.

[6] Karl-Volker Neugebauer: Grundkurs Deutsche Militärgeschichte, Die Zeit nach 1945 – Armeen im Wandel, München 2008, 152.

[7] Weiter führte der Verteidigungsminister aus, dass die „Bundeswehr [...] hier eine gute Gelegenheit [hat], um der Bevölkerung darzustellen, daß junge Menschen für 15 Monate ihres Lebens Friedensdienst leisten. Friedensdienst insofern, als unsere Sicherheitspolitik auf den beiden Elementen Entspannungspolitik und Verteidigungsfähigkeit beruht. Es ist eine friedfertige Demonstration, in der der Bundespräsident die Aufgaben der Bundeswehr angesichts des NATO-Eintritts der Bundesrepublik vor 25 Jahren unterstreichen wird"; Siehe Weser Kurier vom 23. April 1980.

stellte der Sohn eines bekennenden Kommunisten klar, sei das Ereignis nicht nur ein Symbol für die Verteidigungsfähigkeit der Bundesrepublik, sondern sei auch eine Würdigung der fünfundzwanzigjährigen Mitgliedschaft Deutschlands in der NATO.[8]

Darüber hinaus kritisierte Koschnick die zeitgleich innerhalb der Bremer Parteibasis stattfindenden Beratungen zu diesem Thema als wenig konstruktiv und der allgemeinen Parteilinie gegenüber als schädigend.[9]

Auch andere führende Parteigenossen in Bremen standen hinter der militärischen Veranstaltung, wobei etwa der sozialdemokratische Innensenator Helmut Fröhlich über den parteiinternen Widerstand geradezu entsetzt war, da durch diesen nicht nur Deutschland, sondern auch die Bundeswehr diffamiert werden würde.[10]

D. Widerstand an der Basis

Gegenüber der Haltung der SPD-Führung auf Landes- als auch Bundesebene formierte sich bereits früh parteiinterner Widerstand. Nachdem zu Anfang des Jahres 1980 sowohl die Grüne Liste Bremen als auch kommunistische Splittergruppen aus dem Umfeld der Universität Bremen gegen die

---

[8] Ebd.

[9] Weiter führte er aus, dass er es „... nicht nur für politisch schädlich, sondern geradezu für gefährlich ansehen [würde], wenn durch sozialdemokratische Beschlüsse in Bremen ein Eindruck vermittelt würde, daß wir in dieser Phase schwieriger Politik nicht hinter den Bestrebungen der von Helmut Schmidt geführten Bundesregierung stehen"; vgl. Weser Kurier vom 23. April 1980.

[10] So rief Innensenator Fröhlich auf der Sitzung des SPD-Landesvorstands am 25. April aus, dass er „... erschüttert und enttäuscht" sei; in: Weser Kurier vom 26. April 1980.

Durchführung des Gelöbnisses protestierten, schwappte diese kritische Haltung auch auf die Bremer Jungsozialisten (Jusos) über.

Hier wiederum begann sich der Widerstand vor allem im Bremer SPD-Unterbezirk Ost zu kristallisieren. Der dortige Vorsitzende Hans Dieter Müller berief sich bei seiner Kritik an der Veranstaltung auf die zunehmende Sorge innerhalb der Bevölkerung vor einer Eskalation der gegenwärtigen Lage. Zusammen mit dem parteiinternen „Ausschuss für Arbeitnehmerfragen" (AfA) wurde Ende April 1980 eine Resolution verabschiedet, die den Bremer Senat und sogar die Bundesregierung(!) aufforderte, „angesichts der sich verschärfenden internationalen Lage, in der militärische Demonstrationen ihre Eigengesetzlichkeit entwickeln" auf „das militärische Spektakel" zu verzichten, und die Vereidigung in einem normalen Rahmen stattfinden zu lassen.[11]

Gekennzeichnet waren die Handlungen der Parteibasis dabei von der Angst einer militärischen Eskalation, welche nicht mehr kontrollierbar wäre. Gleichzeitig tauchte in den Äußerungen der Parteimitglieder auch immer wieder die Angst vor einer Wiederholung der Geschichte auf: die Vorsitzenden der SPD-Ortbezirke Ost und West, Müller und Dittrich etwa, betonten die historische Verantwortung gerade der Sozialdemokratie für eine aktive Friedenspolitik mit Verweisen auf das Verhalten der SPD im Vorfeld des Ersten Weltkrieges – die inhaltliche Aussage war klar: die Sozialdemokratie solle sich nie wieder auf eine Art von „Burgfriedenspolitik" einlassen, an deren Ende Millionen von Toten stehen könnten.[12]

---

[11] Siehe Beschluss des Ausschusses für Arbeitnehmerfragen, 22. April 1980.

[12] So der UB-Vorsitzende Müller: „Aus der Tradition und gelegentlich unheilvollen Wankelmütigkeit der SPD in ähnlichen Lagen gibt es heute nur eine Position: Unbeirrt und fest die Partei des Friedens und der Entspannung zu sein und alle politischen Anspielungen und Äußerungen daran zu orientieren, unbeeinflusst von opportuner Rücksicht auf Teilwählergruppen oder Meinungsführer im konservativen Lager"; vgl: Auszug aus dem Antwortschreiben des

Die Bremen SPD und die Bundeswehrproteste 1980

Nur kurz darauf solidarisierten sich andere Mitglieder und Organisationen der SPD-Basis gegen die Vereidigung; so kritisierten etwa die Arbeitsgemeinschaft sozialdemokratischer Frauen: „Das Datum zwei Tage vor der 35. Wiederkehr der Kapitulation [der Deutschen Wehrmacht am 8. Mai 1945; A.M.] sollte uns Aufforderung und Mahnung sein".[13]

Zwischen den sozialdemokratischen Kritiker_innen der Veranstaltung tat sich aber gleichzeitig ein weiterer Graben auf, der die politische Richtung der jeweiligen Vertreter zutage treten ließ: Während die eine Gruppe zwar grundsätzlich die Verteidigungspolitik der Bundesregierung billigte und auch hinter der Bundeswehr als solcher stand und nur den Zeitpunkt als unpassend empfand,[14] konnte hinter den Äußerungen anderer SPD-Gruppierungen wiederum eine Kritik am bundesdeutschen System im allgemeinen herausgelesen werden: Insbesondere die Bremer Jusos attackierten nicht nur die Veranstaltung an sich, sondern darüber hinaus auch „die aktuelle militaristische und wenig friedensdienliche Politik" der Bundesregierung.[15]

In der Folge standen sich die Regierung der Freien Hansestadt Bremen und dahinter auch die Bundesregierung auf der einen und die Bremer Parteibasis auf der anderen Seite in direkter Konfrontation gegenüber. Der SPD-Landesvorstand verabschiedete, in klarem Gegensatz zum Bremer

---

UB-Vorsitzenden Bremen-Ost der SPD Hans Dieter Müller an Hans Koschnick, Ende April 1980; in: Weser Kurier vom 25. April 1980.

[13] Bremer Nachrichten vom 25. April 1980.

[14] Wie etwa der DGB-Kreisvorsitzende Erwin Schmidt, langjähriges SPD-Mitglied, erklärte, solle „die Bundeswehr sich nicht verstecken, aber die weltpolitische Lage sei alles andere als günstig für die im Weserstadion geplante Veranstaltung [...] Wir täten besser daran, unseren Entspannungswillen zu demonstrieren"; in: Weser Kurier vom 25. April 1980.

[15] Protokoll der Sitzung der Jungsozialisten vom 28. April 1980.

Senat, Ende April eine Resolution, in der „deeskalierende und entschärfende Maßnahmen" gefordert werden.[16]

E. Ein parteiinterner Kompromiss

Eine zumindest offizielle Lösung des parteiinternen und medial höchste Aufmerksamkeit erregenden Streits über das öffentliche Gelöbnis von Bundeswehrrekruten fand letztlich die SPD-Landesvorstandssitzung vom 27. April 1980.

Nach langen Debatten und teilweise tumultartigen Szenen konnte unter Anwesenheit von Bürgermeister Hans Koschnick ein sprachlicher Kompromiss gefunden werden, der zwar nichts an der Durchführung der Vereidigung änderte, aber die friedenspolitischen Absichten der Bremer Sozialdemokraten unterstreichen sollte. Im konkreten Wortlaut wurde verfügt, dass „der Landesvorstand [...] der Auffassung [ist], dass Veranstaltungen der Bundeswehr so zu gestalten sind, dass sie der republikanisch-demokratischen Verfassung der Bundesrepublik entsprechen und der friedenssichernden Bedeutung der Bundeswehr angemessen sind".[17]

Diese schwammige und inhaltlich nur wenig aussagende Wortwahl wurde ergänzt durch die Forderung, dass „gerade angesichts von Krisenängsten in der Bevölkerung [besonders deutlich wird], dass überholte vordemokratische Traditionsrituale abgebaut werden müssen".[18] Auch hier wurde somit am militärischen Großereignis Kritik geübt, wenngleich diese

---

[16] Bremer Nachrichten vom 26. April 1980.

[17] Protokoll der Sitzung des SPD-Landesvorstands vom 27. April 1980.

[18] Ebd.

deutlich moderater ausfiel als in einzelnen Äußerungen einiger SPD-Mitglieder der vorherigen Tage.

Am Tag darauf erklärte Koschnick in einer Pressekonferenz im direkten Bezug auf den Beschluss des SPD-Landesvorstands vom Vortag, dass „wir Bremer Sozialdemokraten in der Bundeswehr und ihrer Einbindung in die NATO ein Instrument der Friedenssicherung [sehen], dessen Sinn darin besteht, durch seine Existenz kriegerische Entwicklungen in Europa zu verhindern".[19]

Auch durch diese relativ nichtssagende, verwaschene Aussage konnte der Riss innerhalb der Bremer Sozialdemokratie nur überdeckt werden; faktisch konnte auch hier ein Ausgleich zwischen beiden Polen nicht erreicht werden, da beide Seiten an ihren Positionen festhielten.

F. Nach dem Ende der Krawalle

Unmittelbar nach den Gewaltakten am Bremer Osterdeich brach quer durch das deutsche politische Spektrum ein Sturm der Entrüstung los. Einhellig verurteilten sämtliche großen deutschen Parteien die Ausschreitungen in der Hansestadt und zeigten sich nicht nur über das Ausmaß der Gewalt erschüttert, sondern auch über die Gegendemonstrationen als solche. So wies etwa der damalige FDP-Vorsitzende Hans-Dietrich Genscher darauf hin, dass in Bremen bereits seit Wochen eine Kampagne angelaufen sei, die es zum Ziel hatte, „die Vereidigung als störend für die Friedenspolitik der Bundesregierung zu diffamieren. Hier gilt es den Anfängen zu wehren".[20]

---

[19] Bremer Nachrichten vom 28. April 1980.

[20] Bremer Nachrichten vom 08. Mai 1980.

Der Kanzlerkandidat der Union, Franz-Josef Strauß, bezeichnete es wiederum als „einen Skandal, dass Rekruten der Bundeswehr in der Öffentlichkeit nicht vereidigt werden können, ohne dass Kommunisten zum brutalen Angriff auf die Gesellschaft übergehen."[21] Weiter führte er aus, dass in Bremen die „apokalyptischen Reiter der Linken" am Werke gewesen wären.[22]

Unbeeindruckt von solch polemischer Rhetorik sah sich der Fraktionsvorsitzende der SPD im Bundestag, Herbert Wehner dazu gezwungen, sich im Namen der Sozialdemokraten bei den Angehörigen der Bundeswehr für die Ausschreitungen zu entschuldigen. Dabei stellte er klar, dass sowohl er persönlich als auch die Parteiführung jede Demonstration gegen die Bundeswehr strikt ablehnte, da die Streitkräfte ein Teil der Friedenspolitik seien und der gesamten Bevölkerung dienten.[23]

Fast umgehend wurden innerhalb der Bremer Politik auch Forderungen nach Konsequenzen innerhalb der Bremer SPD laut: So verlangte der Vorsitzende der Bremer CDU, Bernd Neumann, „angesichts der unglaublichen linken Gewalttaten" den Rücktritt von Bürgermeister Koschnick, da zudem die Bremer SPD das geistige Klima für die Unruhen vorbereitet hätte.[24]

---

[21] Ebd.

[22] Ebd.

[23] So erklärte Wehner: „Am heutigen Morgen habe ich Soldaten und Offizieren mit einer Bitte um Verzeihung geantwortet, die mir ihre Gefühle der Enttäuschung und der Empörung […] ausgedrückt haben. […]. Wer […] unter Berufung auf seine Gegnerschaft zum Dienst mit der Waffe diejenigen schmäht und stört, die unserem demokratischen Gemeinwesen Bundesrepublik Deutschland auch mit der Waffe in der Hand dienen und damit die Verteidigungsfähigkeit […] sichern, der handelt verantwortungslos"; in: Frankfurter Allgemeine Zeitung vom 08. Mai 1980.

[24] Die Welt, Ausgabe vom 08. Mai 1980.

Dem wurde vom SPD-Fraktionsvorsitzenden in der Bremer Bürgerschaft, Klaus Wedemeier, deutlich entgegnet, dass es „in der Bremer SPD […] keine Alternative zu Koschnick" gäbe, und dass die Haltung der Partei bezüglich der Bundeswehr und der Friedenspolitik deckungsgleich mit der der Bundesregierung sei.[25]

Weiterhin erklärte die Führung der Bremer SPD, dass sie keinerlei Verantwortung für die Eskalation der Ereignisse am Osterdeich trage: Kein einziges Mitglied des Senats habe zu einer Demonstration aufgerufen. Auch wurde energisch dagegen protestiert, den damaligen Jugendsenator Henning Scherf in eine Reihe mit den Randalierern zu stellen, wie es vor allem von Seiten der CDU immer wieder getan wurde. Zwar hatte Scherf unzweifelhaft an den Demonstrationen gegen die Vereidigung teilgenommen, distanzierte sich danach jedoch wiederholt aufs Schärfste von den Gewaltexzessen und verurteilte jede Form der politischen Gewalt.[26]

Im Angesicht wiederholter Anfragen der CDU-Fraktionen in der Bürgerschaft und im Bundestag brachten verschiedene Genossen der Bremer SPD lautstarke Kritik an einzelnen Gruppierungen der Parteibasis, aber auch an der Parteispitze hervor.

So forderte etwa die Bremer SPD-Arbeitsgemeinschaft Selbständiger den Rücktritt von Jugendsenator Henning Scherf.[27] Dies wurde ebenfalls vom sicherheitspolitischen Arbeitskreis der Bremer SPD gefordert, welcher zudem anmerkte, dass diejenigen die Verantwortung für die Vorfälle am Osterdeich tragen, welche „durch leichtfertiges Gerede versucht haben,

---

[25] Bremer Nachrichten vom 09. Mai 1980.

[26] Süddeutsche Zeitung vom 09. Mai 1980.

[27] Begründet wurde diese Forderung mit den Aussagen und Taten des Jungendsenators, durch die dieser die „Politrocker" zumindest unterschwellig zu Krawallen ermutigt hätte; in: Weser Kurier vom 12. Mai 1980.

Emotionen anzuheizen und die dadurch das Umfeld für Schläger und Politrocker bereitet haben".[28]

Dem zur Seite stand auch eine große Entrüstung bei vielen Parteimitgliedern. In dem gleichen Ausmaß, indem die Kritiker_innen der Vereidigung durch die Unruhen am Osterdeich diskreditiert worden waren, meldeten sich nun deren Befürworter zu Wort: da weder „Institutionen, Unterbezirke, und einzelne Mandatsträger der SPD [...] mäßigend [eingewirkt haben], statt den Boden für Krawalle zu bereiten", sah sich der ehemalige Referent des Bremer Polizeipräsidenten Werner Martin, dazu gezwungen, aus der SPD auszutreten.[29] Auch weitere lokale SPD-Prominenz verließ in den Tagen nach den Unruhen die sozialdemokratische Partei, womit weiterer parteiinterner Druck auf Bürgermeister Koschnick entstand.[30]

Um die Lage zu beruhigen und die Partei in der Hansestadt im Vorfeld der sich anbahnenden Untersuchungsausschüsse zu einen, wurde aus Bonn auf Anweisung von Bundeskanzler Schmidt der stellvertretende SPD-Vorsitzende Hans-Jürgen Wischnewski entsandt. Auf einer mehrstündigen Sitzung des Bremer Landesvorstands wurde eine Erklärung verabschiedet, in welcher die Bremer Sozialdemokratie nicht nur erklärte, uneingeschränkt hinter der Bundeswehr und der NATO-Mitgliedschaft zu stehen (und sich auch in Zukunft für öffentliche Gelöbnisse aussprach), sondern auch jegliche Form der politischen Gewalt aufs Schärfste verurteilte. Zudem wurde ein Zusammengehen mit kommunistischen politischen Gruppierungen auch zum Zwecke gemeinsamer Demonstrationen kategorisch ausgeschlossen.[31]

---

[28] Weser Kurier vom 14. Mai 1980.

[29] Die Welt vom 12. Mai 1980.

[30] So etwa auch der stellvertretende Polizeipräsident Hartwig Gaus; Ebd.

[31] Protokoll der Sitzung des SPD-Landesvorstands vom 18. Mai 1980.

Dem vorangegangen war ein Rücktrittsangebot von Bürgermeister Koschnick, welcher bereit war, die politische Verantwortung für die Ausschreitungen bei der Vereidigung zu übernehmen. Nachdem dieses mit Nachdruck abgelehnt worden war, kamen die Querelen innerhalb der SPD größtenteils zum Erliegen; Bürgermeister Koschnick sollte sich in der Folge ausschließlich auf die beiden heraufziehenden Untersuchungsausschüsse konzentrieren können.

G. Fazit

Die Bremer SPD war, so wie die gesamte westdeutsche Linke zu dieser Zeit, in Bezug auf die Friedensbewegung gespalten. Während dieser parteiinterne Zwist sowohl an der Spitze zwischen Bundeskanzler Helmut Schmidt und dem Parteivorsitzenden Willy Brandt ausgetragen wurde,[32] brach dieser Konflikt letztlich in Bremen aus. Hier standen sich die Führung und die Basis der Partei gegenüber, die diametral entgegengesetzte Positionen vertraten. Während die lokale SPD-Spitze dem Kurs der Bundesregierung folgte, fand die Basis der örtlichen Sozialdemokratie Unterstützung bei der Friedensbewegung und einzelnen führenden Parteimitgliedern. In einer ideologisch und militärisch aufgeladenen Atmosphäre der beginnenden 1980er Jahre befürchteten viele SPD-Mitglieder (und mit diesen ein relativ großer Teil der westdeutschen Bevölkerung und der Friedensbewegung) eine weitere Eskalation der internationalen Lage. Die vermeintliche „Militärparade" der Bundeswehr im Bremer Weserstadion schien die vom angekündigten NATO-Doppelbeschluss hervorgerufene Situation zwischen Ost

---

[32] Hans-Joachim Noack: Helmut Schmidt – Die Biografie, Berlin 2008, 252ff.

und West nur weiter anzuheizen; die Warnungen aus den Reihen der Friedensbewegung fanden jedoch bei den Parteioberen kein Gehör und bildeten damit die Grundlage für den Zwist innerhalb der Bremer SPD.

Da die Befürchtungen einer Mehrheit der Parteimitglieder nicht ernst genommen wurden, war es für diese folgerichtig, auch weiterhin dem Gelöbnis kritisch gegenüberzustehen. Um den parteiinternen Streit nicht weiter anzuheizen (welcher darüber hinaus die SPD in der Hansestadt zum Nutzen der gerade in der Entstehung befindlichen Grünen hätte schädigen können) wurde auf Drängen verschiedener Bremer Ortsverbände ein Kompromiss zwischen den einzelnen Gruppierungen ausgearbeitet, welcher das militärische Protokoll kritisierte, aber nichts an der grundsätzlichen Durchführung des Gelöbnisses änderte.

Dementsprechend konnte auch diese Lösung einen Großteil der einfachen Bremer SPD-Mitglieder nicht zufriedenstellen, von denen sich viele Anfang Mai zur Gegendemonstration am Weserstadion einfanden. Die anwesenden Demonstrant_innen aus den Reihen der SPD sahen sich dabei aber keineswegs in irgendeiner Form von Fundamentalopposition zum Staat; vielmehr standen sie pazifistischen Strömungen nahe, ohne dabei direkt gegen die Bundeswehr als Institution zu protestieren. Erst nachdem die Demonstration am Osterdeich derart ausgeartet war, wurden die demonstrierenden Sozialdemokraten von Medien und anderen Parteien mit den Gewalttätern gleichgesetzt.

Erst nach den gewaltsamen Protesten begann wieder ein Zusammenrücken innerhalb der Bremer SPD. Dies geschah aber erst nachdem die Gegner_innen der Vereidigung durch die Ausschreitungen auf geradezu brutale Art und Weise zum Schweigen gebracht und ihre Position diskreditiert wurde, und der moderate Flügel der SPD schärfste Kritik an der eigenen Partei übte. Nur eine Sitzung des Landesvorstands konnte die Sozialdemokraten wieder zueinander bringen, auf welcher die linken Positionen

Die Bremen SPD und die Bundeswehrproteste 1980

weitestgehend abgewiesen wurden. Die Einigung innerhalb der SPD lag dabei nicht zuletzt auch an der Rücktrittsdrohung Koschnicks, der dadurch seiner eigenen Partei gewissermaßen die Pistole auf die Brust setzte. Die Haltung der Bremer Sozialdemokratie zu den Bundeswehrkrawallen ist somit die einer hin- und her lavierenden Partei, welche zwei fast völlig gegensätzliche Positionen zu diesem Thema vereinte. Die Bremer Parteiführung musste dabei beide Standpunkte befriedigen, auch wenn sie selber dem verteidigungspolitischen Konzept der Bundesregierung zustimmte. Erst nachdem der „linke" Flügel der SPD durch die Vorkommnisse am Osterdeich in Misskredit geraten war, konnte sich der konservativere Teil der Partei mit seinen Ansichten durchsetzen und den künftigen Kurs bestimmen.

Marco Dräger

Zwischen „Hochachtungsvoll"[1] und „Mit umweltfreundlichen Grüßen"[2]
Protestbriefe gegen die staatliche Unterwanderung des Göttinger Arbeitskreises gegen Atomenergie[3]

Der folgende Beitrag thematisiert den in Briefen artikulierten Protest von Bürger_innen gegen einen *undercover*-Einsatz des niedersächsischen Landeskriminalamtes im „Göttinger Arbeitskreis gegen Atomenergie". Er untersucht zunächst am Göttinger Beispiel die Anti-Atomkraft-Bewegung als Teil der Neuen Sozialen Bewegungen und bezieht schließlich die überregionalen Folgen des Protests sowie die staatliche Antwort auf die Proteste ein, indem er die Briefe ebenso wie die staatliche Antwort auf ihren Beitrag zum Umgang mit den Neuen Sozialen Bewegungen analysiert.

---

[1] Brief der GEW Berlin an das Niedersächsische Landeskriminalamt vom 30.1.1979 (Niedersächsisches Hauptstaatsarchiv Hannover, Nds. 100 Acc. 149/97 Nr. 134).

[2] Brief des „Arbeitskreises Umweltschutz Vlotho" an den niedersächsischen Innenminister vom 18.7.1979 (Niedersächsisches Hauptstaatsarchiv Hannover, Nds. 100 Acc. 149/97 Nr. 134).

[3] Ich danke, auch im Namen der Herausgeberinnen, dem Hauptstaatsarchiv Hannover für die hervorragende Kooperation. Vor allem Frau Kirsten Hoffmann sei für die zügige Bearbeitung des Antrags auf Akteneinsicht und die ausgezeichnete Betreuung im Lesesaal herzlich gedankt.

A. „Kaum eine Göttinger Gruppe ist so geheimnisumwittert."[4]
Die Selbstdarstellung des Göttinger Arbeitskreises gegen Atomenergie

Ein vom Göttinger Arbeitskreis gegen Atomenergie aus Anlass seines 5-jährigen Bestehens herausgegebenes Flugblatt spielt ironisch mit dem Bekanntheitsgrad des Arbeitskreises und seinem Status als „Geheimbund"[5]. Die Einladung verspricht ferner, auf einer Informationsveranstaltung für Neueinsteiger, „das Geheimnis ein wenig zu lüften" und so viel über den Arbeitskreis zu erzählen, dass man sich einen Eindruck von ihm und seiner Arbeit verschaffen könne. Zu diesem Zweck würden „ein paar Oldies über den Arbeitskreis plaudern". Zur Nachwuchsgewinnung – der Arbeitskreis rekrutierte sich überwiegend aus dem studentischen Milieu – stellte er seine Struktur und Aktivitäten vor.

Er sei gegen Ende des Jahres 1976 von „Göttinger AKW-Gegnerinnen und Gegnern" im Zuge der Demonstrationen gegen das Atomkraftwerk Brokdorf gegründet worden. Seit dieser Zeit hätten sie „mehr oder weniger erfolgreich und intensiv gegen das Atomprogramm und andere Auswüchse des Systems" gekämpft. Bis dato hätten „mehrere Hundert Göttinger [...] über kurze oder auch längere Zeit" im Arbeitskreis mitgearbeitet. Durch überregionale Aktivitäten sei der Arbeitskreis über die Stadtgrenzen hinaus bekanntgeworden. Trotz seiner Konzentration auf die Anti-Atomkraft-Arbeit beschäftigte er sich auch mit den Themenkomplexen der „Startbahn-West" in Frankfurt und der Friedensbewegung.

---

[4] Flugblatt des Arbeitskreises gegen Atomenergie (Stadtarchiv Göttingen, FS 11 B 306–1).

[5] Folgende Zitate aus ebd.

Seine Struktur[6] beschreibt der Arbeitskreis als offen, locker und ohne Hierarchien: „Wir sind ein locker zusammengewürfelter Haufen [...]. Wir sind keine Partei, Verein o. ä., haben keine Mitgliedslisten und erheben keine Beiträge."[7] Seine Zielgruppe seien alle, die „Lust und Interesse" an der Mitarbeit hätten. Der Aufruf dazu richtete sich daher „an alle, die gegen das Atomprogramm und andere Unverschämtheiten sind, an alle, die neu an die Uni und in die Stadt gekommen sind, an alle, die sich schon länger überlegen, ob sie nicht mitmachen wollen, bislang aber noch nicht den Dreh gekriegt haben und natürlich an alle, die schon mal dabei waren und Lust zu einem neuen Anlauf haben". Die Zahl der Aktiven lasse sich nur grob schätzen und schwanke sehr stark: „Zur Zeit [im November 1981, MD] mögen es, über den Daumen gepeilt, etwa 50 bis 80 Leute sein, die mehr oder minder kontinuierlich mitarbeiten". Diese offen eingestandene Diskontinuität und personelle Fluktuation erforderte einen „harten Kern" im Zentrum, der den Arbeitskreis zusammenhielt.

Dieses Zentralorgan war der „berühmt-berüchtigte Koordinationsausschuß (KOA)", der mittwochs um 19.30 Uhr im Historischen Colloquium tagte. Aufgaben, Beschaffenheit und Teilnehmerschaft des Koordinationsausschusses wurden folgendermaßen definiert und charakterisiert: „Dort gehen die hin, die was machen oder mitkriegen wollen. Beim KOA sind je nach allgemeiner Lage und Stimmung zwischen 10 und 40 Leute, in letzter

---

[6] Struktur und Organisation des Arbeitskreises lassen sich nur mit Hilfe von Ego-Dokumenten wie Flugblättern rekonstruieren; die in den Akten festgehaltene behördliche Wahrnehmung unterliegt noch immer der Geheimhaltung, daher war eine Einsichtnahme in diese vertraulichen Schriftstücke nicht möglich, so dass der Aufsatz dieser Perspektive aufgrund der Sperrung entbehrt.

[7] Folgende Zitate aus einem Flugblatt des Arbeitskreises gegen Atomenergie (Stadtarchiv Göttingen, FS 11 B 306–1).

Zeit [Herbst 1981, MD] wieder mit zunehmender Tendenz." In einem anderen Flugblatt wird die Arbeit im KOA weiter beschrieben:

> „Da werden alle aktuellen, aber auch grundsätzlichen Dinge besprochen, die so anfallen. Da erfährt man, was los ist, welche Aktionen geplant sind und vorbereitet werden, da wird der Büchertisch eingeteilt, Veranstaltungen organisiert usw. Der KOA ist auch in allen Dingen das Entscheidungsorgan des Arbeitskreises. Mitunter ist der KOA recht streßig, dann wieder lustlos flau, dann plötzlich wieder kämpferisch aktiv, eben mal so, mal so. Für Leute, die neu anfangen und ein bißchen Durchhaltevermögen haben (das braucht man schon), ist der KOA also genau das richtige."[8]

Neben dem Koordinationsausschuss existierten diverse Arbeitsgruppen: die „Redaktion *Atomexpress*", die „AG Energiepolitik", die „Startbahngruppe/Ökologische Reihe", die „Entsorgungsgruppe", die „Anti-Kriegs-Gruppe", die „Kalendergruppe" sowie die „Verpacker- bzw. Ladengruppe".[9]

Dass der hauptsächlich von Student_innen getragene Göttinger Arbeitskreis gegen Atomenergie, der in seiner Selbstdarstellung eher wie eine lokale und unspektakuläre Bürgerinitiative erscheint und demonstrativ seine Lockerheit, Offenheit und Unstetigkeit zur Schau stellt, zu nationaler Bekanntheit weit über die Anti-Atomkraft-Bewegung hinaus gelangen konnte,

---

[8] Flugblatt des Arbeitskreises gegen Atomenergie (Stadtarchiv Göttingen, FS 11 B 306–2).

[9] Vgl. Flugblatt des Arbeitskreises gegen Atomenergie (Stadtarchiv Göttingen, FS 11 B 306–1) und Flugblatt des Arbeitskreises gegen Atomenergie (Stadtarchiv Göttingen, FS 11 B 306–2); zu den Aufgaben der einzelnen Gruppen siehe ebd. Die „AG Energiepolitik" publizierte sogar ein Buch: Berthold Bode (und die Gruppe Energiepolitik im Göttinger Arbeitskreis gegen Atomenergie): Stromlücken und andere Märchen und warum sie erzählt werden. Über Energiepolitik und ihre Hintergründe, Göttingen 1981.

Zwischen „Hochachtungsvoll" und „Mit umweltfreundlichen Grüßen"

lag unter anderem an der Berichterstattung der Medien über die staatliche Unterwanderung des Arbeitskreises.

B. „Was Wicky mit der Bombe wollte"[10]
Agenten im Arbeitskreis

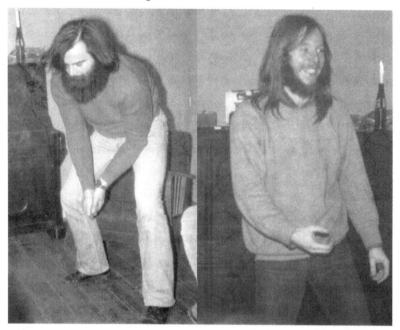

Die Agenten „Rudi" und „Wickie" während eines Wochenendworkshops des Göttinger Arbeitskreises gegen Atomenergie im Jahre 1978 (Fotos aus dem Privatbesitz von Nils König, Abdruck mit dessen freundlicher Genehmigung).

---

[10] Art.: „Was Wicky mit der Bombe wollte", in: *Stern* Nr. 9 vom 22.2.1979, 222. Meine Rekonstruktion der Observationsphase stützt sich sowohl auf denjenigen Teil der Akten, der vom Hauptstaatarchiv Hannover freigegeben wurde und in den Einsicht genommen werden konnte, als auch auf die unmittelbar zeitgenössischen Berichte in den Medien nach Bekanntwerden der Enttarnung.

Seit März 1978 waren zwei Polizeibeamte der Abteilung „Staatsschutz" des Niedersächsischen Landeskriminalamtes *undercover* als V-Männer beim Göttinger Arbeitskreis eingesetzt. Der erste von ihnen, Kriminalobermeister Klaus E., der unter dem Decknamen Marc Baumann agierte und dessen Spitzname „Wickie" war, nahm im März 1978 Kontakt zum Göttinger Arbeitskreis auf. Er war vom Landeskriminalamt mit „einem kompletten Satz falscher Papiere [...] vom Personalausweis über Führerschein und Wagenpapiere für zwei Dienstwagen bis hin zur Hörerkarte für die Volkshochschule"[11] ausgestattet worden. In Göttingen stellte er sich als arbeitsloser Fotograf vor – denn mit Hilfe dieser Tarnung konnte er zahlreiche Bilder von den im Arbeitskreis tätigen Personen anfertigen – und nahm seit April 1978 regelmäßig an den Treffen des Arbeitskreises teil. Im Juni 1978 brachte Klaus E. seinen Kollegen, Kriminalmeister Rudolph M., mit in den Arbeitskreis, der dort unter dem Decknamen Christian Rudolph Modkorvzig, Spitzname „Rudi", mitarbeitete. Gegen Ende des Jahres flog ihre Tarnung zufällig auf, als ein alter Schulfreund von Klaus E., der wusste, dass dieser bei der Polizei arbeitete, ihn auf einer Anti-Atomkraft-Veranstaltung erkannte.

Ihre „offizielle" Enttarnung im Arbeitskreis erfolgte auf dessen Sitzung am 20. Dezember 1978. Die Beamten wurden mit dem Vorwurf der Spionage konfrontiert und gaben schließlich zu, „Gedächtnisprotokolle über die Sitzungen des Arbeitskreises angefertigt zu haben und an das Landeskriminalamt in Hannover weitergereicht zu haben"[12]. Ferner sollten sie das Landeskriminalamt über geplante Aktionen sowie einzelne Personen informieren.

---

[11] Art.: „Was Wicky mit der Bombe wollte", in: *Stern* Nr. 9 vom 22.2.1979, 222.

[12] Ebd.

Zwischen „Hochachtungsvoll" und „Mit umweltfreundlichen Grüßen"

Der Arbeitskreis reagierte in einer Pressemitteilung empört über den Einsatz solcher „Bespitzelungsmethoden"[13] gegenüber einer Bürgerinitiative und konstatierte die Einmaligkeit und Einzigartigkeit eines solchen Vorgehens, das bislang nur „aus ominösen Spionagefällen oder dem Bereich der Schwerkriminalität"[14] bekannt sei. Er sei erschüttert angesichts dieses Vertrauensmissbrauchs.

Nach Ansicht des Arbeitskreises habe die Arbeit der Polizeibeamten vier Ziele verfolgt:[15] Erstens habe die Anti-Atomkraft-Bewegung und deren Sympathisanten eingeschüchtert und durch das Säen von Misstrauen zur Selbstzensur getrieben werden sollen. Zweitens sollten Aktionen frühzeitig gestört oder völlig verhindert werden, wie eine gescheiterte Flugblattaktion beweise.[16] Drittens sei die Aktion im Rahmen der polizeilichen Vorfeldar-

---

[13] Art.: „Bürgerinitiative vom Staatsschutz monatelang observiert", in: *Frankfurter Rundschau* Nr. 288 vom 23.12.1978, 4.

[14] Ebd.

[15] Vgl. Art.: „Atomgegner außer sich: Im Ausschuß saßen Spitzel", in: *Göttinger Tageblatt* Nr. 301 vom 28.12.1978, 7.

[16] Am 31.5.1978 geriet der Student R. B., Angehöriger des Arbeitskreises gegen Atomenergie, mit seinem Wagen in Göttingen in eine Polizeikontrolle, die wohl auf Hinweis der *undercover*-Beamten stattfand. Bei der Kontrolle wurden „17 Plastiktüten mit ca. 4000 Flugblättern" (Bericht der Kriminalpolizeiinspektion Göttingen an das Amt für öffentliche Ordnung der Stadt Göttingen über die Sicherstellung von etwa 4000 Flugblättern mit der Überschrift „Die Niedersächsische Landesregierung bittet um Ihre Mithilfe" nach § 1 SOG vom 1.6.1978, S. 4 (Stadtarchiv Göttingen, C 35 Ordnungsamt Nr. 602)) sichergestellt. Die beidseitig bedruckten Flugblätter im DIN-A4-Format „erweckten den Eindruck einer offiziellen Verlautbarung der Niedersächsischen Landesregierung" (ebd., S. 1). Auf der Vorderseite enthielten sie oben links ein Bild des niedersächsischen Ministerpräsidenten Ernst Albrecht, oben rechts das Emblem der niedersächsischen CDU. Der Titel lautete: „Die Niedersächsische Landesregierung bittet um Ihre Mithilfe". Im Text wird auf die Möglichkeit eines kerntechnischen Unfalls hingewiesen, Verhaltensregeln für einen solchen Fall werden erläutert. Es wird ferner darum gebeten, den auf der Rückseite abgedruckten Fragebogen auszufüllen und zur Auswertung bei der örtlichen

beit für die so genannte „Schlacht um Gorleben" zu sehen, für die der Staat sich dadurch einen moralischen Bonus verschaffen wolle, dass er immer wieder die Behauptung aufstelle, dass „angebliche Pläne für gewalttätige Widerstandaktionen"[17] bei den Bürgerinitiativen existierten. Durch diesen unkonkreten Vorwurf von Gewalt als Mittel der Auseinandersetzung solle vom Engagement in der Anti-Atomkraft-Bewegung abgeschreckt werden, indem man sie auf eine solche Weise diskreditiere. Daran schließt sich der letzte und schwerstwiegende Vorwurf an, nämlich dass die beiden in Göttingen eingesetzten Beamten als *agents provocateurs* agiert hätten. Sie hätten dem Arbeitskreis „zuviel Diskussion und zuwenig Aktion"[18] vorgeworfen und immer wieder zu Gewalt aufgefordert, wie z.B. das Zünden von Rauchbomben in Transformatorenhäuschen[19] oder den Einsatz einer „Tränengas-‚Granate'"[20] gegen die Polizei bei einer Demonstration.

Tageszeitung – also dem *Göttinger Tageblatt* – abzugeben. Unterzeichnet ist das Flugblatt mit einem Faksimile der Unterschrift von Ernst Albrecht. Auf der Rückseite befindet sich ein Katalog mit 13 Fragen, der z. B. das korrekte Sirenensignal für Katastrophenalarm, die Kenntnis der Rufnummer der Telefonseelsorge oder die Anzahl von Plätzen im eigenen PKW für die Mitnahme von Nachbarn bei einer Evakuierung im Katastrophenfall erfragte. Im Polizeibericht wurde die Sicherstellung der Flugblätter mit der Gefahr für die öffentliche Sicherheit und Ordnung begründet, da wegen der am 4.6.1978 anberaumten Landtagswahl mit einer sofortigen Verteilung der Flugblätter zu rechnen gewesen sei. Eine erste juristische Bewertung sah in den Flugblättern einen Verstoß gegen § 132 StGB [Amtsanmaßung, MD], die aber im Zustand der straflosen Vorbereitung geblieben sei. Siehe hierzu Anmerkung 85.

[17] Vgl. Art.: „Zweifel am Konzept für Wiederaufbereitungsanlage Gorleben", in: *Frankfurter Rundschau* Nr. 62 vom 14.3.1979, 2.

[18] Art.: „Atomgegner außer sich: Im Ausschuß saßen Spitzel", in: *Göttinger Tageblatt* Nr. 301 vom 28.12.1978, 7.

[19] Vgl. Art.: „Was Wicky mit der Bombe wollte", in: *Stern* Nr. 9 vom 22.2.1979, S. 222.

[20] Art.: „Atomgegner außer sich: Im Ausschuß saßen Spitzel", in: *Göttinger Tageblatt* Nr. 301 vom 28.12.1978, 7.

Zum Einsatz der Beamten und zu den gegen sie erhobenen Vorwürfen erklärte der Direktor des Landeskriminalamtes, Waldemar Burghard, in einer Stellungnahme, dass die Ermittlungen eine „Pflicht"[21] gewesen seien. Man habe bei einer Demonstration der Kernkraftgegner_innen in Grohnde im März 1977 die Erkenntnis gewonnen, dass „Teile der gewalttätigen Gruppen aus Göttingen kämen"[22]. Dieser Verdacht, dass in Göttingen ein „Zentrum politisch motivierter Gewalt"[23] bestehen könne, habe sich bei der Räumung des AKW-Dorfes Grohnde im August 1977 bestätigt. Seitdem habe das Landeskriminalamt „mit Sicherheit"[24] gewusst, „daß es gerade Angehörige des GAGA [Göttinger Arbeitskreis gegen Atomenergie, MD]"[25] sind, die militante Aktionen planen und mit erheblicher krimineller Energie durchzuführen bereit sind"[26]. Man vermutete eine „militante Gruppe allerschlimmsten Ausmaßes"[27].

Bei den *undercover*-Ermittlungen konnte jedoch „sehr bald"[28] festgestellt werden, „daß ein Großteil der Angehörigen des GAGA im Sinne einer

---

[21] Ebd.

[22] Ebd.

[23] Ebd.

[24] Ebd.

[25] Inwiefern die von staatlicher Seite verwendete Abkürzung „GAGA" einen subtilen Diffamierungsversuch darstellte, lässt sich nicht rekonstruieren. Sie weicht aber deutlich von derjenigen Abkürzung ab, die der Arbeitskreis selbst benutzte, nämlich „GAK" (vgl. *Stern* Nr. 9 vom 22.2.1979, 222).

[26] Art.: „Atomgegner außer sich: Im Ausschuß saßen Spitzel", in: *Göttinger Tageblatt* Nr. 301 vom 28.12.1978, 7.

[27] Art.: „Bürgerinitiative vom Staatsschutz monatelang observiert", in: *Frankfurter Rundschau* Nr. 288 vom 23.12.1978, 4.

[28] Art.: „Atomgegner außer sich: Im Ausschuß saßen Spitzel", in: *Göttinger Tageblatt* Nr. 301 vom 28.12.1978, 7. Die Definition des Zeitraumes „sehr bald" erscheint angesichts des

Bürgerinitiative im herkömmlichen Sinne arbeiten will und arbeitet"[29]. Dieser überwiegende Teil wolle „mit legalen, vor allem aber gewaltlosen Aktivitäten auf die tatsächlichen oder vermeintlichen Gefahren der Atomenergie hinweisen", daher interessiere dieser Teil des GAGA das Landeskriminalamt „in keiner Weise". Stattdessen habe es sich vor allem für den „harten Kern, den sogenannten Koordinierungsausschuß (KOA)" interessiert, da dieser als „Schwerpunkt der, auch über Göttingen hinaus wirkenden, militanten Kraft" angesehen werden müsse. Dort würden Aktionen geplant, bei denen die „Anwendung massiver Gewalt durchaus ins Kalkül" gezogen werde.

Burghard betonte ferner, dass es keine „Kriminalisierungskampagne gegen Atomkraftgegner" gebe; diese Behauptung sei vielmehr „Ausfluß der ideologischen Basis" des Arbeitskreises und beruhe auf einer Verfälschung des „tatsächlichen Sachverhalts"[30]. Die Erklärung des Arbeitskreises, in der dieser behauptet habe, dass die „bezahlten Agenten freundschaftliche Kontakte und die Offenheit der Bürgerinitiative für alle, die mitarbeiten wollen, schamlos ausgenutzt"[31] hätten, wies Burghard zurück, indem er sie als „wirklich freundlich frisierte Formulierung für das in Wirklichkeit im KOA praktizierte System der gegenseitigen Abschottung und der Abklärung aller schließlich in den Ausschuß aufgenommenen Personen"[32] bewertete. Die

---

Hinzuziehens eines zweiten Beamten sowie der Gesamtdauer des Einsatzes von ca. acht bis neun Monaten recht unpräzise.

[29] Art.: „Atomgegner außer sich: Im Ausschuß saßen Spitzel", in: *Göttinger Tageblatt* Nr. 301 vom 28.12.1978, 7.

[30] Vorrausgegangene Zitate aus ebd.

[31] Art.: „Bürgerinitiative vom Staatsschutz monatelang observiert", in: *Frankfurter Rundschau* Nr. 288 vom 23.12.1978, 4.

[32] Art.: „Atomgegner außer sich: Im Ausschuß saßen Spitzel", in: *Göttinger Tageblatt* Nr. 301 vom 28.12.1978, 7.

„konspirativen Vorstellungen"[33] des Arbeitskreises hätten sich bereits bei der vereitelten Flugblattaktion, welche die Verunsicherung der Bevölkerung zum Ziel gehabt habe, gezeigt. Ferner sei die angebliche Tränengasgranate eine handelsübliche, für jedermann käuflich zu erwerbende Spraydose mit Tränengas zum Selbstschutz gewesen – Burghard bestritt also vehement den Einsatz der Beamten als *agents provocateurs*.

Zur Rechtsgrundlage für ein solches Vorgehen verwies Burghard erneut auf die Pflicht der Polizei, geplante strafbare Handlungen und Gefährdungen der öffentlichen Sicherheit zu verhindern. Dabei hob er hervor, dass die „Einschleusung von Beamten" ein für diesen Zweck legales Mittel sei, auch wenn es „kleine Tricks"[34] seien.

Der Arbeitskreis wies seinerseits die Behauptung, dass im Koordinationsausschuss Gewalt gegen Personen geplant worden sei, als „völlig unsinnig" zurück, da der Koordinationsausschuss „nicht von der übrigen Bürgerinitiative zu trennen" sei und er sich aus „öfter wechselnden Delegierten der einzelnen Gruppen" zusammensetze.[35] Zum Vorwurf der Gewalttätigkeit merkte Jörg Janning, der Sprecher der Bürgerinitiative Lüchow-Dannenberg, an: „Kein Tag vergeht ohne Aufforderung an uns, wir müßten uns von Gruppen distanzieren, die Gewalttaten vorhätten. Wir haben immer zurückgefragt, man solle uns Namen nennen, damit wir der Sache nachgehen könnten, aber auf diese Rückfragen sind wir bis heute ohne Antwort geblieben. Die einzigen, die jemals von Gewalt gesprochen haben, [...] sind

---

[33] Ebd.

[34] Zitate aus Art.: „Bürgerinitiative vom Staatsschutz monatelang observiert", in: *Frankfurter Rundschau* Nr. 288 vom 23.12.1978, 4.

[35] Zitate aus ebd.

Polizisten, die sich als Provokateure in die Göttinger Bürgerinitiative eingeschlichen hatten."[36]

C. „Wo der Mensch zu zweifeln beginnt, die Dinge in Frage gestellt erscheinen und kritisch erwogen werden, da teilt sich der Mensch dem Menschen mit."[37]
Bürgerprotest in Form von Briefen

Das Bekanntwerden des *undercover*-Einsatzes rief ein breites mediales Echo und öffentliche Reaktionen hervor. Diverse Zeitungen und Zeitschriften kommentierten die staatliche Aktion kritisch und mit Empörung, sie wurde abgelehnt und als skandalös bewertet.[38] Die mediale Thematisierung provozierte jedoch nicht nur eine legitimatorische Erklärungsnot für den Staat, sondern sie diente auch der Argumentation von engagierten Bürger_innen, die, gestützt und bezugnehmend auf die Berichterstattung, selbst Briefe an die entsprechenden staatlichen Stellen schrieben, um sich

---

[36] Art.: „Zweifel am Konzept für Wiederaufbereitungsanlage Gorleben", in: *Frankfurter Rundschau* Nr. 62 vom 14.3.1979, 2.

[37] Karl Heinrich Peter, „Vorwort", in: Karl Heinrich Peter (Hg.): Briefe zur Weltgeschichte, Stuttgart 1961, 11–18, hier 16.

[38] In den lokalen Medien wurde das Thema kaum angesprochen, überregionale Periodika thematisierten es intensiver und griffen es bei passender Gelegenheit immer wieder auf. Siehe *Frankfurter Rundschau* Nr. 288 vom 23.12.1978, 4; *Göttinger Tageblatt* Nr. 301 vom 28.12.1978, 7; die *ZEIT* Nr. 10 vom 2.3.1979, 71 und 72 sowie *Frankfurter Rundschau* Nr. 62 vom 14.3.1979, 1 und 2. Der *Stern* berichtete unter dem Stichwort „Affäre" ebenfalls über den Einsatz der V-Männer (siehe *Stern* Nr. 9 vom 22.2.1979, 222). Noch im Jahre 1984 diente der Vorfall in Göttingen dem *SPIEGEL* als Beispiel für einen Bericht über die rechtliche Grauzone des *undercover*-Einsatzes von Polizeibeamten (vgl. Art.: „Under-Cover-Agenten spähen die Protestszene aus", in: *SPIEGEL* Nr. 40 vom. 1.10.1984, 118–127).

einerseits nach der Faktizität dieser und dem Motiv für eine derartige Vorgehensweise zu erkundigen und um andererseits ihrem Protest darüber Ausdruck zu verleihen.

Eine Einschätzung über die Bedeutung von Briefen und ihren Wert für die Geschichtswissenschaft formulierte bereits Karl Heinrich Peter. Briefe seien Mitteilung von Bedürfnissen, geistige Auseinandersetzung sowie ein individueller Ausdruck menschlicher Empfindungen, die den Charakter des Schreibers offenbarten. Daher sei der Brief als Quelle für die Geschichtswissenschaft enorm wertvoll, denn er teile die innere Einstellung seines Verfassers mit und sei in Stil und Geist immer das eigentliche Zeichen der Zeit.[39]

Peters Aussagen können als ein Vorverweis auf das hohe Maß an Authentizität der in diesem Zusammenhang recherchierten Protestbriefe gelten. Die Schreibenden sind Zeitgenossen und äußern sich unmittelbar. Die jeweiligen Verfasser stellen dabei einen Bezug zwischen dem ihrem Brief zugrundeliegenden Ereignis und ihrem eigenen Leben her; durch das Einfordern von Handlungen und Antworten nehmen sie sowohl eine individuelle Einordnung als auch eine Deutung innerhalb ihrer Zeit vor. In besonders lebhaften Zeiten häuften sich daher – laut Peter – briefliche Dokumente, die Ausdruck einschneidender und komplexer Veränderung politischer und geistiger Strukturen seien. Wenn diese erst einmal in Bewegung gerieten

---

[39] Siehe Peter, 11–16. Freilich steht Peter der Gattung Brief nicht völlig unkritisch gegenüber, sondern mahnt zur Vorsicht im Umgang mit ihr und gibt die folgenden quellenkritischen Hinweise zu bedenken: „Die individuelle Stellungnahme, die mit oder ohne zweckgebundene Absicht, leidenschaftlich oder kühl gegeben wird, steht im Vordergrund. Gewiß ist der Brief als Geschichtsquelle mit Vorsicht zu genießen. Aber er ist die authentische und unmittelbare Äußerung handelnder oder beobachtender Zeitgenossen geschichtlich relevanter Begebnisse; das Geschehen wird gleichsam im Brief noch einmal nachvollzogen, so wie es auf diesen einen Menschen wirkte oder wie es in der Absicht des Schreibers auf den Empfänger des Briefes wirken soll." (ebd. 13).

sowie der Thematisierung und Klärung bedürften, dann wachse der Kreis der Briefschreiber, das Briefgespräch werde zum Ausdruck einer erhöhten Beteiligung an den Zeitläufen, deren Diskussion sich niemand mehr entziehen könne.[40]

Neben dem oben Gesagten gilt für Protestbriefe vor allem noch, dass sie außer dem Sachinhalt der Nachricht auch Auskunft über die Beziehung zwischen Absender und Empfänger geben.[41] Diese manifestiert sich in den Umgangsformen bzw. dem „Ton" des Verfassers, wobei Anrede und Grußformel exemplarisch für das „Protestpotenzial" dieses Mediums sind. Ferner lassen Umfang und Typographie (handschriftlich bzw. maschinengeschrieben) ebenso wie die Formulierungen des Sachinhalts Rückschlüsse auf den Grad an innerer Beteiligung sowie Nähe bzw. Distanz des Verfassers zum Adressaten und zum Thema zu. Die Selbstoffenbarung des Absenders spiegelt sich in der Wortwahl und den geäußerten Emotionen wider. Zugleich sendet er aber auch einen Appell, mit dem er den Empfänger seinerseits zum Handeln veranlasst. Diese Appellfunktion beruht auf der Autorität, die der Verfasser entweder sich selbst zuschreibt, um seine Forderung zu unterstreichen, oder dem Adressaten, der mittels seiner Autorität dann wiederum den angeprangerten Missstand beseitigen soll. Insofern ist der Brief als Kommunikationsmittel und Medium des Protests ein zeitlich verzögerter, „halbierter" Dialog, da zwischen der Protesthandlung, also dem Anschreiben gegen Missstände sowie Fehlentwicklungen, und der Reaktion in Form eines Antwortbriefes zum einen ein Zeitraum von mehreren Wochen liegt und zum anderen nur jeweils ein Dialogpartner aktiv an der Kommunikation beteiligt ist.

---

[40] Vgl. ebd., 13–14.

[41] Die folgende Analyse vom Medium Brief als Kommunikationsmittel basiert auf Friedemann Schulz von Thun, Miteinander reden, Bd. 1: Störungen und Klärungen. Allgemeine Psychologie der Kommunikation, Reinbek 2011, 27–47.

Die im Folgenden dokumentierten Briefe zeigen daher zunächst die Seite der „Beschwerdebriefe" auf; die staatliche Antwort wird später dargestellt. Die Briefe illustrieren sowohl die gesellschaftliche Bandbreite des Protests als auch die überregionale sowie die nationale Verortung des Protests aus verschiedenen Gebieten innerhalb der Bundesrepublik Deutschland.[42]

I. „Bei der Verfasserin des Schreibens handelt es sich um eine polizeibekannte Kernkraftgegnerin."[43]

Im Januar 1979 verfasste Frau C. L. einen einseitigen, maschinengeschriebenen Brief an den damaligen niedersächsischen Ministerpräsidenten Ernst Albrecht. Die Verfasserin äußert ihren Unmut über die „Polizeiaktion in Göttingen"[44] und bittet um Darlegung des Sachverhalts. Vom Büro des Ministerpräsidenten wurde der Brief im Februar mit der Bitte um Beantwortung an das Innenministerium weitergeleitet, welches wiederum Ende Februar das Landeskriminalamt um eine Stellungnahme bat. Das Landeskriminalamt reagierte am 1.3.1979 auf die erbetene Stellungnahme, indem es dem Innenministerium seine „polizeilichen Erkenntnisse über C. L."[45] mit-

---

[42] Die Verfasser der Briefe werden aus datenschutzrechtlichen Gründen nicht mit ihrem vollständigen Namen genannt, sondern in anonymisierender Abkürzung wiedergegeben.

[43] Schreiben des Innenministeriums an den Ministerpräsidenten vom 1.3.1979 (Niedersächsisches Hauptstaatsarchiv Hannover, Nds. 100 Acc. 149/97 Nr. 134).

[44] Brief von Frau C. L. an den niedersächsischen Ministerpräsidenten Ernst Albrecht vom 25.1.1979 (Niedersächsisches Hauptstaatsarchiv Hannover, Nds. 100 Acc. 149/97 Nr. 134).

[45] Titel der Mitteilung des Landeskriminalamtes an das niedersächsische Innenministerium vom 1.3.1979 (Niedersächsisches Hauptstaatsarchiv Hannover, Nds. 100 Acc. 149/97 Nr. 134).

teilte. Diese sei nämlich „polizeibekannt"[46]. Erstens sei sie im Rahmen eines Ermittlungsverfahrens wegen eines Verstoßes gegen das Betäubungsmittelgesetz sowie wegen einer Steuerstraftat am 7.2.1977 in Bremen daktyloskopiert worden. Zweitens habe sie am 1.6.1978 als Teilnehmerin an der Besetzung eines Informationspavillons beim Kernkraftwerk Esenshamm[47] einen Hausfriedensbruch begangen. Drittens habe sie an der gewaltsamen Besetzung des Kühlturmgeländes am Kernkraftwerk Grohnde teilgenommen und sei bei der Räumung des Anti-Atomdorfes Grohnde angetroffen worden.[48]

Aus diesen Informationen schlussfolgerte das Innenministerium bei seiner Antwort an den Ministerpräsidenten, dass es sich „bei der Verfasserin des Schreibens [Frau C. L., MD] um eine polizeibekannte Kernkraftgegnerin handelt"[49]. Zugleich übersandte es einen Vorschlag für ein Antwortschreiben,[50] welches auf die „Vorausinformation"[51] [d. h. die polizeilichen Erkenntnisse über C. L., MD] Bezug nehme, deren Kenntnis im Antwortbrief aber nicht explizit angesprochen wurde. Ein handschriftlicher Vermerk

---

[46] Mitteilung des Landeskriminalamtes an das niedersächsische Innenministerium vom 1.3.1979 (Niedersächsisches Hauptstaatsarchiv Hannover, Nds. 100 Acc. 149/97 Nr. 134).

[47] Mit dieser Bezeichnung ist das Kernkraftwerk Unterweser gemeint.

[48] Mitteilung des Landeskriminalamtes an das niedersächsische Innenministerium vom 1.3.1979 (Niedersächsisches Hauptstaatsarchiv Hannover, Nds. 100 Acc. 149/97 Nr. 134).

[49] Schreiben des Innenministeriums an den Ministerpräsidenten vom 1.3.1979 (Niedersächsisches Hauptstaatsarchiv Hannover, Nds. 100 Acc. 149/97 Nr. 134). Es fand also eine Überprüfung der fragenden Bürger statt, damit die Antwort erteilende Stelle potentielle „Kriminelle" identifizieren konnte. Zur befürchteten Kriminalisierung, die bereits mit dem Verfassen von Briefen verbunden wurde, siehe auch Kapitel 3.6.

[50] In diesem Kapitel stehen die Protestbriefe der Bürger im Vordergrund, der Wortlaut der staatlichen Antwort wird erst im nächsten Kapitel thematisiert und analysiert.

[51] Schreiben des Innenministeriums an den Ministerpräsidenten vom 1.3.1979 (Niedersächsisches Hauptstaatsarchiv Hannover, Nds. 100 Acc. 149/97 Nr. 134).

lässt erkennen, dass das Innenministerium die Antwort verfasste und der Ministerpräsident über die erfolgte Antwort informiert wurde.

II. „Allein, dass die dortige Polizei legitime Bürgerinitiativen durch Spitzel unterwandern lässt, halte ich für antidemokratisch und unerträglich."[52]

Einer ganz anderen politischen Überzeugung und Motivation entstammte der Protest von Herrn F. W. aus Hessen, der handschriftlich einen fünfseitigen Brief an den niedersächsischen Ministerpräsidenten Ernst Albrecht verfasste. Darin bittet F. W., der nach eigener Angabe CDU-Mitglied ist, um die Erlaubnis, sich in seiner Besorgnis um Werte wie das „christliche und demokratische Verantwortungsbewusstsein"[53] an Ernst Albrecht wenden zu dürfen, den er bislang „im Gegensatz zu manchen CDU-Politikern in Bonn und Hannover"[54] als moralisch integer wahrgenommen habe.

F. W. verweist auf einen Artikel in *Die ZEIT*[55], in dem sowohl über „bewusst gewaltfreien Bürgerprotest"[56] als auch über die Maßnahmen des niedersächsischen Landeskriminalamtes berichtet wird. Da im Zeitungsarti-

---

[52] Brief von F. W. an den niedersächsischen Ministerpräsidenten Ernst Albrecht vom 5.3.1979 (Niedersächsisches Hauptstaatsarchiv Hannover, Nds. 100 Acc. 149/97 Nr. 134).

[53] Ebd.

[54] Ebd.

[55] Vgl. Art.: „‚Albrecht, wir kommen!' Kernkraftgegner künden Sternmarsch in Hannover an", in: *Die ZEIT* Nr. 10 vom 2.3.1979, 71f.

[56] Brief von F. W. an den niedersächsischen Ministerpräsidenten Ernst Albrecht vom 5.3.1979 (Niedersächsisches Hauptstaatsarchiv Hannover, Nds. 100 Acc. 149/97 Nr. 134).

kel eine Stellungnahme Waldemar Burghards zitiert worden ist, befürchtet F. W., „dass der Bericht auf Tatsachen beruht". Den Einsatz von „Polizei-Spitzeln" hält F. W. für „anti-demokratisch und unerträglich". Die den Beamten unterstellte und von F. W. als real angesehene Tätigkeit als *agents provocateurs* zwecks Kriminalisierung der Bürgerinitiativen bewertet F. W. als „teuflische Heimtücke, oder politisch ausgedrückt, wiederauflebender Gestapo-Stil". In einer solchen Vorgehensweise sieht F. W. „Symptome für einen sich etablierenden Atomstaat". F. W. ist erzürnt über die „ebenso unqualifizierte wie schamlose Stellungnahme des [...] Kripo-Chefs Burghard", der trotz seiner hochrangigen Position nicht gewillt sei, für sein Handeln Konsequenzen zu ziehen – oder die Dimensionen seiner Handlungen offensichtlich noch nicht begriffen habe.[57]

F. W. gibt sich mit diesen Formulierungen als gebildeter Bürger zu erkennen, der an den gesellschaftlichen Problemen seiner Zeit Anteil nimmt[58]

---

[57] Alle Zitate dieses Absatzes sind entnommen aus dem Brief von F. W. an den niedersächsischen Ministerpräsidenten Ernst Albrecht vom 5.3.1979 (Niedersächsisches Hauptstaatsarchiv Hannover, Nds. 100 Acc. 149/97 Nr. 134).

[58] Die Schlussfolgerung, dass F. W. die zeitgenössischen Diskurse kennt und rezipiert, basiert auf den von ihm gebrauchten Begriffen und Zitaten. Der Begriff „Atomstaat" wurde 1977 von Robert Jungk geprägt und lehnte sich an Eugen Kogons Begriff vom „SS-Staat" an (Robert Jungk, Der Atom-Staat. Vom Fortschritt in die Unmenschlichkeit, München 1977, V, mit Widmung an Eugen Kogon). F. W. nimmt damit die Debatte um die Deutung der nationalsozialistischen Vergangenheit wieder auf, indem er einige von Jungks Argumenten in seine eigene Argumentation übernimmt, wie z. B. den „deutlichen Rückgang an Toleranz in der ‚freien Welt' der ‚kapitalistischen Länder'" (vgl. Robert Jungk, Der Atom-Staat. Vom Fortschritt in die Unmenschlichkeit, München 1977, XV) und die „Verschärfung und Erweiterung der Überwachung in Beruf und Privatleben" (Robert Jungk, Der Atom-Staat. Vom Fortschritt in die Unmenschlichkeit, München 1977, XV).
Das im nächsten Absatz angeführte Zitat „Der Zweck heiligt die Mittel" ist eine Anlehnung an Günther Anders und dessen Buch „Die Antiquiertheit des Menschen". Jener formuliert das Postulat „Kein Zweck heiligt die Mittel" (Günther Anders, Die Antiquiertheit des Menschen,

und bei deren Lösung er auf Basis seines persönlichen Wertesystems mitwirken möchte. Deshalb fordert er von den Politikern ein moralisches Bewusstsein bzw. ein Verantwortungsbewusstsein sowie Angemessenheit bei der Wahl der Mittel, da „wir Deutschen bereits ein Unmass [sic] an Schuld auf uns geladen haben, indem wir nach der Devise ‚Der Zweck heiligt die Mittel' handelten und dadurch millionenfachen Tod und fortwirkendes Elend in der Welt verursacht haben"[59]. Um der Fortsetzung dieses Zustands entgegenzuwirken und damit sowohl zu einem Lernen aus der Geschichte beizutragen als auch erneuten „Anfängen von Terror und Diktatur zu wehren"[60], stellt F. W. freundlich aber bestimmt einen Forderungskatalog[61] auf, den Ernst Albrecht umsetzen soll. F. W. dankt dem Ministerpräsidenten schließlich für die Zeit, die jener seinem Anliegen widme, und endet „Mit freundlichen Grüssen [sic]"[62].

Bd. 2: Über die Zerstörung des Lebens im Zeitalter der dritten industriellen Revolution, München [5]1980, 374).

[59] Brief von F. W. an den niedersächsischen Ministerpräsidenten Ernst Albrecht vom 5.3.1979 (Niedersächsisches Hauptstaatsarchiv Hannover, Nds. 100 Acc. 149/97 Nr. 134).

[60] Ebd.

[61] Der Katalog enthält die Forderungen, sich erstens „umfassend darüber berichten zu lassen, warum, wo und wie bisher zur Atomenergie kritisch oder ablehnend eingestellten Bürger bespitzelt worden sind", zweitens „sich davon zu vergewissern, dass die verantwortlichen Befehlsgeber und Ausführenden Ihrer Polizei angemessen zur Verantwortung gezogen werden", und drittens „darüber zu wachen, dass das verletzte demokratische Bürgerrecht auf freie Meinungsäußerung wiederhergestellt und künftig nicht erneut angetastet wird" (Brief von F. W. an den niedersächsischen Ministerpräsidenten Ernst Albrecht vom 5.3.1979 (Niedersächsisches Hauptstaatsarchiv Hannover, Nds. 100 Acc. 149/97 Nr. 134)).

[62] Brief von F. W. an den niedersächsischen Ministerpräsidenten Ernst Albrecht vom 5.3.1979 (Niedersächsisches Hauptstaatsarchiv Hannover, Nds. 100 Acc. 149/97 Nr. 134).

III. „[Wir] fragen nicht polemisch, sondern einfach als interessierte Bürger"[63]

Die Eheleute H. H. und A. H. aus Nordrhein-Westfalen äußern in ihrem eine Seite umfassenden, maschinengeschriebenen Brief an Bundesinnenminister Gerhart Baum, der „zuständigkeitshalber"[64] an das niedersächsische Innenministerium weitergeleitet wurde, keine Furcht vor historischer Kontinuität oder moralische Bedenken, sondern sehen im Vorgehen des Landeskriminalamtes die Preisgabe rechtsstaatlicher Grundsätze. Unter Bezugnahme auf die Berichterstattung im *Stern*[65] bewerten sie das staatliche Verhalten gegenüber den Menschen im Arbeitskreis als „nicht angebracht"[66]. Sie bezweifeln die rechtsstaatliche Basis von „Provokationen mit falschen Papieren, die [...] behördlich abgesegnet sind", und verlangen, „die verantwortlichen Stellen zur Rechenschaft [zu] ziehen", wenn diese Informationen wahr seien. Falls „diese Anschuldigungen" aber zu Unrecht bestünden, „müßte man ihn [den *Stern*, MD] dann zur Rücknahme dieser Äußerungen veranlassen".

---

[63] Schlussformel im Brief der Eheleute H. H. und A. H. an Bundesinnenminister Gerhart Baum vom 26.2.1979 (Niedersächsisches Hauptstaatsarchiv Hannover, Nds. 100 Acc. 149/97 Nr. 134).

[64] Mitteilung des Bundesinnenministeriums an das niedersächsische Innenministerium vom 19.3.1979 (Niedersächsisches Hauptstaatsarchiv Hannover, Nds. 100 Acc. 149/97 Nr. 134).

[65] Vgl. Art.: „Was Wicky mit der Bombe wollte", in: *Stern* Nr. 9 vom 22.2.1979, 222.

[66] Folgendes aus Brief der Eheleute H. H. und A. H. an Bundesinnenminister Gerhart Baum vom 26.2.1979 (Niedersächsisches Hauptstaatsarchiv Hannover, Nds. 100 Acc. 149/97 Nr. 134).

IV. „Mit Empörung [...] zur Kenntnis genommen"[67]

Die GEW [Gewerkschaft Erziehung und Wissenschaft, MD] Berlin artikuliert in ihrem Brief ihre Empörung über den Einsatz der „Spitzel" im Göttinger Arbeitskreis. Dieser habe als Herausgeber der Zeitschrift *Atomexpress* in der Anti-Atomkraftbewegung der Bundesrepublik eine zentrale Rolle inne. Der *Atomexpress* zeichne sich durch seine informativ-sachlichen und wissenschaftlich fundierten Artikel aus und biete den Bürger-Initiativen gegen Atomenergie ein überregionales alternatives Medium, worauf diese angewiesen seien, um sich über den neuesten Diskussionsstand knapp und präzise informieren zu können. Die Aktion des Landeskriminalamtes sei daher beschämend und diene der Kriminalisierung der Anti-Atomkraftbewegung. Im Folgenden droht die GEW Berlin, die ebenfalls eine Arbeitsgruppe zum Thema Atomenergie besitze, deren Aufgabe die Erarbeitung von Unterrichtsmaterialien sei, das „Verhalten des Staatsschutzes"[68] – dort zu thematisieren. Ferner beabsichtige sie „über diesen Vorgang in der Berliner Lehrerzeitung (BLZ) zu berichten"[69].

Die Diskrepanz zwischen der aufgesetzten Höflichkeit in Anrede, Schlusssatz sowie Grußformel[70] und dem Inhalt des Briefes, der eine klärende Stellungnahme des Landeskriminalamtes sehr direkt einfordert, zeigt die Inkongruenz der Nachricht auf.[71] Diese kulminiert in einem

---

[67] Brief der GEW Berlin an das Niedersächsische Landeskriminalamt vom 30.1.1979 (Niedersächsisches Hauptstaatsarchiv Hannover, Nds. 100 Acc. 149/97 Nr. 134).

[68] Ebd. Man beachte die ironischen Anführungszeichen im Original.

[69] Alle Zitate dieses Absatzes sind entnommen aus ebd.

[70] Siehe ebd.: „Sehr geehrte Damen und Herren", „Deshalb wären wir für eine Antwort sehr dankbar." und „Hochachtungsvoll".

[71] Friedemann Schulz von Thun: Miteinander reden, Bd. 1: Störungen und Klärungen. Allgemeine Psychologie der Kommunikation, Reinbek 2011, 39-41.

Postskriptum mit dem Hinweis, dass „Durchschriften dieses Briefes"[72] auch an die Landesverbände der GEW in Niedersachsen und im Saarland sowie an die Zeitschrift *Atomexpress* versandt worden seien. Dies veranschaulicht einerseits, dass die GEW Berlin erheblichen Druck ausübt, um eine Antwort zu erhalten, und dass andererseits eine Solidarisierung stattfindet, die den Protest gesellschaftlich und geographisch verbreitern soll.

V. „Ihre Stellungnahme ist für mich p e r s ö n l i c h von Bedeutung."[73]

In einem maschinengeschriebenen, eine Seite umfassenden Brief an den niedersächsischen Ministerpräsidenten Ernst Albrecht nimmt Herr M. W. aus Hamburg Bezug auf einen Bericht in der *Frankfurter Rundschau*[74] und formuliert sein Anliegen folgendermaßen: „Ihre Stellungnahme [die des Herrn Ministerpräsidenten, MD] zu dem [...] Vorwurf des ‚Einschleichens' und der ‚Provokation' gegen zwei Polizisten ist für mich p e r s ö n l i c h von Bedeutung, insofern die Verifikation dieses Sachverhalts entscheidend zu meinem Meinungsbild um die Kernkraft-Diskussion beiträgt."[75] Die Sperrung des Wortes „persönlich" offenbart die Dringlichkeit des Informationsbedürfnisses. M. W. unterstreicht damit, dass er dem Ideal des

---

[72] Brief der GEW Berlin an das Niedersächsische Landeskriminalamt vom 30.1.1979 (Niedersächsisches Hauptstaatsarchiv Hannover, Nds. 100 Acc. 149/97 Nr. 134).

[73] Brief des Herrn M. W. an den niedersächsischen Ministerpräsidenten Ernst Albrecht vom 21.3.1979 (Niedersächsisches Hauptstaatsarchiv Hannover, Nds. 100 Acc. 149/97 Nr. 134).

[74] Vgl. Art.: „Zweifel am Konzept für Wiederaufbereitungsanlage Gorleben", in: *Frankfurter Rundschau* Nr. 62 vom 14.3.1979, 2.

[75] Brief des Herrn M. W. an den niedersächsischen Ministerpräsidenten Ernst Albrecht vom 21.3.1979 (Niedersächsisches Hauptstaatsarchiv Hannover, Nds. 100 Acc. 149/97 Nr. 134).

„mündigen Bürgers" entsprechen will, der als Grundlage für die Entwicklung einer eigenen Meinung glaubwürdige Informationen benötigt.

An dem von Innenministerium verfassten Antwortschreiben ist besonders der belehrende Tonfall bemerkenswert, mit dem auf die „fehlende Anlage"[76] hingewiesen wird, ein wirkliches Eingehen auf den Wunsch von M. W. findet allerdings nicht statt.

VI. „Wir alle, die wir hier unterschrieben haben, wissen, daß solche Unterschriftslisten gespeichert werden."[77]

Der „Arbeitskreis Umweltschutz Vlotho" (Nordrhein-Westfalen) adressierte einen Brief an den niedersächsischen Innenminister, um gegen die „Aktion" zu protestieren, „Spitzel in eine jedem Bürger offene Gruppe" einzuschleusen, die „dort das Vertrauen von Menschen ausnutzten, um sie dann zu denunzieren". Die Mitglieder des Arbeitskreises meinen, dass Maßnahmen wie Provokation und Kriminalisierung in einer Demokratie nichts verloren hätten, und fragen, ob der Polizei-Einsatz nur eine Ausnahme gewesen sei oder ob er die Regel, die Spitze des Eisbergs, darstelle. Zugleich bekräftigen sie die Fortdauer ihres Engagements,[78] fordern eine Stellungnahme und schließen „Mit umweltfreundlichen Grüßen". Neben

---

[76] Brief des niedersächsischen Innenministeriums an Herrn M. W. vom 8.5.1979 (Niedersächsisches Hauptstaatsarchiv Hannover, Nds. 100 Acc. 149/97 Nr. 134). Herr M. W. hatte den Artikel aus der *Frankfurter Rundschau* als Anlage angekündigt. Ob er vergessen hat, ihn seinem Brief hinzuzufügen, oder aber ob er bei der Weiterleitung der Unterlagen vom Büro des Ministerpräsidenten an das mit der Antwort beauftragte Innenministerium verloren gegangen ist, lässt sich nicht mehr rekonstruieren.

[77] Brief des Arbeitskreises Umweltschutz Vlotho an den niedersächsischen Innenminister vom 18.7.1979 (Niedersächsisches Hauptstaatsarchiv Hannover, Nds. 100 Acc. 149/97 Nr. 134).

[78] „Trotzdem lassen wir uns nicht abschrecken, denn wir haben nichts zu verbergen. Der Staat braucht nicht vor uns geschützt werden [sie], denn wir sind die Bürger dieses Staates." (ebd.).

diesem Schreiben übersenden sie einige Unterschriftslisten, die auch ihre Beziehung zum Staat betonen sowie einen Appell an ihn enthalten: Die Überschrift der Listen lautet: „Ich bin empört über solche undemokratischen Methoden, die doch nur ein Zeichen sind, daß man von staatlicher Seite versucht, einer inhaltlichen Auseinandersetzung mit der Bewegung gegen Atomanlagen aus dem Weg zu gehen. Ich fordere alle verantwortlichen Stellen mit meiner Unterschrift dazu auf, diese Maßnahmen aufzugeben und stattdessen den Dialog mit den Bürgern zu suchen"[79].

Auf das dem Brief entnommene und in der Kapitelüberschrift angeführte Zitat reagierte das Innenministerium in seiner Antwort mit der Versicherung, dass das „Bezugsschreiben keinen Anlass biete, Kriminalakten anzulegen"[80].

D. „Gar so einfach, wie das in Ihren Ausführungen zum Ausdruck kommt, war das Einschleusen unserer Beamten nun wirklich nicht."[81]
Die Antwort des Staates

Der Singular „Antwort" ist deshalb gerechtfertigt, weil es nur eine Standardantwort gab. So weit persönliche, adressatenorientierte Nuancen überliefert sind, wurden sie bereits bei den entsprechenden Briefen dargestellt. Die Antwort an Frau C. L. – die aus der staatlichen Perspektive des

---

[79] Alle Zitate dieses Absatzes sind entnommen aus ebd.

[80] Brief des niedersächsischen Innenministerium an den Arbeitskreis Umweltschutz Vlotho vom 1.8.1979 (Niedersächsisches Hauptstaatsarchiv Hannover, Nds. 100 Acc. 149/97 Nr. 134).

[81] Brief des Direktors des Landeskriminalamtes, Waldemar Burghard, an die GEW Berlin vom 1.2.1979 (Niedersächsisches Hauptstaatsarchiv Hannover, Nds. 100 Acc. 149/97 Nr. 134).

antwortenden Innenministeriums wohl eher dem alternativen und „kriminellen" Milieu zuzurechnen war – wurde zum Musterbrief; alle weiteren Schreiber erhielten dieselbe Antwort. Es erfolgte keine Differenzierung bei der Beantwortung der Briefe, auf die unterschiedlichen Motive der Verfasser wurde nicht eingegangen; die staatliche Antwort blieb unspezifisch, abstrakt und unverbindlich, wie die folgenden Passagen aus dem Brief an Frau C. L. aufzeigen:

Der Einsatz von Kriminalbeamten im Göttinger Arbeitskreis gegen Atomenergie sei nach seinem Bekanntwerden verschiedentlich gerügt worden. Soweit Einwände nicht als „Methode des Widerstandes"[82] gegen die Kernenergie zu verstehen seien, dürfe „ehrliche Empörung"[83] angenommen werden, die allerdings auf „einseitige Berichterstattung"[84] zurückzuführen sei. Es sei eine polizeiliche Aufgabe, Gefahren zu ermitteln und den Eintritt eines Schadens zu verhindern; Straftaten sollten möglichst im Stadium der straflosen Vorbereitungshandlungen erkannt und verhindert werden.[85] Unter

---

[82] Brief des niedersächsischen Innenministeriums an Frau C. L. vom 25.1.1979 (Niedersächsisches Hauptstaatsarchiv Hannover, Nds. 100 Acc. 149/97 Nr. 134).

[83] Ebd.

[84] Ebd.

[85] Die juristische Abgrenzung zwischen einer „straflosen Vorbereitungshandlung" und einem eventuell strafbaren Versuch einer Straftat bildet das so genannte „unmittelbare Ansetzen". Dies qualifiziert die Handlung als Versuch, wobei „unmittelbares Ansetzen" nur bejaht wird, „wenn der Täter subjektiv die Schwelle zum, jetzt geht es los' überschreitet und objektiv zur tatbestandsmäßigen Angriffshandlung ansetzt, so daß sein Tun ohne Zwischenakte in die Tatbestandserfüllung übergeht." (Die Mitglieder des Bundesgerichtshofes und der Bundesanwaltschaft (Hg.), Entscheidungen des Bundesgerichtshofes in Strafsachen 28 (1979), 163). Wird ein solches „unmittelbares Ansetzen" z. B. aufgrund von zur Tatbestandserfüllung noch notwendigen „Zwischenakten" negiert, liegt eine zumeist straflose Vorbereitungshandlung vor. Als einziges Beispiel für eine solche straflose Vorbereitung einer Straftat im Göttinger Arbeitskreis gegen Atomenergie kann die Flugblattaktion im Mai 1978 gelten, auf die hier wohl implizit und ohne konkrete Nennung angespielt wird. Zur Flugblattaktion siehe Anmerkung 16.

dieser Prämisse sei der Polizeieinsatz geboten gewesen, da die Beamten den Auftrag gehabt hätten, „militante Aktionen"[86], wie sie bei einem Teil des Göttinger Arbeitskreises vermutet worden seien, rechtzeitig zu melden. Die „legale Arbeit der Bürgerinitiative"[87] sei dadurch in keiner Weise behindert worden. Ferner sei es bisher noch nicht erforderlich geworden, „in diesem Zusammenhang"[88] Strafverfahren einzuleiten,[89] weshalb keine Rede davon sein könne, dass die Beamten „zur Gewalt aufgewiegelt"[90] hätten. Im Schlusssatz äußert das Innenministerium die Hoffnung, dass es auch weiterhin gelingen möge, „politisch motivierte Kriminalität in diesem Zusam-

---

[86] Brief des niedersächsischen Innenministeriums an Frau C. L. vom 25.1.1979 (Niedersächsisches Hauptstaatsarchiv Hannover, Nds. 100 Acc. 149/97 Nr. 134).

[87] Während des gesamten Einsatzes wurden von den Beamten aber überhaupt keine Hinweise auf geplante „gewaltsame Aktionen" des Arbeitskreises gefunden.

[88] Brief des niedersächsischen Innenministeriums an Frau C. L. vom 25.1.1979 (Niedersächsisches Hauptstaatsarchiv Hannover, Nds. 100 Acc. 149/97 Nr. 134).

[89] Es ist anzunehmen, dass eventuelle Strafverfahren gegen Angehörige des Arbeitskreises gemeint sind. Allerdings scheint es gegen die eingesetzten Beamten polizeiinterne Ermittlungen gegeben zu haben, da in der Akte Stellungnahmen und Vernehmungsprotokolle zu finden sind, in denen die Beamten die ihnen in den Medien vorgeworfene Tätigkeit als *agents provocateurs* zurückgewiesen haben. Im Vordergrund der Ermittlungen stand jedoch die im *Stern* geäußerte Behauptung, dass Klaus E. während seines Einsatzes in Göttingen eine intime Beziehung mit einer zum damaligen Zeitpunkt „15jährigen AKW-Gegnerin" (siehe *Stern* Nr. 9 vom 22.2.1979, 222) unterhalten habe, was dieser in seinen Aussagen negierte. Strafverfahren scheinen nicht eingeleitet worden zu sein, diesen Rückschluss lässt jedenfalls die Ergebnisniederschrift einer Sitzung des Parlamentarischen Vertrauensmännergremiums zu, in welcher der Einsatz als angemessen bewertet wurde (Vermerk der Abteilung 4 des niedersächsischen Innenministeriums mit der Ergebnisniederschrift aus der 13. Sitzung des Parlamentarischen Vertrauensmännergremiums am 16.7.1979 vom 25.7.1979 (Niedersächsisches Hauptstaatsarchiv Hannover, Nds. 100 Acc. 149/97 Nr. 134)).

[90] Brief des niedersächsischen Innenministeriums an Frau C. L. vom 25.1.1979 (Niedersächsisches Hauptstaatsarchiv Hannover, Nds. 100 Acc. 149/97 Nr. 134).

menhang und eine Kriminalisierung der Anti-Atomkraftbewegung zu verhindern".

Aus diesem Schreiben geht hervor, dass Vertreter staatlicher Institutionen auf die ihnen gestellten Fragen nicht eingingen. Die Beantwortung der Briefe erschien ihnen eher als lästige Pflicht, die sie mit einem einzigen Musterbrief zu erfüllen versuchten. Dabei flüchteten sie sich in unpersönliche Konstruktionen („es bleibt zu hoffen") und allgemein-nebulöse Phrasen („es ist eine polizeiliche Aufgabe, Gefahren zu ermitteln und den Eintritt eines Schadens zu verhindern"). Wer aber wann und wie in wem eine „Gefahr" erkannte und festlegte, wo gegen sie ermittelt werden sollte – also die Frage nach der Verantwortung –, blieb ebenso unbeantwortet wie die Definition von „Schaden".

Auch die Antwort des Innenministeriums auf eine Anfrage des CDU-Landtagsabgeordneten Willi Döring aus Gieboldehausen folgte dem bereits bekannten Schema: Die Polizei habe im Sinne der vorbereitenden Gefahrenabwehr gehandelt. Diese Maßnahme müsse im Zusammenhang mit dem „Gorleben-Projekt" gesehen werden, ihr Ziel sei die Vermeidung von Ausschreitungen wie in Grohnde durch rechtzeitiges Erkennen von „gefährlichen Gruppierungen in den Bürgerinitiativen" gewesen. Die darauffolgende Passage des Antwortschreibens folgt – unter den Aspekten Verhaltensanpassung und Provokation betrachtet – ihrer ganz eigenen Logik. Der Vorwurf, die Beamten hätten sich als Provokateure hervorgetan, sei falsch; ihr Verhalten sei allerdings „der Gruppe angepaßt"[91] gewesen,[92] in der „sie sich unauffällig [...] bewegen"[93] sollten.

---

[91] Die vorangegangenen Zitate sind allesamt entnommen aus dem Brief des niedersächsischen Innenministeriums an Frau C. L. vom 25.1.1979 (Niedersächsisches Hauptstaatsarchiv Hannover, Nds. 100 Acc. 149/97 Nr. 134).

[92] Vgl. hierzu die Stellungnahme des Landeskriminalamtes: „Durch unsere [...] Maßnahmen konnten wir sehr bald feststellen, daß ein Großteil der Angehörigen des GAGA im Sinne einer

Insofern bildet die in der Kapitelüberschrift zitierte Sentenz die einzige Ausnahme in den standardisierten Antworten. Sie entstammt einem Brief des Direktors des Landeskriminalamtes, Waldemar Burghard, an die GEW Berlin. Anders als in den Antworten an Privatpersonen ist hier die Kommunikation deutlich symmetrischer, die GEW Berlin wird als einflussreiche Organisation ernst genommen; zwar benutzt Burghard auch hier Allgemeinplätze und Floskeln, doch seine Besorgnis über ein negatives Image aufgrund „schlechter Presse" ist spürbar. Er zeigt zunächst Verständnis für die „Empörung"[94], führt diese jedoch auf einseitige Berichterstattung und ein Informationsdefizit zurück. Der Einsatz habe sich nur gegen eine kleine Gruppe innerhalb des Arbeitskreises gerichtet, welche nach seinem Kenntnisstand als militant bezeichnet werden müsse. Nur durch das rechtzeitige Eingreifen der Polizei hätten daher strafbare Handlungen im Stadium der straflosen Vorbereitungshandlungen gehalten werden können. Deshalb könne von einer Kriminalisierung der Anti-Atomkraftbewegung keine Rede sein, bei Lichte besehen sei das genaue Gegenteil der Fall.

Es liege Burghard sehr daran, der GEW Berlin mitzuteilen, dass das Landeskriminalamt „keinesfalls den Öffentlichkeitscharakter der Bürgerini-

---

Bürgerinitiative im herkömmlichen Sinne arbeiten will und arbeitet. Sie wollen mit legalen, vor allem aber gewaltlosen Aktivitäten auf die tatsächlichen oder vermeintlichen Gefahren der Atomenergie hinweisen. Dieser Teil des GAGA hat uns in keiner Weise interessiert." (*Göttinger Tageblatt* Nr. 301 vom 28.12.1978, 7.). Das „unauffällige" Verhalten wurde also dadurch erreicht, dass die Beamten sich einer Minderheit anpassten, der Gewaltbereitschaft unterstellt wurde. Dies legt wiederum nahe, Rückschlüsse auf eine eventuelle Tätigkeit als Provokateure zu ziehen.

[93] Brief des niedersächsischen Innenministeriums an den Landtagsabgeordneten Willi Döring vom 31.5.1979 (Niedersächsisches Hauptstaatsarchiv Hannover, Nds. 100 Acc. 149/97 Nr. 134).

[94] Brief des Direktors des Landeskriminalamtes, Waldemar Burghard, an die GEW Berlin vom 1.2.1979 (Niedersächsisches Hauptstaatsarchiv Hannover, Nds. 100 Acc. 149/97 Nr. 134).

tiativbewegung" ausgenutzt habe; er hoffe, mit dieser Information das Gesamtbild ein wenig zu korrigieren, und bekräftigt, dass „hier ein absoluter Ausnahmefall" vorgelegen habe, der sich „eben wegen dieses Ausnahmecharakters nicht zur Ideologisierung des Gesamtproblems und zur Diskriminierung der Polizei"[95] eigne. Kopien dieses Schreibens gingen an die Landesverbände der GEW in Niedersachsen und im Saarland sowie an die Zeitschrift *Atomexpress*.

„Der Staat" in Form des niedersächsischen Innenministeriums, dem das Landeskriminalamt untergeordnet war, ignorierte die Proteste gegen sein Vorgehen und hatte keinerlei Interesse am Dialog mit seinen Bürger_innen. All die in den Protestbriefen angebotenen Themen zu durchaus kontroversen Diskussionen und Diskursen wurden nicht aufgegriffen. Aspekte wie die Definition von Staat und staatlicher Gewalt, die Grenzen staatlicher Befugnisse, Moral, Verantwortung, Rechtsstaatlichkeit, das Grundrecht auf freie Meinungsäußerung, bürgerliches Engagement und konkrete Teilhabe des Bürgers am Staat – also zentrale Grundfragen des Zusammenlebens in einer demokratisch verfassten Gesellschaft – wurden von der antwortenden staatlichen Seite weder angesprochen noch ausgehandelt. Der Staat gab keine befriedigenden Antworten, sondern zeigte Desinteresse am Dialog mit den eigenen Bürgern, an denen er entweder vorbeiredete oder zu deren Fragen er schwieg. Er hatte die Gelegenheit, das Verhältnis zwischen Individuum und Staat zu klären bzw. neu zu definieren, ungenutzt vorüberziehen lassen, da er sie einerseits nicht als Chance begriff, mit den Bürger_innen zu reden und sein Tun transparent zu machen,[96] und

---

[95] Die drei Zitate dieses Absatzes stammen aus ebd.

[96] Obgleich der *undercover*-Einsatz vielen Betrachtern als unangemessen und völlig überzogen erschien, war er jedoch aus der zeitgenössischen Perspektive des Staates heraus – nach den

andererseits glaubte, es sich leisten zu können, nicht über sein Handeln zu informieren.

Vor allem die Briefe von F. W., M. W. sowie H. H. und A. H. reflektieren das Vertrauen, das diese in den Staat hatten, und offenbaren ihre Beziehung zu ihm. Sie alle wissen um die Perspektivität und Partikularität medialer Berichterstattung und hoffen darauf, durch die Antwort der staatlichen Stellen „die ganze Wahrheit" mitgeteilt zu bekommen, um sich als engagierte und mündige Bürger_innen eine eigene Meinung bilden zu können. Weil die antwortenden Behörden jedoch zwischen den Alternativen von peinlicher Selbstentblößung und Bürgerinformation Balance halten mussten, entschieden sie sich für eine restriktive Informationspolitik. Ein solches Vorgehen ließ das Machtgefälle im Beziehungsgefüge zwischen Behörden und Bürger_innen noch manifester hervortreten; der in den Briefen geäußerte Wunsch, der Staat möge kraft seiner Autorität die „authentische Wahrheit" verkünden und damit Spekulationen und Unsicherheit Einhalt gebieten, blieb ebenso unerfüllt wie das Informations- und Orientierungsbedürfnis der sich erkundigenden Bürger_innen. Die Antwort mit unpersönlichen Formulierungen wie „es bleibt zu hoffen"[97] wirkte eher fatalistisch und demonstrierte exemplarisch die Hilflosigkeit des Staates im Umgang mit den Neuen Sozialen Bewegungen. Ferner beinhaltete sie implizit eine Zurückweisung der staatlichen Zuständigkeit, stellte eine Negati-

---

Ereignissen des Jahres 1977 – durchaus nachvollziehbar. In der Akte befindet sich eine am 23.1.1979 angefertigte, beglaubigte Fotokopie eines Kalenderblattes. Dies selbst ist undatiert und ohne Kontext oder weitere Beilagen überliefert. Vermutlich wurde es von der „Kalendergruppe" des Arbeitskreises gegen Atomenergie für ein nicht mehr näher bestimmbares Jahr der späten 1970er Jahre konzipiert. Das Kalenderblatt enthält das „Lied von den zwei Toden" [sic] und lässt eine Distanzierung von der RAF vermissen (vgl. Niedersächsisches Hauptstaatsarchiv Hannover, Nds. 100 Acc. 149/97 Nr. 134).

[97] Brief des niedersächsischen Innenministeriums an Frau C. L. vom 25.1.1979 (Niedersächsisches Hauptstaatsarchiv Hannover, Nds. 100 Acc. 149/97 Nr. 134).

on staatlicher Verantwortung dar und vermittelte überdies den Eindruck, dass kritische Nachfragen von Bürger_innen unangenehm und letztlich auch unerwünscht waren.

E. „Kaum eine Göttinger Gruppe ist so geheimnisumwittert wie der Arbeitskreis."[98]
Ein Fazit

Die Schlussfolgerung, die Betroffene und politisch interessierte Beobachter aus der „Polizeispitzel-Affäre" zogen, war diejenige, dass der Staat gegen ihm unliebsame Aktivitäten und sich öffentlich artikulierende Kritik an der Atompolitik rigoros vorging. Es entstanden sowohl Misstrauen gegenüber dem Staat, der eine Grenze überschritten und das in ihn gesetzte Vertrauen verletzt hatte, als auch Sympathie für die Anti-Atomkraft-Bewegung, deren Kritik an der Atompolitik berechtigt zu sein schien, wenn der Staat als Gegenmittel zur Überwachung von Bürgerinitiativen griff. Die „Entfremdung" zwischen Bürger_innen und Staat führte jedoch nicht zu Politikverdrossenheit im Sinne von Verzicht auf Teilhabe, sondern das Engagement der Bürger_innen, die ja zum Teil schon durch ihre Briefe ihr Interesse und ihre intensive Teilnahme am Zeitgeschehen – ihre „Beteiligung an den Zeitläufen"[99] – demonstriert hatten, verlagerte sich. Sie engagierten sich nun außerhalb staatlicher Institutionen, nämlich auf dem Feld der Neuen Sozialen Bewegungen, von denen die Anti-Atomkraft-Bewegung

---

[98] Flugblatt des Arbeitskreises gegen Atomenergie (Stadtarchiv Göttingen, FS 11 B 306–1).
[99] Peter, S. 14.

ja bereits ein Teilbereich war, der immer stärker in den Fokus des öffentlichen Interesses geriet.[100]

In Göttingen bewirkte der *undercover*-Einsatz das Gegenteil der eigentlichen Intention. Die „Spitzel" waren der Motor für weiteren Zulauf zum Göttinger Arbeitskreis und für eine Solidarisierung mit dessen Zielen. Erst der staatlichen Unterwanderung, den Berichten darüber und der sich daran anschließenden mangelhaften staatlichen Informationspolitik, die zu Empörung und Protest in Form von schriftlichen Nachfragen führte, verdankte der Arbeitskreis seinen Status als „geheimnisumwittert". Diese Handlungen des Staates sorgten für seine Bekanntheit über die „Szene" der Anti-Atomkraft-Bewegung hinaus und ließen den Arbeitskreis zu einem Gegenstand des öffentlichen Interesses werden.

---

[100] Vgl. hierzu Reimar Paul, „Die Anti-AKW-Bewegung: Wie sie wurde was sie ist", in: Redaktion des Atom-Express (Hg.): ... und auch nicht anderswo! Die Geschichte der Anti-AKW-Bewegung, Göttingen 1997, 11–32, hier 16–18.

Semhar Amedeberhan, Isabel Hauschild, Katharina Kuhlmann, Elena Pinkwart

Atomkraft? Nein danke!
Der Bremer Widerstand

„(...) ziviler Ungehorsam ist immer eine Verknüpfung von kulturellen und politischen und aktionsmäßigen Mitteln und da haben wir das gesamte Repertoire quasi erweitert. (...) Das war klasse und natürlich waren wir auch glücklich und wir haben uns auch gespürt und wir hatten wahnsinnig Recht."[1]

Die Hansestadt Bremen kann als eine der Hochburgen der Anti-AKW-Bewegung in Deutschland während der 1970er und 1980er Jahre bezeichnet werden. Gründe hierfür sind zum einen, dass die Bremer Öffentlichkeit seit den fünfziger Jahren durchgehend liberal-sozialdemokratisch geprägt war zum anderen wurde diese Basis mit der Gründung der Reformuniversität 1971 durch Studierende und Hochschullehrer noch erweitert. Die „rote Kaderschmiede", wie die Bremer Universität von Kritiker_innen genannt wurde, zog in besonderem Maße diejenigen an, die sich bereits in den Studentenbewegungen engagiert hatten und in deren Geiste sozialisiert worden waren. Hinzu kamen außerdem jene, die bereits in den fünfziger Jahren im Widerstand gegen die atomare Aufrüstung der Bundeswehr aktiv waren und einige, die sich früh für den Umweltschutz einsetzten. Diese Basis wurde neben den traditionell der SPD Verhafteten und den Gewerkschaften zusätzlich durch die Mitglieder des alternativen linken Milieus, durch die aufkeimenden K-Gruppen wie die Kirchen erweitert.

---

[1] Interview mit Robert Bücking.

Am Beginn der Bremer Anti-AKW-Bewegung standen drei Organisationen: der *Arbeitskreis gegen radioaktive Verseuchung,* die *Bürgeraktion Küste* und die *Bremer Bürgerinitiative gegen Atomenergieanlagen.* Alle drei wurden während der 1970er Jahre gegründet und beeinflussten jede auf ihre eigene Art die Bewegung in der Hansestadt.

Die politische Vielfalt der Aktivist_innen in Bremen ermöglichte breite Bündnisse innerhalb der Stadt: Die Organisation von gewaltfreiem Widerstand auf Demonstrationen und die Schaffung von bewegungseigenen Medien, wie die *Caramba -Zeitung für die BBA* und das *Radio Zebra,* aber auch parteipolitische Ambitionen und die Militanz Einzelner führten letztendlich zum Erfolg der Bewegung und schließlich zur Gründung der Bremer Grünen Liste, die als solche erstmalig in ein deutsches Parlament einzog.[2] Gleichzeitig barg diese Zusammensetzung aber auch ein Konfliktpotenzial, da sowohl unterschiedliche politische Gesinnungen, als auch verschiedene Stufen von Radikalität innerhalb der Bewegung aufeinanderprallten. Verantwortlich für die spätere Ausdifferenzierung und Spaltung der Bewegung in Bremen ist in erster Linie die Gewaltfrage, zu der kein Konsens gefunden werden konnte. Der Bremer Polizeipräsident Ernst Diekmann äußerte sich zu diesen Entwicklungen folgendermaßen: „die Radikalität breitet sich aus, weil in der Universität und anderswo von den Politikern geduldete ‚Naturschutzparks' und ‚Freiräume' entstanden seien."[3]

In ihrer Geschichte kann die Anti-AKW-Bewegung in Bremen stellvertretend für die Geschichte der Anti-AKW-Bewegung in Deutschland

---

[2] Vgl. Interview mit Peter Willers.

[3] Art.: Dietrich Strothmann „Bremer Skandal. Ein Präsident und der Hundekot", in: Die Zeit, Nr. 31 vom 25.07.1980.

gesehen werden. Dies ist in erster Linie auf ihre Entstehung, die Entwicklung und die symptomatischen Konfliktfelder der Bewegung zurückzuführen. Um die Geschichte der Anti-AKW-Bewegung und die Herauskristallisierung der Gewaltfrage angemessen darstellen und verstehen zu können, ist es notwendig die einzelnen Organisationen, die die Bremer Bewegung geprägt haben, zu untersuchen und ihre Entstehungsgeschichten zu beleuchten.

A. Der Arbeitskreis gegen radioaktive Verseuchung

Eine der ersten deutschen Bürgerinitiativen, die sich gegen die Produktion und Nutzung von Atomenergie aussprachen, wurde 1971 in Bremen gegründet.[4] Die Erlassung der ersten Teilerrichtungsgenehmigung für den Bau des Atomkraftwerks Esenshamm im Jahr 1971 warf bei einigen Bremer_innen die Frage auf, was „zivile Nutzung"[5] von Kernkraft eigentlich bedeutete. Einige von ihnen, unter anderem Anni und Jürgen Ahrens waren bereits zuvor im Widerstand gegen die atomare Aufrüstung der Bundeswehr und in der Friedensbewegung aktiv gewesen. Neben dem Unmut über die Vorstellung ein Kernkraftwerk in direkter Nachbarschaft zu haben, entwickelte sich ein begründetes Misstrauen gegenüber den Argumentationen des Energieversorgungsunternehmens und der Politiker.[6] So wurde der *Arbeitskreis gegen radioaktive Verseuchung* gegründet, dessen Hauptaugenmerk dem Bau des Atomkraftwerks Esenshamm gelten sollte. Um sich in der

---

[4] Vgl. Peter Willers Memoiren (bisher nicht veröffentlicht), 25.

[5] Interview mit Peter Willers.

[6] Erste Baumaßnahmen waren bereits 1969, als Deichbauarbeiten getarnt, durchgeführt worden. Vgl. Peter Willers, 25.

Gesellschaft Gehör zu verschaffen und über Risiken und Folgen der als ungefährlich propagierten Atomenergie aufzuklären, wurden Informationsmaterialien zum Teil sogar aus Amerika angefordert.[7] Bereits im Herbst 1971 waren über 40.000 Unterschriften gegen den Bau von Esenshamm durch die Mitglieder des *Arbeitskreises* gesammelt worden.[8] Als eine mögliche, adäquate Reaktion auf den geplanten Bau des Atomkraftwerks entschied sich der *Arbeitskreis* eine Klage einzureichen. Diese zunächst einmal „konservativste Aktionsform"[9] war auch der Tatsache geschuldet, dass es zu dieser Zeit noch an Erfahrungen mit kreativeren Widerstandsformen fehlte. Mit Hilfe der fundierten, wissenschaftlichen Argumentation und des juristischen Beistandes durch einige junge, engagierte Mitarbeiter und Professoren der Universität Bremen, unter anderem den Pysiker Jens Scheer, reichte der *Arbeitskreis* 1972 schließlich Klage gegen den Bau und die Inbetriebnahme des Atomkraftwerks Esenshamm ein.[10]

Der Prozess um das Atomkraftwerk an der Unterweser dauerte sechs Jahre und kostete die Klägerseite über 200.000 DM, die ausschließlich durch Mitglieder und Sympathisanten des Arbeitskreises aufgebracht wurden. Der Arbeitskreis gegen radioaktive Verseuchung verlor 1978 schließlich in zweiter Instanz den Prozess um Esenshamm, das daraufhin sofort in Betrieb genommen wurde. Teilerfolge wurden dennoch errungen: Aufgrund der zu hohen Wärmebelastung für die Weser gelang es dem Arbeitskreis

---

[7] Vgl. Peter Willers, 24. Informationen wurden von der *Union of Concerned Scientists* angefordert, da es in Deutschland kaum möglich war, Material zum Thema Atomenergie zu bekommen, das auch Fachfremden verständlich war.

[8] Vgl. Reimar Paul/Redaktion Atom Express: ... und auch nicht anderswo! – Die Geschichte der Anti-AKW Bewegung, Göttingen 1997, 47.

[9] Interview mit Peter Willers.

[10] Ebd.

einen Baustopp zu erwirken, sodass Esenshamm in fast fertigem Zustand zwei Jahre lang nicht ans Netz gehen durfte.[11]

B. Die Bürgeraktion Küste (BAK)

Neben dem sechs Jahre währenden Prozess um Esenshamm bemühten sich die Mitglieder des *Arbeitskreises* kontinuierlich um eine breitere Öffentlichkeit, indem sie in Bremen und weiten Teilen Norddeutschlands über die Gefahren der Atomenergie informierten und gleichzeitig die Menschen mobilisierten. Im Bremer Umland und in Niedersachsen veranstalteten die Mitglieder des *Arbeitskreises gegen radioaktive Verseuchung* offene Treffen, Infostände, Demonstrationen und Vorträge. Auf diese Weise trugen sie maßgeblich dazu bei, dass viele Bürgerinitiativen in Norddeutschland gegründet wurden. 1974 lud der *Arbeitskreis* die Bürgerinitiativen des norddeutschen Raums nach Bremen ein. Dieser Einladung kamen schätzungsweise einhundert Bürgerinitiativen und Gruppierungen nach. Im Zuge dieses Treffens wurde beschlossen die *Bürgeraktion Küste (BAK)* zu gründen, „einen losen Zusammenschluss von Menschen und Bürgerinitiativen".[12] Dieser Zusammenschluss bestand weitgehend aus Leuten, die „man gemeinhin als bürgerliche Menschen bezeichnen" konnte so Peter Willers. Es tauchten hier aber auch einige wenige Personen auf, die einer ursprünglich völkisch orientierten Ökologiebewegung entstammten. In oftmals mühsamen Diskussionen grenzte sich die BAK von diesen ab.

Für die Mitglieder der *Bürgeraktion Küste* war Esenshamm bis zur Inbetriebnahme wichtiger Gegenstand des aktiven Widerstands. Darüber

---

[11] Ebd.

[12] Interview mit Peter Willers.

hinaus führte der Protest gegen den Bau des Atomkraftwerks im baden-württembergischen Whyl, der stark von der Form des zivilen Ungehorsams der Bürgerrechtsbewegungen in den USA beeinflusst war, zu einer Solidarisierung mit den Süddeutschen. Ihre Aktionen inspirierten die Bremer Aktivist_innen für ihren eigenen Widerstand. Bauplatzbesetzungen und die Schaffung von Gegenöffentlichkeit mit Hilfe von Liedermachern und anderen Künstlern resultierten aus der Teilnahme am Protest in Whyl. Die Diskussion um die Endlagerung und Wiederaufbereitung des atomaren Abfalls in Niedersachsen und die Pläne der schleswig-holsteinischen Regierung das Atomkraftwerk Brokdorf in der Wilster Marsch zu errichten, bedeuteten eine Erweiterung der Aktivitäten der BAK. Mit großer Beteiligung engagierte sie sich auch bei weiteren aktuellen Anlässen und unterstützte Aktionen, wie beispielsweise die Besetzung der geplanten Bohrungsstellen in Gorleben und Lichtenmoor.[13]

C. Die Bremer Bürgerinitiative gegen Atomenergieanlagen (BBA)

Seit dem Sommer 1976 hatte sich aufgrund der aktuellen Debatte um die Atommülldeponien und Wiederaufbereitungsanlagen im näheren Bremer Umland eine Gruppe von etwa 20 jungen Leuten gebildet, die sich regelmäßig in der Kneipe *Memmert* im Steintorviertel traf. Am 26. Oktober begannen, entgegen der Versprechungen der schleswig-holsteinischen Landes- und der Bundesregierungen, die Bauarbeiten auf einem für das geplante Kernkraftwerk Brokdorf vorgesehenen Platz in der Wilster Marsch bei

---

[13] Vgl. Interview mit Peter Willers.

Hamburg.[14] Aufgrund dieses Ereignisses versammelten sich am folgenden Abend anstelle der üblichen 20 circa 150 Menschen in ebendieser Kneipe. Gemeinsam beschlossen sie am 30. Oktober 1976 nach Brokdorf zu fahren, um dort gegen den Bau des Atomkraftwerks zu demonstrieren. Diese erste *Brokdorf-Demonstration* fungierte für viele Bremer Bürger_innen als Initialzündung für den Entschluss, sich der Bewegung anzuschließen. Insbesondere für Studierende der Bremer Universität, von denen viele bis dato nicht in der Bewegung organisiert waren, diente diese erste *Brokdorf-Demonstration* als Einstieg in die Bewegung. Um dem nicht nachlassenden Strom an Interessenten „eine Struktur zu geben"[15] entschied der ursprüngliche Kreis eine Bürgerinitiative zu gründen. Die *BBA*, die *Bremer Bürgerinitiative gegen Atomenergieanlagen*, diente als Auffangbecken „politisch Heimatloser"[16] und bestand in erster Linie aus Student_innen und jungen Akademiker_innen.[17] Die Gemeinschaft der Atomkraftgegner_innen wurde radikaler und alternativer. Die Entstehung und Gründung der *BBA* führte zu einer Art Aufspaltung und Erweiterung der Bewegung. Sowohl aufgrund der hohen Mitgliederzahl, als auch aufgrund der kreativen und engagierten Arbeit Einzelner, war die *BBA* in den späten 1970er Jahren und Anfang der 1980er Jahre „das Zentrum der Bewegung in Bremen schlechthin"[18]. „Das erste Jahr waren wir jeden Abend unterwegs, bei irgendwelchen Veranstaltungen mit unserem Infotisch. (…) Da sind wir überall hin. Da haben wir nicht gefragt, ob die uns haben wollten."[19]

---

[14] Vgl. Stefan Aust: Brokdorf – Symbol einer politischen Wende, Hamburg 1981, 26 f.

[15] Interview mit Uwe Voigt.

[16] Caramba, Nr.16, 9.

[17] Vgl. Interview mit Achim Saur.

[18] o.A.: Netzwerk´s Grosses Stadt- und Landbuch, 210.

[19] Interview mit Uwe Voigt.

Im Gegensatz zum *Arbeitskreis* und zur *BAK* vermischte sich innerhalb der *BBA* Privates mit Protest und Politik. Der alternative Lebensstil ließ sich anscheinend problemlos in den studentischen Alltag integrieren. Für viele wurde der Kampf gegen die Atomkraft dadurch zum Dreh- und Angelpunkt ihres Lebens.[20]

Neben der Veröffentlichung des Katastrophenschutzplans für das Atomkraftwerk Esenshamm,[21] gelang es den Mitgliedern der *BBA*, allen voran Uwe Voigt, immer wieder Busse und Züge für den Transport von tausenden Demonstrant_innen zu Aktionsorten, wie beispielsweise zur bundesweiten Großdemonstration nach Bonn im Herbst 1979 oder in die Wilster Marsch zu den *Brokdorf-Demonstrationen*, zu organisieren. Darüber hinaus lag ein Schwergewicht auf der Schaffung einer Gegenöffentlichkeit zur Informationspolitik der Befürworter der Atomenergie in Politik und Wirtschaft: So wurden von der *BBA* und anderen Organisationen bundesweit wissenschaftliche Arbeiten, die von Student_innen oder Wissenschaftler_innen zum Thema Atomenergie verfasst worden waren, veröffentlicht.[22] Durch die Besetzung des Bremer Doms im August 1977 und die Organisation der *Bundeskonferenz der Anti-AKW Bewegung* im November 1980 in der Universität Bremen, gelang es der *BBA* die Aufmerksamkeit auf die gesamte Bewegung zu lenken und die Arbeit der Aktiven zu unterstützen und voranzutreiben.[23]

---

[20] Vgl. Interview mit Uwe Voigt.

[21] Vgl. Reimar Paul/Redaktion Atom Express: ... und auch nicht anderswo! – Die Geschichte der Anti-AKW Bewegung, Göttingen 1997, 68.

[22] Vgl. Interview mit Uwe Voigt.

[23] Vgl. Reimar Paul, S. 85.

D. Organisationsstrukturen innerhalb der Bremer Anti-AKW-Bewegung

Im Grunde war allen Bremer Gruppen eines gemein: Der Versuch die atompolitischen Entscheidungen und das Handeln der Bundesregierung zu beeinflussen und zu verändern. Die Mittel, mit denen sie diese Ziele zu erreichen versuchten, unterschieden sich dagegen auf vielen Ebenen, was primär in der soziodemographischen Zusammensetzung der Gruppen begründet lag. Während die *BBA* sich zum Großteil aus Student_innen und jungen Akademiker_innen formierte, bestanden der *Arbeitskreis gegen radioaktive Verseuchung* und die *Bürgeraktion Küste* in erster Linie aus „bürgerlichen Menschen"[24], beziehungsweise aus der gebildeten Mittelschicht. Diese Verbindungen wirkten sich selbstverständlich nicht nur auf die Organisationsstrukturen innerhalb der Gruppen aus, sondern auch konkret auf die Aktionsformen des aktiven Widerstands in Bezug auf Radikalität, Militanz, Eifer und Engagement.

Die Strukturen innerhalb des *Arbeitskreises* lassen sich, aufgrund fehlender hierarchischer Beziehungen und unregelmäßiger Treffen, grundsätzlich als eher informell bezeichnen. Feste Räumlichkeiten und offizielle Autoritäten sowie Kompetenzen im klassischen Sinn gab es nicht. Da der *Arbeitskreis* keinen Verein „im üblichen Sinn"[25] darstellte, gab es auch keine exakten Mitgliederzahlen; Mit Ausnahme des konstanten Kerns, der aus ca. 20 Personen bestand, herrschte eine rege Fluktuation. In konkreten Organisationsfragen übernahm meist eine kleine Gruppe von fünf bis sechs Mitgliedern die Initiative. Diese recht offene Form der Organisation lag

---

[24] Interview mit Peter Willers.

[25] Ebd.

natürlich auch in dem Rechtsstreit, der Klage gegen Esenshamm, begründet. Der Prozess wurde in erster Linie von den Fachkundigen, wie Jens Scheer und den zuständigen Jurist_innen, die die Klägerseite vertraten, geführt. Die Arbeit, wie beispielsweise das Drucken von Flugblättern, die sich aus den Verhandlungen für die Mitglieder des *Arbeitskreises* ergab, fiel häufig spontan an und musste in diesen Fällen ohne Vorankündigung oder vorherige Planung zügig erledigt werden.[26]

Ähnlich verhielt es sich mit der *Bürgeraktion Küste*. Im Gegensatz zum *Arbeitskreis* ging es hier jedoch nicht ausschließlich um Esenshamm, sondern auch um die anderen AKW-Standorte. Im Vergleich zum *Arbeitskreis gegen radioaktive Verseuchung*, der lokal agierte, benötigten diese Treffen immer einen gewissen Vorlauf und entbehrten so der Spontaneität. Man traf sich nicht regelmäßig, sondern nach Bedarf, tauschte sich aus und entwickelte gemeinsam Strategien. Trotz der großen Zahl an Mitgliedern und dem entsprechenden Aufwand gab es kaum festgelegte Strukturen oder Verantwortlichkeiten. Lediglich in einem engeren Kreis, bestehend aus den *Arbeitskreis*-Gründern Anni und Jürgen Ahrens, Olaf Dinné[27] und Peter Willers, wurden Vorbesprechungen geführt und Themen behandelt, die nicht sofort an die Öffentlichkeit gelangen sollten. Ansonsten galt: „Wer ′ne Idee hatte, brachte die vor."[28] Peter Willers übernahm außerdem die Rolle des Sprechers, die er selbst mit den Worten „Was immer das ist" kommentiert und damit noch einmal die kooperativen Strukturen und die weitgehend

---

[26] Vgl. ebd.

[27] Olaf Dinné ist Mitbegründer der ersten Bremer Grünen Liste, mit der er auch 1979 als einer der ersten Abgeordneten einer Grünen Liste in ein deutsches Parlament, die Bremer Bürgerschaft, einzog.

[28] Interview mit Peter Willers.

undogmatische und bewegliche Organisation dieses Zusammenschlusses betont.[29]

In der *BBA* hingegen gab es einigermaßen feste Strukturen. „Nach dem Vorbild alter KPD-Organisationen"[30] wurden Stadtteilgruppen aufgebaut. Einzelne Mitglieder der Gruppen sollten als Stellvertreter an den sogenannten Delegiertentreffen teilnehmen, die zumeist regelmäßig einmal pro Woche stattfanden. Der „harte Kern"[31] der BBA, dessen Mitglieder ebenfalls in Stadtteilgruppen aktiv waren, bildete und organisierte die Treffen der Delegierten. Diese Unterteilung sollte dazu dienen, in den einzelnen Stadtteilen effektiv und dezentral „Öffentlichkeitsarbeit zu leisten"[32]. Die Stadtteilgruppen, die sich zumeist wöchentlich trafen, waren in soweit selbstständig organisiert, dass sie intern entscheiden konnten, über welche Themen informiert und diskutiert werden sollte, wer am Samstag mit dem Infostand auf die Wochenmärkte ziehen sollte, etc.. Vor größeren Aktionen wurde zu Vollversammlungen aufgerufen, zu denen alle Mitglieder der Stadtteilgruppen eingeladen wurden um Einzelheiten im Plenum zu diskutieren. Als einziges Aktionsbündnis in Bremen verfügte die BBA ab 1978 über eigene feste Räumlichkeiten. Nach einigen Umzügen und zwei Hausbesetzungen, zog die BBA im März 1980 schließlich in die Ladenfläche in der St. Pauli Straße 8, wo sie auch den Buchladen einrichtete und bis zu ihrer Auflösung ihre Basis behalten sollte.[33] Im Rahmen dieses Buchladens kümmerte Uwe Voigt sich ständig um die Beschaffung unterschiedlicher Literatur zum

---

[29] Vgl. ebd.
[30] Interview mit Achim Saur.
[31] Vgl. Interview mit Uwe Voigt.
[32] Vgl. Interview mit Achim Saur.
[33] Vgl. Caramba, Nr.12, vom 24.11.1981, 2.

Thema Atomenergie. Forschungsarbeiten, Liederbücher und Flugblätter wurden von oder durch die BBA aufgelegt und vervielfältigt und nach dem Prinzip der Konzession an die Stadtteilgruppen zum Verkauf an Infotische weitergegeben. Einnahmen wie diese ermöglichten der BBA die Anschaffung neuer Literatur, Auslagen für Transportmöglichkeiten zu Demonstrationen und anderweitige Unterstützung der gesamten Bewegung zum Beispiel in Form von Spenden für Prozesskosten.[34]

E. Vernetzung der Aktionsbündnisse untereinander
Kooperation und Konflikte

Trotz der Unterteilung in einzelne Gruppen kam es innerhalb der Bewegung Bremens immer wieder zu Ereignissen, aufgrund derer die Aktionsbündnisse sich zusammenschlossen. Vor größeren Aktionen riefen *BBA* und *Arbeitskreis* zu Vollversammlungen auf, die öffentlich und somit auch Aktivist_innen, die nicht in der Bewegung organisiert waren, Parteien und sogar der Presse zugänglich waren. Hier wurden letzte Absprachen getroffen und über Ablaufpläne und Strategien entschieden. Als es beispielsweise im Zuge des vom *Arbeitskreis* geführten Esenshamm-Prozesses zu einer Art Medienboykott kam und laut Atomkraftgegner_innen in den Medien keine realistische und objektive Berichterstattung herrschte, brachte die *BBA*, die über geeignete Räumlichkeiten und Verbindungen verfügte, zu jedem Prozesstag eine *Prozessinfo* heraus. Diese *Prozessinfo* wurde weiträumig, vor allem auch im Bremer Umland verteilt, um so eine eigene Öffentlichkeit herzustellen und vor allem auch die Leute zu

---

[34] Vgl. Interview mit Uwe Voigt.

informieren, die nicht im selben Maße organisiert waren und an Informationen gelangen konnten.[35]

Eine anhaltende Diskussion kreiste um das Thema der Gewalt, das schließlich auch zu entscheidenden Konflikten innerhalb der Bewegung führen sollte. Zum einen bildeten sich unterschiedliche Grade an Gewaltbereitschaft heraus, zum anderen stellte sich immer wieder die Frage nach der Definition und der Legitimität von Gewalt. Innerhalb des *Arbeitskreises gegen radioaktive Verseuchung* und der *Bürgeraktion Küste* wurde Gewalt generell einstimmig abgelehnt.[36] Mit dem passiven, aber gewaltfreien Protest wollte man die Gewaltanwendung des Staats gegenüber den Demonstrant_innen verdeutlichen und damit eine Solidarisierung der anderen Bürger_innen mit den Aktiven bezwecken. Gleichwohl provozierte man durch Sitzblockaden, Besetzungen und Demonstration auch ohne direkte Ausführung von Vandalismus oder Gewalt die gewalttätigen Reaktionen von Seiten des Staates.[37] In der *BBA* spalteten sich die Meinungen, dort trafen vergleichsweise militante auf pazifistische Strömungen. Der Widerstand reichte von der Teilnahme an Sitzblockaden, von denen man sich friedlich wegtragen ließ, bis hin zum Sprengen von Strommasten und Nahkämpfen mit der Polizei.[38] Auch wenn die *BBA* nicht offiziell zu Gewalt aufrief, wurde die existierende Militanz doch als Teil der Bewegung akzeptiert. So kommentierte die *Caramba* – eine von *BBA*-Mitgliedern herausgegebene Zeitung, in der Stimmen aus der Bewegung ein Forum gegeben wurde – eine Strommastsprengung militanter Gruppen mit den

---

[35] Vgl. Interview mit Uwe Voigt.
[36] Vgl. Jansen, 146.
[37] Vgl. Interview mit Peter Willers.
[38] Vgl. Interview mit Achim Saur.

Worten: „Die beste Aktion überhaupt."[39] Die Mehrheit der *BBA*- Mitglieder empfand den Wahlspruch der ersten Bremer Grünen Liste, der Gewaltfreiheit propagierte, dann auch als falsches Signal der Bewegung an Regierung und Öffentlichkeit. „Da wirkte ein Lagerdenken, vor allem angesichts der permanenten staatlichen Politik, die zwischen ‚Militanten' und ‚Friedlichen' trennen wollte."[40]

Die Gewaltdiskussion wurde in besonderem Maße in die Vollversammlungen getragen, an denen auch die Mitglieder des *Arbeitskreises* und aller anderer Organisationen teilnahmen, und die durch die Anhänger der K-Gruppen partiell intensiviert wurde. Umstritten ist bis heute, von welcher Seite aus die Gewaltdebatten radikalisiert wurden. Ziel der K-Gruppen, so Peter Willers,[41] war es über die Beteiligung in der Anti-AKW-Bewegung Anhänger für ihre ideologischen Ziele, vor allem Ablehnung der Demokratie und des damit verbundenen Gewaltmonopols des Staates, zu gewinnen. Die in den 80er Jahren sich formierenden Autonomen teilten zumindest diese Ziele mit den K-Gruppen, wenngleich sie mit deren hierarchischen Strukturen und anderen ideologischen Versatzstücken wenig gemein hatten. Ob es den K-Gruppen gelungen war, die Anti-AKW-Bewegung zu instrumentalisieren, darüber gingen und gehen die Meinungen auseinander. Die Diskussion über die Haltung gegenüber dem Staat und der Gewaltfrage führte letztlich dazu, dass sich innerhalb der Bewegung einzelne Lager herausbildeten. Die militanten Aktionen und die Gewaltausübung Einzelner formten in den Medien ein generalisiertes Bild der gesamten Bewegung. Dieses Bild führte in der Gesellschaft zu einer kollektiven Wahrnehmung der Anhänger der Bewegung als radikale Gewalttäter und erschwerte die

---

[39] Caramba, Nr.12, vom 24.11.1981, 10.

[40] Interview mit Achim Saur.

[41] Vgl. Interview mit Peter Willers.

Versuche einzelner Initiativen einen gemeinsamen Widerstand zu organisieren.

Ein Beispiel verdeutlicht das besonders: Im Vorfeld der zweiten Brokdorf-Demonstration, am 13. November 1976, wurde auf der Vollversammlung ein Plan entwickelt, der es ermöglichen sollte, den mehrere Meter breiten Baugraben zu überqueren, der den Bauplatz schützen sollte. Dazu waren Allen Aufgaben zugewiesen worden, passend gesägte Bretter, Werkzeuge und andere Baumaterialien auf einzelne Personen verteilt und die Baumstämme, die als Basis für die Brücke dienen sollten, bei einem der Bauern in der Wilster Marsch, ganz in der Nähe des ausgewählten Grabenabschnitts, deponiert worden. Als die Mitglieder der *BBA* und des *Arbeitskreises* an besagtem Hof ankamen, waren die Bäume bereits von den Mitgliedern der KPD entwendet und weiterverarbeitet worden, was sie unbrauchbar für ihren eigentlichen Zweck machte.[42]

Wie sehr die einzelnen Initiativen sich zum Teil voneinander unterschieden und in welchem Verhältnis sie zueinander standen, beschreibt Peter Willers aus Sicht der *Bürgeraktion Küste* und des *Arbeitskreises* folgendermaßen: „Es gab immer ausgesprochene oder unausgesprochene Animositäten. Wir waren die Bürgerlichen und die anderen waren die Guten oder die Linken oder was auch immer!"[43] Betrachtet man die unterschiedlichen politischen Lager, aus denen die Aktivist_innen kamen ist eine stückweise Instrumentalisierung der Bewegung nicht auszuschließen. Auseinandersetzungen aufgrund unterschiedlicher politischer Ideologien haben sich nicht vermeiden lassen. Trotz der Differenzen einzelner und kollektiver Akteure untereinander, blieb die Anti-AKW-Bewegung über lange Zeit in

---

[42] Ebd.

[43] Interview mit Peter Willers

Bremen bestehen. Das oftmals überzogene Vorgehen von Polizei und Staat gegen die Bewegung führte in der Regel anstelle von Zersplitterung zu Solidarisierung der einzelnen Gruppen untereinander. Die Bauplatzbesetzung in Gorleben, die Erfahrungen mit den dortigen Landwirten und schließlich auch das Unglück von Tschernobyl sicherten ein Andauern der Bewegung über Jahrzehnte hinweg und legten den Grundstein für den heutigen Erfolg Grüner Politik.

F. Prominente Beispiele für Atomkraftgegner

Im Folgenden werden exemplarisch zwei Personen, die in geschichtlichem Zusammenhang mit dem atomkritischen Engagement in Bremen stehen und die Brisanz und die Omnipräsenz der Thematik verdeutlichen, vorgestellt: Am Beispiel des ehemaligen Hochschullehrers der Universität Bremen, Prof. Dr. Jens Scheer, soll der Kampf gegen die Atomenergie aus einer wissenschaftlichen Perspektive heraus verdeutlicht werden. Michael Duffke hingegen spiegelt den Protest vom Blickwinkel des linken Milieus aus wider. Beiden ist gemein, dass sie durch ihren Kampf gegen die Kernenergie in Konflikte mit dem Gesetz gerieten, was ihr Leben tiefgreifend veränderte.

I. Jens Scheer
Vom Befürworter zum Gegner

Jens Scheer, der am 30. Mai 1935 in Hamburg geboren wurde, war von 1971 bis 1994 an der Universität Bremen als Physik-Professor tätig; sein Forschungsschwerpunkt lag auf dem Gebiet der Kernenergie. Mitte der 1950er Jahre begann in der BRD eine intensive Erforschung der

Kernenergie, in die laut Scheer erhebliche Summen an Forschungsgeldern flossen.[44] Zu dieser Zeit gehörte er zu den absoluten Befürwortern der neuen Technologie und schaute nach eigenen Aussagen beinahe hochmütig auf die Atomgegner_innen herab.[45] 1962 promovierte er in Heidelberg und erhielt eine Anstellung am Hahn-Meitner Institut für Kernforschung in Berlin. Dort betätigte er sich, wie auch schon in Heidelberg, im SDS (Sozialistischer Deutscher Studentenbund) und nahm engagiert an der Studentenrevolte teil, die zu eben dieser Zeit ihre Hochphase hatte. Seine politische Heimat fand er schließlich in der zu Beginn der 1970er Jahre gegründeten maoistischen KPD.[46]

Nach der Habilitation in Westberlin erhielt er 1971 einen Ruf an die gerade gegründete Reformuniversität in Bremen und gehörte somit zu den Professor_innen der „ersten Stunde": Die Reformuniversität befand sich im Aufbau, was Scheer und den anderen Mitarbeiterinnen und Mitarbeitern die Möglichkeit gab, dort aktiv an der Gestaltung mitzuwirken. Reform bedeutete in diesem Zusammenhang, „Wissenschaft und Lehre in die Gesellschaft zurückzuverlagern"[47], was laut Scheer allerdings nach viel zu kurzer Zeit durch politische und marktwirtschaftliche Gründe wieder „aufgeweicht" wurde.

In Bremen änderte er schließlich auch seine Meinung zur Atomkraft: Aufgefordert durch Aktive des *Arbeitskreises gegen radioaktive Verseuchung*, sollte er an der Vorbereitung der Zivilklage gegen das AKW Unterweser mitarbeiten und die Gefährlichkeit der Kernenergie vom wis-

---

[44] Zentrales Archiv der Universität Bremen: Akte 7/p-Nr.2704, Sonderseiten zum Tod von Jens Scheer, in: Red Flex, 10.1994, 4.

[45] Art.: Ulrich Stock „Der gefragte Gegner", in: Die Zeit vom 23.05.1986.

[46] Sonderseiten zum Tod von Jens Scheer, 4 – 5; zum Werdegang siehe auch: Jens Scheer, in: Gorleben und Bartensleben sollen leben, Köln 1979, 48 – 54.

[47] Sonderseiten zum Tod von Jens Scheer, 5.

senschaftlichen Standpunkt aus darlegen.[48] Die Bürgerinitiative legte ihm zudem die atomkritische amerikanische Literatur ans Herz und eröffnete ihm damit einen neuen Blickwinkel auf die Technologie.[49] Daraufhin riefen Scheer und einige seiner Kolleginnen und Kollegen schließlich das Projekt *SAIU*, kurz für *Schadstoffbelastung am Arbeitsplatz und in der Industrieregion Unterweser*, ins Leben, woraus die Broschüre „Zum richtigen Verständnis der Kernenergie, 66 Erwiderungen" hervorging. Sie war die Antwort auf eine Propagandaschrift von Energie-Versorgungsunternehmen, die die verbreitete Angst vor der Kernenergie mäßigen sollte.[50] Die, wie Scheer verdeutlichte, gezielte Unterdrückung kritischer Forschung zur Kernenergie zugunsten wirtschaftlicher Interessen und die Versuche der Forscher, sich dennoch Gehör zu verschaffen, ließen ihn einen mehr und mehr skeptischen bis ablehnenden Standpunkt zum Thema Atomkraft einnehmen.[51] Es waren gerade diese Erfahrungen, die Jens Scheer in die Anti-AKW-Bewegung führten. Aufgrund seiner Publikationen und der Unterstützung im Esenshamm-Prozess wurde er zum gefragten Redner bei Kundgebungen, Demonstrationen, Mahnwachen und Besetzungen an AKW-Standorten in ganz Deutschland, u. a. an den Schauplätzen Unterweser, Wyhl, Kalkar, Brokdorf, Grohnde, Gorleben und vielen anderen.[52] Doch auch praktisch betätigte sich Scheer an den Protesten, beispielsweise durch aktive Teilnahme an

---

[48] Ebd., 6.

[49] Scheer, Gorleben und Bartensleben, 51.

[50] Sonderseiten zum Tod von Jens Scheer, 6.

[51] Scheer, Gorleben und Bartensleben, 51 – 54.

[52] Bsp.: Scheer, Gorleben und Bartensleben, 43 – 47: Rede in Hamburg am 05.11.76; Staatsarchiv Bremen Akte 7,191 – 15: Rede in Hannover am 10.06.78; Staatsarchiv Bremen Akte 7,191 – 17: Rede in Wackersdorf am 25.10.85; Staatsarchiv Bremen Akte 7,191 – 17: Rede in Wackersdorf am 11.12.85; Staatsarchiv Bremen Akte 7,191 – 17: Rede in Salzgitter vermutlich am 11.05.86.

Bauplatz-Besetzungen in Brokdorf, was dazu führte, dass er sich vermehrt mit der Gewaltfrage innerhalb der Bewegung wie innerhalb der KPD auseinandersetzte.[53] In diesem Engagement – es wird berichtet, dass er tatsächlich „seine gesamte Autorität als Physik-Professor in die Waagschale"[54] warf – lag sicherlich schon der Keim zu den Konflikten in Zusammenhang mit seinem Berufsverbot.

1974 wurde ein Berufsverbotsverfahren[55] gegen ihn eingeleitet, das sich auf seine Mitgliedschaft in der KPD, im nationalen Vietnam-Komitee, sein Verhalten bei einer Protestversammlung gegen die Gründung des RCDS der Bremer Universität und auf Äußerungen bei Anti-AKW-Veranstaltungen stützte.[56] Oberstaatsanwalt Pawlik warf ihm vor, damit „gegen die Verpflichtung verstoßen zu haben, sich durch sein gesamtes Verhalten zu der freiheitlichen demokratischen Grundordnung im Sinne des Grundgesetzes zu bekennen und für deren Erhaltung einzutreten [...]".[57] Im Dezember 1975 wurde das Hauptermittlungsverfahren gegen Scheer eingeleitet, was mit einer Suspendierung vom Dienst und einer Gehaltskürzung um ca. 50% einherging. Dieses Verbot war allerdings praktisch unwirksam, da einige Kolleg_innen ihm die Möglichkeit gaben, unter ihrem Namen weiterhin Lehrveranstaltungen anzubieten und durchzuführen, sowie seine

---

[53] Art.: „Zäune umlegen, auf den Bauplatz vordringen", in: Der Spiegel vom 14.02.1977, 89 – 90.

[54] Sonderseiten zum Tod von Jens Scheer, 6.

[55] S. zum Begriff „Berufsverbot": http://www.juraforum.de/lexikon/berufsverbot-strafrecht; Zugriff: 04.07.2011.

[56] Archiv der sozialen Bewegungen: Broschüre: „Komitee Jens Scheer muss Hochschullehrer bleiben. Dokumente zum Fall Scheer", hrsg. vom Komitee 14.10.77, 2, 18; Staatsarchiv Bremen Akte 7,191 – 15: Flugblatt „Wir wollen Jens!"; Vgl. bzgl. Äußerungen auf Anti-AKW Veranstaltungen (bes. sozialistischer Art): Scheer, Gorleben und Bartensleben, 43 – 47.

[57] Broschüre „Komitee Jens Scheer muss Hochschullehrer bleiben. Dokumente zum Fall Scheer", 5.

Forschungen zu betreiben. Das bedeutete, dass z. B. zwar die Namen anderer Dozentinnen und Dozenten im Lehrplan auftauchten, praktisch aber Jens Scheer der Durchführende war.[58]

Brisant wurde dieser Fall, weil einige Richter sich selbst als befangen und damit beurteilungsunfähig einstuften oder von der Staatsanwaltschaft als nicht neutral bewertet wurden.[59] Das Verfahren wurde letztlich, auf Drängen des Bürgermeisters Koschnick, unter Leitung des Vorsitzenden Richters Georg-Wilhelm Wolf fortgesetzt, der sich im Vorfeld allerdings ebenfalls selbst für befangen erklärt hatte, da er zahlreiche Ämter in der CDU innehatte und deshalb meinte, in diesem politischen Prozess kein neutrales Urteil abgeben zu können. Koschnick hatte die Justiz jedoch aufgefordert, „endlich mit dem Scheer-Prozeß [sic!] zu Potte zu kommen".[60] Der entscheidende Gerichtstermin war am 22. April 1980.

Richter Pottschmidt war es schließlich, der dem langen Prozess am Oberverwaltungsgericht ein Ende setzte; es handelte sich bei diesem Verfahren bereits um die Revision eines früheren Urteils der Disziplinarkammer vom 6. Juni 1979, das mit einem Berufsverbot für Jens Scheer geendet hatte. Durch einen Formfehler, der zur Weiterleitung des Verfahrens an den Disziplinarhof geführt hatte, konnte es diesen erneuten Gerichtstermin geben. Besonders wichtig für den neuerlichen Gerichtstermin war, wie Pottschmidt verdeutlichte, die Auflösung der KPD und der damit einhergehende „Sinneswandel" Scheers: Während die Partei im Jahre 1979 noch bestand,

---

[58] Ebd., 2; s. auch Scheer, Gorleben und Bartensleben, 49 – 50: Scheer äußert sich in einer anderen Gerichtsverhandlung über das Berufsverbotsverfahren und bes. zu seiner politischen Einstellung (Mitgliedschaft und Ziele in der KPD).

[59] Broschüre „Komitee Jens Scheer muss Hochschullehrer bleiben. Dokumente zum Fall Scheer", 19.

[60] Ebd., 18.

hatte sie sich im April 1980 bereits aufgelöst.[61] Dies korrespondiert mit den am 22. April 1980 gemachten Aussagen Scheers, er habe einen Denkprozess durchgemacht und würde das Parteiprogramm im Nachhinein auch nicht mehr befürworten.[62] Zum zweiten für das Gericht wichtigen Punkt, zur Gewaltfrage, äußerte Scheer sich wie folgt: „Ich habe das Programm nie so eng aufgefaßt [sic!], ein bewaffneter Putsch war für mich damals schon ausgeschlossen. Ich habe es nur nicht gesagt, da die Partei so dogmatisch war. [...] Ich habe erkannt, daß [sic!] gewalttätige Politik keinerlei gesellschaftlichen Hintergrund in der Bundesrepublik hat."[63]

So wie Jens Scheer in der Gesellschaft polarisierte, waren auch die berichtenden Zeitungen unterschiedlicher Meinung über den politisch engagierten Kernkraftgegner. Die *Nordsee-Zeitung* aus Bremerhaven widmete dem Ausgang des Disziplinarverfahrens nur einen kleinen Ausschnitt in ihrer Ausgabe, zeigte sich jedoch neutral: So wurde keine Wertung gegenüber der KPD oder der politischen Einstellung Scheers insgesamt abgegeben, sondern reine Fakten vermittelt.[64] Anders sieht es im *Weser Kurier* aus: Hier ist von einem „jahrelangen Gerangel"[65] die Rede, die KPD wird als „politisch unbedeutende Splittergruppe"[66] bezeichnet. Zudem sieht der *Weser Kurier* die Distanzierung Scheers von der KPD als „späte Reue"[67] an,

---

[61] Art.: „Professor Scheer darf wieder unterrichten", in: Nordsee-Zeitung vom 23.04.1980; Art.: „Scheer darf an die Universität zurück", in: Weser Kurier vom 23.04.1980, 10; Staatsarchiv Bremen Akte 7,191 – 4: „Jens Scheer bleibt Hochschullehrer", in: Bremer Universitätszeitung, Nr. 7, 09.05.1980.

[62] Art.: „Professor Scheer darf wieder unterrichten", in: Nordsee-Zeitung vom 23.04.1980.

[63] Art.: „Scheer darf am die Universität zurück", in: Weser Kurier vom 23.04.1980.

[64] Art.: „Professor Scheer darf wieder unterrichten", in: Nordsee-Zeitung vom 23.04.1980.

[65] Art.: „Scheer darf am die Universität zurück", in: Weser Kurier vom 23.04.1980, 10.

[66] Ebd.

[67] Ebd.

was jedoch schwer zu beurteilen gewesen sein dürfte. Ein Unterschied in der Einstellung zu Jens Scheer ist nicht zuletzt bereits an den Überschriften der Artikel zu sehen: Während die *Nordsee-Zeitung* Scheer mit seinem Titel benennt und auf seine Lehrtätigkeit verweist („Professor Scheer darf wieder unterrichten"[68]), begnügt sich der *Weser Kurier* mit einem schlichten „Scheer darf an die Universität zurück".[69]

Aus der Bremer Universitätszeitung vom 9. Mai 1980 lässt sich schließlich ermessen, mit welchen Konsequenzen das Gerichtsverfahren für Scheer ausgegangen ist: Er erhielt eine Gehaltskürzung um ein Fünftel für die Dauer von drei Jahren und hatte die Verfahrenskosten selbst zu tragen. Die Universität selbst – dies lässt sich aus den Worten des damaligen Rektors Wittkowsky schließen – stand hinter Scheer. So hieß es in einer in der Universität verteilten Stellungnahme mit Zitaten des Rektors: „Die Universität kann hierin zwar einen ersten Schritt zur Bestätigung ihrer wiederholt geäußerten Auffassung, daß [sic!] >die politische Gesinnung eines Hochschullehrers nicht zum Gegenstand eines Disziplinarverfahrens und schon gar nicht zur Entfernung aus dem öffentlichen Dienst führen dürfe<, sehen."[70] Anhand der verhängten Dienststrafe sei aber zu erkennen, dass sich diese Auffassung „keineswegs vollständig durchgesetzt hat."[71] Wittkowsky sprach die Hoffnung aus, dass man jetzt „zu einer für alle Kollegen akzeptablen Zusammenarbeit im Rahmen der Aufgaben der Universität […]"[72] gelangen könne. Hoffnung bestand für ihn besonders durch Äußerungen

---

[68] Art.: „Professor Scheer darf wieder unterrichten", in: Nordsee-Zeitung vom 23.04.1980.

[69] Art.: „Scheer darf am die Universität zurück", in: Weser Kurier vom 23.04.1980, 10.

[70] Staatsarchiv Bremen Akte 7,191 – 4: „Jens Scheer bleibt Hochschullehrer", in: Bremer Universitätszeitung, Nr. 7, 09.05.1980; hinzugefügt werden muss an dieser Stelle, dass noch weitere Verfahren gegen Scheer liefen, s. Sonderseiten zum Tod von Jens Scheer, 6.

[71] Ebd.

[72] Ebd.

Jens Scheers vor Gericht: Dieser sagte, dass seine Haltung „nicht nur das Akzeptieren anderer Meinungen unter den Student_innen, sondern auch unter meinen Kollegen"[73] einschließe. Somit lässt sich festhalten, dass Rektor Wittkowsky Politik und Lehre klar trennte und politische Ansichten und Differenzen einzelner Hochschullehrerinnen und Hochschullehrer – auch untereinander – als nicht dienst-relevant einstufte. Wittkowsky verfolgte jedoch weiterhin die Äußerungen bzw. das politische Engagement Scheers, wie sich an einem Brief an diesen vom 11. Juni 1981 zeigt: Wittkowsky hinterfragte kritisch Aussagen, die Scheer in einem Beitrag für die TAZ vom 30. Juli 1980 gemacht hatte; so zitiert er einen Ausschnitt aus Scheers Beitrag: „Dieses Schwinden der Loyalität, dies Abbröckeln des Vertrauens in die staatlichen Institutionen zu fördern, das ist also – über den konkreten Anlaß [sic!] hinaus – der politische Sinn der selbständigen [sic!] Kämpfe der Menschen gegen einzelne Atomanlagen."[74] Der Rektor fragt weiter, ob es Scheers Absicht sei, einen Vertrauensverlust an der Regierung herbeizuführen und schreibt: „[Sie] […] kritisieren die Aktionen bei Gorleben vor allem deswegen, weil die Garantie der Gewaltfreiheit zu stark betont worden sei."[75] Wittkowsky bringt sein Erstaunen über diese Worte Jens Scheers zum Ausdruck, zumal der Disziplinarhof ihn ausdrücklich wegen seiner Distanzierung u. a. zu radikalen Aktionsformen nicht endgültig suspendiert habe. Außerdem hakt er nach, ob die Festlegung auf Gewaltfreiheit wirklich Scheers Kritik fände und ob er tatsächlich vielfältige Widerstandsaktionen

---

[73] Ebd.

[74] Staatsarchiv Bremen Akte 7,191 – 4: Brief von Wittkowsky an Scheer; die späte Reaktion Wittkowskys auf Scheers Beitrag wurde vom Rektor nicht begründet.

[75] Ebd.

befürworte. Abschließend wünschte der Rektor eine Stellungnahme Scheers; diese ist leider nicht dokumentiert.[76]

In den Jahren nach seinem Berufsverbot gab Jens Scheer das Engagement gegen die Kernenergie keineswegs auf: Seine Unterlagen lassen darauf schließen, dass er tatsächlich eine der zentralen Personen im Rahmen des Widerstands war. Er erhielt Informationen und Einladungen zu Redebeiträgen aus ganz Deutschland[77] und agierte auch international, so u. a. in der Schweiz und in den USA, beispielsweise im Zusammenhang mit der Hilfe für den DDR-Atomphysiker Rolf Schälike. Dieser betrieb u. a. kritische Kernforschung in der DDR, was zur Ablehnung seines Ausreise- bzw. BRD-Übersiedlungsantrages und schließlich zur Verhaftung führte. In diesem Fall hatte Scheer viele prominente Unterstützer_innen auf seiner Seite, unter ihnen Helmut Kohl, Heinrich Böll, Willy Brandt und Hans-Dietrich Genscher. Scheer schrieb zudem einen persönlichen Brief an Erich Honecker, in dem er zur Freilassung Schälikes aufrief.[78]

Besonders in der Zeit nach Tschernobyl war er ein gefragter Wissenschaftler, wenn es um die Einschätzung der Situation ging. Seine Sicht: „Tschernobyl ist ein trauriger Triumph."[79] Bis zu seinem Tod am 18. Juli

---

[76] Ebd.

[77] Bsp.: Staatsarchiv Bremen Akte 7,191 – 17: Einladung der Grünen Gronau zu einer Rede; Staatsarchiv Bremen Akte 7,191 – 17: Rede in Wackersdorf am 12.10.85; Staatsarchiv Bremen Akte 7,191 – 17: Rede in Salzgitter vermutlich am 11.05.86; Staatsarchiv Bremen Akte 7,191 – 17, 7,191 – 18, sowie: Unbekannter Verf.: „Bundeskongreß [sic!] der Atomgegner weicht jetzt in das Umland aus", in: Mittelbayerische Zeitung Regensburg vom 29.11.86: Verlauf der Bundeskonferenz der AKW-Gegner_innen in Regensburg.

[78] Staatsarchiv Bremen Akte 7,191 – 15: Hilfe für den DDR-Atomphysiker Rolf Schälike.

[79] Art.: Ulrich Stock „Der gefragte Gegner", in: Die Zeit vom 23.05.1986.

1994 arbeitete Jens Scheer weiter an der Erforschung der Kerntechnik und blieb ein entschiedener Atomkraftgegner.[80]

II. Der Fall „Michael Duffke" im Brokdorf-Prozess

Michael Duffke wurde 1945 in Torgau, Sachsen geboren und wuchs in Ost-Berlin auf. Nach dem er eine Ausbildung zum Betonbauer abgeschlossen hatte, floh Michael Duffke nach West-Deutschland. Nach verschiedenen wechselnden Wohnorten zog er 1976 nach Bremen, wo er sich in Bürgerinitiativen und Stadtteilgruppen engagierte, wobei er offenkundig eher dem radikaleren Flügel angehörte. Dabei war er immer sehr stolz auf seine Herkunft als Arbeiter und wurde in seinen politischen Ideen laut seinem damaligen Anwalt eher als „Handelnder, nicht so der Mann für die Theorie"[81] gesehen.

Am 28. Februar 1981 versammelten sich trotz Demonstrationsverbot rund 100.000 Menschen in der Wilstermarsch bei Hamburg, um gegen den Bau des Atomkraftwerks Brokdorf zu protestieren. Zwei Tage nach diesem Ereignis erhob die Staatsanwaltschaft Anklage gegen zwei der Demonstrierenden, Michael Duffke und den Schüler Markus Mohr. Anfang der 1980er Jahre kam es in Itzehoe dann zu einem großen Prozess, dem sogenannten *Brokdorf-Prozess*. Obwohl dieser Prozess nicht der erste in der Baugeschichte des AKWs Brokdorf war, erregte er sowohl in Deutschland als auch im Ausland großes Aufsehen, da laut Meinung der AKW-Gegner_innen an ihm beispielhaft für die ganze Bewegung einzelne Gegner_innen kriminalisiert und hoch verurteilt werden sollten.

---

[80] Sonderseiten zum Tod von Jens Scheer, 1 – 3.
[81] Interview mit Gerhard Baisch vom 27.6.2011.

Bereits vor der Demonstration war es durch die Presse zur Hetzjagd gegen die Teilnehmer_innen gekommen. So schrieb die *Wilstersche Zeitung*, dass militante Gegner_innen sogar „den Tod eines oder mehrerer Polizisten in Kauf nehmen werden."[82] Die Anwohner sollen systematisch in Angst versetzt worden sein und die Gewaltbereitschaft auf Seiten der Demonstrierenden wurde sehr hoch eingestuft.[83] Am Tag der Demonstration rückte die Polizei mit einem Großaufgebot von 13 000 Beamten an, um zu verhindern, dass die Demonstrierenden den Bauplatz besetzen. Seit dem Baubeginn 1976 kam es immer wieder zu teilweise gewaltvollen Demonstrationen, so dass schließlich ein Bauzaun um das Baugelände errichtet wurde, als Schutz vor Eindringlingen. Laut eigener Aussage des saarländischen Beamten Rolf Schütt machte das Sondereinsatzkommando (SEK) an diesem Tag gezielt Jagd auf einzelne Gegner_innen, die auf den Bauplatz eindringen wollten.[84] Im Laufe des Einsatzes wurde Schütt jedoch von seiner Einheit getrennt. Laut Prozessunterlagen stürzte er beim Versuch zu seinen Kollegen zurückzukehren in einen Graben und brach im Eis ein. Daraufhin wurde er von vier oder fünf Demonstrierenden unter Wasser gedrückt und am Herausklettern aus dem Graben gehindert. Der Angeklagte Michael Duffke aus Bremen soll dabei mit einem Knüppel auf den Kopf des Polizeibeamten eingeschlagen haben. Der Angeklagte Markus Mohr habe dafür eine Schaufel benutzt.[85] Durch einen weiteren Einsatz von Wasserwerfern und friedlichen Demonstrierenden wurde Schütt schließlich

---

[82] Art.: „Zum letzten Mal gegen Brokdorf", in: Wilstersche Zeitung vom 22.01.1981.

[83] Vgl. Interview mit schleswig-holsteinischem Ministerpräsidenten Stoltenberg, in: Bild-Zeitung vom 21.2.1981.

[84] Vgl. Art.: „Ich dachte, sie erschießen mich mit meiner eigenen Pistole", in: Elmshorner Nachrichten vom 3.3.1981.

[85] Vgl. o.A.: Dokumentation zum Brokdorf-Prozess, 48.

geholfen und ärztlich versorgt. Er erlitt Unterkühlungen und eine leichte Gehirnerschütterung.

Die Angeklagten selbst äußerten sich nie zum sogenannten Grabenvorfall. Auch das Opfer, der SEK-Beamte Schütt, war nicht in der Lage die beiden Angeklagten als Täter zu identifizieren. Die Staatsanwaltschaft Itzehoe fahndete mithilfe eines Fotos, das der Stern veröffentlicht hatte, nach den Tätern, für Hinweise, die zur Ergreifung führen würden, gab es eine Belohnung von 5.000 DM. Zunächst wurde wegen gemeinschaftlichen Mordversuchs gefahndet, diese Anklage musste aber fallen gelassen werden, als klar wurde, dass der attackierte SEK-Beamte nicht lebensbedrohlich verletzt worden war. Das Fahndungsfoto des Pressefotografen Tobias Heldt diente als einziges Identifikationsmittel. Zur genauen Personenbestimmung wurde eigens ein Experte hinzugezogen, dessen Methoden jedoch zweifelhaft und wissenschaftlich nicht anerkannt waren.[86] Diese Tatsache wurde häufig kritisiert. Der damalige Vorsitzende der BBU Jo Leinen äußerte sich im Nachhinein wie folgt dazu: „Das war die Fortsetzung der Hetze. Mit diesem Bild vom Wassergraben wurde versucht, Mord und Totschlag zu kolportieren. Zum Glück gab es nach der Demonstration dann doch eine große Solidarität, um die Kriminalisierung der Atomgegner zu verhindern"[87]. Duffkes Anwalt Gerhard Baisch äußerte im Interview, dass in diesem Prozess nicht die Anklageschrift tragend war, sondern, dass gegen ein Foto gekämpft wurde. Die psychologische Wirkung davon war groß, jedoch wurden die stilistischen Mittel bei der Beweisaufnahme außen vor gelassen.[88]

---

[86] Vgl. ebd., 76.
[87] Art.: „Dann war klar: Wir kommen!", in: Taz vom 28.02.1996.
[88] Vgl. Interview mit Gerhard Baisch vom 27.06.2011.

Der Prozess stieß deshalb auf so großes öffentliches Interesse, weil allgemein ein politisches Urteil erwartet wurde. Es wurde angenommen, dass die Bundesregierung ein Exempel statuieren wollte. Das Gerichtsverfahren diente somit nicht in erster Linie der Anklage der Beschuldigten, sondern der Abschreckung, vor allem aber der Kriminalisierung aller AKW-Gegner_innen innerhalb der Bundesrepublik.[89] Wegen gemeinschaftlicher Körperverletzung und Verstoß gegen das Versammlungsgesetz wurde Michael Duffke vor dem Landgericht Itzehoe zu fünfeinhalb Jahren und Markus Mohr zu drei Jahren Haft verurteilt. Im Gegensatz zu früheren Urteilen bei ähnlichen Sachverhalten waren diese unverhältnismäßig hoch, welches die AKW-Gegner_innen in ihrer Meinung der bewussten Kriminalisierung der Bewegung nur bestärkte. Die Staatsanwaltschaft hatte zunächst jedoch ein geringeres Strafmaß gefordert, erhöhte dieses dann aber auf Weisung des schleswig-holsteinischen Justizministeriums hin.[90] Auch dieses Detail wurde als Beweis dafür gesehen, dass die Bundesregierung versuchte die AKW-Gegner_innen zu disziplinieren. Die Verteidiger legten Revision ein, so dass der Bundesgerichtshof in zweiter Instanz das Verfahren an das Landgericht in Kiel verwies. Dort wurde Michael Duffkes Strafe auf zwei Jahre und drei Monate vermindert, da er davon aber schon über 2/3 der Zeit abgesessen hatte, wurde kein neuer Haftantrag gestellt.

Wegen anderer Vergehen musste Duffke dann doch noch ins Gefängnis, konnte später jedoch wieder als Baufacharbeiter tätig werden, in der Bewegung allerdings trat er weiter nicht mehr in Erscheinung. Sein Mitangeklagter Markus Mohr hingegen wurde ein gefragter Redner und Aktivist und publizierte später noch einige Schriften zur Atom-Problematik.[91]

---

[89] Vgl. Ebd., Einleitung.

[90] Vgl. Art.: „Anklagevertreter handelte auf ministerielle Weisung", in: Taz vom 5.5.1982.

[91] Vgl. Interview mit Gerhard Baisch vom 27.6.2011.

Während des Prozesses solidarisierten sich verschiedene Gruppen mit den beiden Angeklagten. Im Gerichtssaal selbst kam es häufig zu Ausschreitungen, Sprechchöre wurden angestimmt und Plakate hochgehalten, so dass es mehrmals zum Ausschluss der Öffentlichkeit kam. Am 28. Juni 1981 kam es vor dem Gerichtsgebäude in Itzehoe zu einer Demonstration. Deutschlandweit wurde eine *Prozeß-Info* gedruckt, um über den momentanen Stand und den Verlauf des Prozesses zu informieren, da es Seitens der Medien zu einer vergleichbar einseitigen Berichterstattung gekommen war. Auch der Grünen-Politiker Joschka Fischer sprach sich in Namen seiner Partei für die Solidarisierung mit den Angeklagten aus.[92] Vor allem in Norddeutschland schlug das Verfahren große Wellen. In Hamburg war das Zentrum des Protests, jedoch wurden auch viele Aktionen aus Bremen organisiert. Auch im Ausland stieß der Prozess auf Interesse. Dem Bremer Hochschullehrer Jens Scheer, der sich zur Zeit des Prozesses in den USA aufhielt, gelang es die Menschen dort zu mobilisieren, was dazu führte, dass sich vor allem Kitty Tucker, damalige Vorsitzende des *Natural Guard Fund*, für die beiden deutschen AKW-Gegner einsetzte. Um zu verdeutlichen, dass der Prozess auch international Aufmerksamkeit erregt, verbreitete sie Prozess-Informationen in den Vereinigten Staaten und rief dazu auf, Briefe an Richter und Angeklagte zu schicken.[93] Dazu sollen sich sogar Kongressabgeordnete bereiterklärt haben.[94]

In Bremen gründete sich der *Bremer Ermittlungsausschuss zur Solidarität mit Michael Duffke und Markus Mohr*. Die BBA veröffentlichte das Buch *Dokumentationen zum Brokdorf-Prozess*, in welchem Zeitungsar-

---

[92] Vgl. Brief von J. Fischer an J. Scheer vom 26.4.84, in: Staatsarchiv Bremen [7,191-17].

[93] Vgl Flugblatt des NGF: „Action Alert", in: Staatsarchiv Bremen [7,191-16].

[94] Vgl. Scheer: „Vermischtes aus den U$$A" vom 19.10.1982, in: Staatsarchiv Bremen [7,191-16].

tikel, Anklageschriften, Briefe und Ähnliches dokumentiert waren. Immer wieder wurde zu Unterschriften aufgerufen, vor allem aber zu Briefen an den Vorsitzenden Richter Selbmann, in denen man sich gegen den Prozess äußerte. Zudem gab es in diversen Städten eine Konzertreihe. Das Solidaritätskonzert für Brokdorf-Angeklagte fand am 22. November 81 in der Stadthalle IV in Bremen statt. Es diente dazu, sich öffentlich Gehör zu verschaffen und forderte die Revision des Urteils. Dabei wurden von Peter Willers, Markus Mohr und Duffkes Anwalt Gerhard Baisch Reden gehalten.[95]

In der Solidarisierung mit den Beschuldigten wurde die Anti-AKW-Bewegung wieder neu zusammengeschweißt. Allgemein einigte man sich darauf, in der Zeit des Prozesses die Gewaltfrage nicht neu zu auszuhandeln. Die Spaltung in friedliche und gewaltbereite Lager stand vorher unmittelbar bevor. Doch im Protest gegen den Prozess und die Urteile, sowie seine politische Komponente verbündete man sich erneut um gegen den gemeinsamen Feind, den Staat und seine Unterdrückung zu kämpfen.

G. Ende des Widerstands oder Neuformierung
Was bleibt?

Betrachtet man die Anti-AKW-Bewegung in Bremen, so zeigt sich, dass die Mitglieder der Bewegung aus den unterschiedlichsten sozialen Schichten und politischen Lagern kamen, unter ihnen fanden sich „militante

---

[95] Vgl. Flugblatt „Solidaritätskonzerte – Freiheit für Michael Duffke und Markus Mohr", in: Archiv der soz. Bewegungen.

Autonome und bürgerliche Naturschützer."⁹⁶ Viele Kernkraftgegner_innen investierten den Großteil ihrer Zeit in den friedlichen Widerstand gegen wirtschaftspolitische Entscheidungen der Bundesregierung. Der umfassende Einfluss, den die Bewegung auf viele Menschen in der Anfangs- und Hochphase, während der 1970er und 1980er Jahre, hatte, lässt sich auch durch das soziokulturelle Wertesystem vieler Menschen und durch das Lebensgefühl, welches durch die Bewegung transportiert wurde, erklären.⁹⁷ Die Bewegung fand unter anderem deshalb so viele Anhänger, weil sie originell, abwechslungsreich und spontan war und weil es ihr gelang deutlich wahrnehmbare Erfolge zu verzeichnen.⁹⁸

Anhand der Gespräche mit den ehemaligen Aktiven, die sich während der 1970er und 1980er Jahre in den verschiedenen Initiativen engagierten, zeichnet sich ein sehr positives Bild der Anti-AKW-Bewegung in Bremen ab. Geradezu pathetisch berichten die Befragten teilweise über das Engagement, getrieben von der Aufbruchsstimmung einer Generation. Dass die Bewegungsszene aber auch immer wieder – und das bereits in den frühen Jahren – damit zu kämpfen hatte, ihre eigenen Anhänger zu motivieren und weiterhin für das Thema zu begeistern, wird erst deutlich, wenn man sich Medien wie der *BBA*-Zeitung *Caramba* widmet. Bereits in der zweiten Ausgabe aus dem Juni 1979 lautet ein Titel „Wie *BBA*-Arbeit wieder Spaß machen kann und könnte".⁹⁹ Diskutiert wird hier die Problematik einzelner Stadtteilgruppen, effektive Öffentlichkeitsarbeit zu leisten und sich gegenseitig für einen Minimalaufwand zu begeistern. Ein weiteres Problem ergab

---

⁹⁶ Reimar Paul/Redaktion Atom Express: ... und auch nicht anderswo! – Die Geschichte der Anti-AKW Bewegung, Göttingen 1997, 278.
⁹⁷ Vgl. Interview mit Tina Dannheim.
⁹⁸ Vgl. Redaktion Atomexpress. S.11 ff.
⁹⁹ Caramba, 21.06.1979, Nr.2, S.4 .

sich im Fall der *BBA* durch Identitätskrisen der Initiative, die in einem Artikel unter dem Titel „Was will die BBA für eine Organisation sein?"[100] zusammengefasst wird. Weiter fällt auf, dass die meisten Informanten die Gewaltdiskussion weitgehend ausgeblendet haben oder diese nicht mehr zu den präsenten Erinnerungen und Assoziationen mit der Bewegung zu zählen scheinen. Das von den Zeitzeugen im Nachhinein konstruierte Bild kann in diesem Sinn wohl als leicht glorifiziert bezeichnet werden, liegt mit Sicherheit aber auch begründet in der Ausdehnung des Protests auf den normalen Alltag und in dem mit der Bewegung einher gehenden Lebensgefühl.[101]

Im Gegensatz zu vielen anderen sozialen Bewegungen, die seit den 1970er Jahren in Deutschland entstanden, ist die Anti-AKW-Bewegung bis heute aktiv. Zwar haben sich die Ziele der Aktivist_innen mittlerweile verändert und auch die Kontinuität des Widerstands lässt sich nicht mit den Verhältnissen von vor dreißig Jahren vergleichen – denn die Umstände erfordern nicht mehr dieselben Mittel. Trotzdem stellt sich die Frage, welche Gründe dafür verantwortlich sind, dass sich die beschriebenen Bürgerinitiativen in ihrem Engagement verändert haben. Fest steht, dass die Aktionsbeteiligung Anfang der 1980er Jahre abnahm. Viele Atomkraftgegner_innen waren in dieser Zeit in den Friedensbewegungen gegen Atomwaffen aktiv.[102] Mitte der 80er Jahre mobilisierte sich die Anti-AKW-Bewegung in Bremen erneut – vor allem nach dem Atomreaktorunglück von Tschernobyl 1986. Nach diesem Unglück wurde die Gefahr auch vielen Bürger_innen bewusst, die zuvor nicht aktiv waren, was dazu führte, dass innerhalb der Bewegung eine neue Bewegung entstand. „Alte" Atomkraft-

---

[100] Caramba, 28.02.1980, Nr.6, 10.

[101] Vgl. Interview mit Robert Bücking.

[102] Vgl. Interview mit Peter Willers.

gegner_innen konnten sich jedoch nur schwer mit den „Neuen" anfreunden. In der Zwischenzeit hatte sich ein Wandel in den Zielen der Bewegung vollzogen. Während es das Hauptziel der ersten Generation gewesen war, den Bau von Atomkraftwerken zu verhindern, ging es nun in erster Linie darum, für die Abschaltung und gegen die Lagerung des Atommülls zu demonstrieren. Der Großteil der Aktiven traf keine bewusste Entscheidung die Bewegung nicht mehr zu unterstützen oder zu verlassen, „(...) die Ausstrahlung, die Faszination des Themas ermüdet[e]"[103] mit der Zeit, es fiel immer schwerer größere Gruppen zu mobilisieren.[104] Die Ursachen für die Auflösung der Bürgerinitiativen sind allerdings auch auf einer anderen Ebene zu sehen: Es kann festgehalten werden, dass eine weitgehende Institutionalisierung stattgefunden hat. Schon 1980 gründete sich die Partei *Die Grünen*; im Vorfeld hatte bereits die *Bremer Grüne Liste* im Jahre 1979 den Sprung ins Parlament geschafft.[105] Zudem wurden große, überregionale und vor allem stetige Verbände wie u. a. der *BUND*, *WWF*, *Greenpeace* und *Robin Wood* ins Leben gerufen, in denen sich nun viele der Aktiven organisierten. Viele Anhänger_innen der Bewegung gaben die Verantwortung für den Kampf in die Hände ebendieser Vereine und verabschiedeten sich damit aus der Bewegung.[106]

Der Anti-Atomkraft-Bewegung ist es in vielen Fällen gelungen, die Errichtung von Kernkraftwerken zu vertagen wie beispielsweise in Brokdorf und Fall des Kernkraftwerks Unterweser. In einigen Fällen, beispielsweise in Kalkar und Wyhl, gelang es den Kernkraftgegner_innen sogar den Bau

---

[103] Vgl. Interview mit Robert Bücking.
[104] Vgl Interview mit Uwe Voigt.
[105] Vgl. Bremer Chronik, S. 159.
[106] Vgl. Jansen, 151.

von neuen Kraftwerken endgültig zu verhindern. Selbst wenn das eigentliche Ziel der Aktiven darin bestand, den Bau jeglicher weiterer Kernkraftwerke zu verhindern, wurden auch die Teilerfolge als solche gewertet. Schließlich war es immer auch Ziel des aktiven Widerstands, der Regierung und den Energiekonzernen zu demonstrieren, dass sich ein nicht unbedeutender Teil der Bevölkerung gegen jegliche Nutzung von Atomkraft aussprach. Der zivile Protest, der von der Anti-AKW-Bewegung ausging, ist in dieser Form einzigartig. Und auch das Resultat, die Bildung politischer Alternativen wie die Bunten Listen und schließlich die Grünen, zählen zu den Verdiensten dieser Bewegung.

Sebastian Schlinkheider

„Soll der Wald dem Panzer weichen?"
Göttingen und der Konflikt um das Kerstlingeröder Feld

„Soll der Wald dem Panzer weichen?" – diese Frage, formuliert auf einem Göttinger Flugblatt[1] von 1981, fasst bereits den Kern der vorliegenden Darstellung zusammen. Der Beitrag untersucht die Reaktionen von gesellschaftlichen und politisch agierenden Gruppierungen, die sich in den 1980er Jahren naturschutzorientierter und umweltpolitischer Argumentationen bedienten und deshalb verallgemeinernd der „Umweltbewegung" zuzuordnen sind.

Im Zentrum der Betrachtung steht ein städtischer Konflikt in Göttingen, der in der Mitte der 1980er Jahre seine größte Brisanz entwickelte und Protestformen von personeller und strategischer Dynamik provozierte: Die Bundeswehr verwirklichte zu dieser Zeit ihre lang gehegten Pläne, einen Truppenübungsplatz im „Kerstlingeröder Feld" – einer Freifläche mitten im Göttinger Wald unweit der Stadt – deutlich zu erweitern und neue Trassen für den Panzerverkehr anzulegen. Die dazu nötige Rodung von Waldflächen sowie die rechtmäßige Erweiterung des Übungsgebietes der Bundeswehr führten zu einem breiten gesellschaftlichen Protest. Die Teilnehmerschaft rekrutierte sich nicht unerheblich aus bürgerlichen Kreisen, den Hauptbestandteil der Proteste aber machten die zu dieser Zeit tätigen linksalternativen und „grünen" Gruppierungen aus. Ihre Strategien und Protesthandlungen sollen im Folgenden nachgezeichnet werden. Der Konflikt soll

---

[1] Bunte Liste Initiative (Hg.), Flugblatt: Soll der Wald dem Panzer weichen?, vom 06. Februar 1981 (Stadtarchiv Göttingen, Signatur FS 11 B 406, Fundsache 1).

allerdings nicht deshalb hier detailliert ins Blickfeld genommen werden, weil er große Bedeutung für die Geschichte der Stadt Göttingen getragen hätte, sondern weil sich an ihm exemplarisch die Arbeitsweise sowie die Argumentationsmuster städtischer Gruppierungen nachzeichnen lassen, die im weiteren Sinne dem thematischen Feld der Umweltbewegung zuzuordnen sind. Das Fallbeispiel liefert Impulse für das Verständnis dieser Protestakteure, sowohl in Göttingen als auch in anderen regionalen und thematischen Zusammenhängen.

A. Das Kerstlingeröder Feld: Ein Göttinger Erholungs- und Protestraum

Der Schauplatz des Konflikts, das Kerstlingeröder Feld[2], wurde häufig als beliebtes Ausflugsziel erwähnt, zudem ist es im Laufe mehrerer Jahrhunderte von unterschiedlichen Akteuren als Protestraum genutzt worden und entwickelte sich somit zur historischen Bühne einiger Konflikte der Göttinger Stadtgeschichte.

Das Feld wurde im Mittelalter angelegt, um – wie der Name bezeugt, in dem das Dorf „(Klein-)Kerstlingeroda" anklingt – dem Bevölkerungswachstum im 11. und 13. Jahrhundert zu begegnen. Alle ursprünglich vorhandenen Gebäude auf der Fläche, die sich teilweise über das Mittelalter hinaus erhalten hatten, fielen im 17. Jahrhundert einem Brand zum Opfer.[3]

---

[2] Neben der in diesem Beitrag gewählten offiziellen und auch hauptsächlich auftretenden Bezeichnung „Kerstlingeröder Feld" lassen sich in den betrachteten Materialien einige alternative Namen finden, etwa „Kerstlingröder Feld", „Kerstlingerröder Feld" oder „Kerstlingeröderfeld". Manche Abweichungen sind sicherlich auf eine fehlerhafte Wiedergabe zurückzuführen.

[3] Dennis, Müller: „Das Ökosystem ‚Kerstlingeröder Feld'. Ehemaliger Truppenübungsplatz und späteres Naturschutzgebiet mit FFH-Gebiet", in: B. Herrmann/ U. Kruse (Hg.): Schauplät-

Im 18. Jahrhundert, als der „Natur" an sich bereits ein eigener Wert beigemessen wurde, diente das Feld offensichtlich als Naherholungsgebiet für die Göttinger Bürgerschaft. So kündigte der Göttinger Physikprofessor und Aphoristiker Georg Christoph Lichtenberg in einem Brief von 1772 an Freunde in Göttingen seinen Stadtbesuch unter Bezugnahme auf die Freifläche im Osten der Stadt an und macht damit die zeitgenössische Rezeption des Feldes als mögliches Ausflugsziel erkennbar:

„Indessen da der König hier so gut für mich gesorgt hat, daß ich nicht nöthig habe ängstlich zu sparen, so komme ich gewiß dieses Frühjahr einmal nach Göttingen, warscheinlicher Weise werde ich die Reise antretten, so bald meine Sachen nach Oßnabrück gepackt sind, unter den Tagen, die ich in Göttingen seyn werde, soll der schönste in Kerstlingeröder Feld zugebracht werden […]."[4]

Ebenfalls in die Zeit des späten 18. Jahrhunderts fiel ein sozialer Konflikt in der von Studenten geprägten Universitätsstadt Göttingen, für dessen Verlauf das Feld eine wichtige Bedeutung getragen hat: Zwischen einem Studenten und zwei Tischlergesellen entzündete sich ein auf größere soziale Gruppen übergreifender städtischer Streit[5], der schließlich mit dem Auszug

---

ze und Themen der Umweltgeschichte. Umwelthistorische Miszellen aus dem Graduiertenkolleg. Werkstattbericht (Graduiertenkolleg 1024: Interdisziplinäre Umweltgeschichte. Naturale Umwelt und gesellschaftliches Handeln in Mitteleuropa), Göttingen 2010, 205-214, hier: 206f.

[4] U. Joost/A. Schöne (Hg.): Lichtenberg. Briefwechsel. München 1983. Band 1: 1765 - 1779, Brief Nr. 53, S. 82-86, hier: 84.

[5] Stefan Brüdermann: „Der Göttinger Studentenauszug 1790", in: S. Brüdermann/U. Joost (Hg.): Handwerkerehre und akademische Freiheit (Lichtenberg-Studien), Göttingen 1991, 7f. In diesem Band sind auch der genaue Auslöser des Streites und die darauffolgenden Geschehnisse ausführlich nachzulesen.
Vgl. hierzu ebd., 7-34 und Art.: „Verletzter Stolz und blutige Wunden. Studenten verlassen 1790 die Stadt", in: Göttinger Tageblatt vom 27.07.2011. Online abrufbar, URL:

der Studenten aus Göttingen endete. Innerhalb der folgenden Tage versammelten sich bis zu 700 von ihnen auf der freien Fläche:

„Sie verließen die Stadt und zogen auf das Kerstlingeröder Feld. Da das Wetter offenbar mitspielte – es war mitten im Sommer – entwickelte sich hier ein reges Lagerleben. Man organisierte sich halbmilitärisch in Kompanien [...], ernannte einen Generalissimus sowie einen Generaladjutanten, und Marketenderinnen, die Speis´ und Trank – und vielleicht auch anderes – feilboten, waren auch zur Stelle. [...]"[6]

Nachdem die Studenten schließlich feierlich wieder in die Stadt zurückgezogen waren, wurde es offenbar ruhiger um das Feld. Bedeutsam war es aber weiterhin als Ausflugsort, gerade im Kontext der im 19. Jahrhundert vermehrt entstehenden Heimat- und Naturschutzbewegungen. Zu seiner Beliebtheit trug ein auf dem Feld befindliches Gasthaus bei,[7] dessen Dienste für das leibliche Wohl einige Zeit später auch unter nationalsozialistischem Vorzeichen anerkennend hervorgehoben wurden. So wird das Feld in einem Artikel, der am 29. Juni 1943 in der aus mehreren NS-geführten Zeitungen zusammengelegten „Südhannoverschen Zeitung" erschien, unter dem Titel „Berühmte Göttinger Ausflugsstätten" als „beliebter Ausflugsort"

---

http://www.goettinger-tageblatt.de/Nachrichten/Wissen/Regionale-Wissenschaft/Verletzter-Stolz-und-blutige-Wunden (zuletzt abgerufen am 30.08.2011).

[6] Göttinger Stadtarchiv (Hg.): Stationen der Stadtgeschichte: 1790. Auszug der Studenten. Online abrufbar, URL: http://www.stadtarchiv.goettingen.de/frames/fr_stadtgeschichte.htm (zuletzt abgerufen am 30.08.2011); vgl. dazu auch: Helga Maria Kühn: „Studentisches Leben im Göttingen des 18. Jahrhunderts nach zeitgenössischen Berichten, Briefen, Reisebeschreibungen und Akten des Stadtarchivs", in: H.G. Schmeling (Hg.): Göttingen im 18. Jahrhundert. Eine Stadt verändert ihr Gesicht. Texte und Materialien zur Ausstellung im Städtischen Museum und im Stadtarchiv Göttingen 26. April - 30. August 1987. Göttingen 1987, 145-181, hier: 177.

[7] Müller, 206f.

aufgeführt; besonders wurden rückblickend die dort erhältlichen, offenbar großzügig belegten Butterbrote hervorgehoben.[8]

Heute ist das Kerstlingeröder Feld schließlich eine etwa 200 ha große Freifläche innerhalb des Göttinger Waldes. Viele Rad- und Wanderwege kreuzen sich hier und machen das Feld weiterhin zu einem attraktiven Ausflugsziel. Das Kerstlingeröder Feld hat aber auch aufgrund seines Artenreichtums und seiner besonderen Bodeneigenschaften (vorwiegend Buchenwald auf fruchtbarem Kalkboden) eine hohe ökologische Bedeutung.[9] Es liegt von der Innenstadt Göttingens aus gesehen in östlicher Richtung etwa fünf Kilometer entfernt.

B. Maßnahmen zur Erweiterung und zur Nutzung als militärisches Gelände

Schon seit 1928 wurden die Fläche des Kerstlingeröder Feldes und das unmittelbare Umland von militärischen Akteuren zur Ausbildung von Truppen verwendet. Das Gebiet gehörte seit 1956 zum Übungsgelände für Soldaten der Göttinger Zietenkaserne.[10] Dabei wurden sowohl die Freifläche als auch Waldabschnitte für Trainingszwecke genutzt. Der geplante Einsatz von Panzern des Typs Leopard II, so argumentierte die Bundeswehr schließlich, mache eine Erweiterung des vom Militär nutzbaren Geländes

---

[8] Art.: „Berühmte Göttinger Ausflugsstätten. Wo in alter Zeit die Bürger und Studenten unserer Stadt gern verkehrten", in: Südhannoversche Zeitung, Ausgabe vom 29.06.1943, 403. Der Artikel führt weiterhin aus: „Für vier gute Groschen erhielt man dort ein großes Butterbrot mit einem derartigen Belag von Mettwurst oder Schinken, daß die Auflage das Brot seitlich weit überragte."

[9] Müller, 208f.

[10] Ebd., 207.

unvermeidlich. Zu Beginn der 1980er Jahre stellte sich heraus, dass schon 1972 dem niedersächsischen Landbeschaffungsgesetz gemäß ein Plan gefasst worden war, der eine Erweiterung des Truppenstandortes um 104 ha vorsah, wobei 64 ha der Stadt Göttingen und ca. 40 ha der Gemeinde Groß-Lengden zugeordnet waren.[11] Aus der Göttinger Stadtchronik[12] zum Jahr 1985 ergibt sich zunächst ein grob vorstrukturiertes Bild der Geschehnisse. Die tatsächliche Erweiterung des Feldes zur Vergrößerung des Truppenübungsgeländes begann, wie hier aufgeführt, am 11. Februar 1985 und schloss teilweise Rodungen der vorhandenen Waldbestände mit ein. Die Chronik erwähnt, dass die Aktionen unmittelbar von Demonstrationen begleitet worden seien und es in der Folgezeit zu weiteren Protestaktionen kam; sie charakterisiert die Flächenerweiterung deshalb als „umstritten".[13] Die Erweiterungspläne wurden dennoch in der Folgezeit verwirklicht und der Truppenübungsplatz vergrößert. Dabei ergab sich letztlich eine gerodete Fläche von etwa 4 ha Wald, auf der geschotterte, etwa 15 Meter breite Trassen für Kettenfahrzeuge angelegt wurden.[14] Ein zweites Bundeswehrprojekt in unmittelbarer Nähe war die Einrichtung eines Panzerzielfeldes im Göttinger Wald nahe des Stadtteils Geismar, auf dem Truppen das Anvisieren militärischer Ziele simulieren konnten, ohne tatsächlich dabei zu schießen. Die Verbindung dieses neuen Übungsfeldes mit dem Truppenstandort am Kerstlingeröder Feld erfolgte wiederum durch die Anlage geschotterter

---

[11] Art.: „Kommen Panzerpisten dieses Jahr? Naturschützer protestieren und kündigen Widerspruch an. Hannover gibt sich bedeckt", in: Göttinger Tageblatt vom 29.05.1982.

[12] Erscheint jährlich im „Göttinger Jahrbuch". Darüber hinaus ist die Chronik online auf der Homepage des Göttinger Stadtarchivs abrufbar. URL: http://www.stadtarchiv.goettingen.de/frames/fr_chronik.htm (letzter Zugriff: 01.05.2011).

[13] Göttinger Stadtchronik zum 11.02.1985.

[14] Vgl. etwa Art.: „Bundeswehr: Erweiterung für uns notwendig. Demonstrantenzahl nahm ab", in: Göttinger Tageblatt vom 19.02.1985.

Trassen. Die Bäume und Tiere, die diesen Maßnahmen zum Opfer fielen, die entstehende Lärmbelastung für die Anwohner und die als unrechtmäßig empfundene Landbeschaffung durch die Bundeswehr wurden, neben der Befürchtung vor weiteren Rodungsaktionen zum Auslöser der Proteste.

C. Allgemeine Tendenzen und Merkmale der Umweltbewegung

Nachdem unter nationalsozialistischer Herrschaft durch Zwangseingliederung aller bis dahin bestehenden, konservativ-bürgerlichen Natur- und Heimatschutzverbände der Begriff „Natur" in der gesellschaftlichen Empfindung weitgehend entwertet worden war, formte sich in der Bundesrepublik seit den 1960er Jahren ein neues gesellschaftliches Interesse an der Umwelt aus. Dies ging einher mit der Neudefinition von ökologischen Problemen – etwa dem Wasserschutz, saurem Regen, Müllentsorgung und Ressourcenverbrauch.[15] Das gesteigerte Interesse zeigte sich vor allem in Jugend- und Studentenbewegungen, die die thematischen Felder aufgriffen.[16] Zu dieser Zeit war der Umweltschutz in erster Linie in den behördlichen Programmen zur wissenschaftlichen Landschaftsplanung, zum Gewässerschutz und zur Lärmbekämpfung verankert.[17] In den 1970ern löste sich

---

[15] Karl-Werner Brand: „Umweltbewegung (inkl. Tierschutz)", in: R. Roth/D. Rucht (Hg.): Die sozialen Bewegungen in Deutschland seit 1945. Ein Handbuch. Frankfurt 2008, 220-244, hier: 223.

[16] Ebd., 224.

[17] Jens Ivo Engels: „Umweltschutz in der Bundesrepublik. Von der Unwahrscheinlichkeit einer Alternativbewegung", in: S. Reichardt/D. Siegfried (Hg.): Das Alternative Milieu. Antibürgerlicher Lebensstil und linke Politik in der Bundesrepublik Deutschland und Europa 1968 - 1983. Göttingen 2010, 405-422, hier: 407.

diese staatlich-technische Assoziation des Umweltbegriffes zunehmend auf und der Naturschutz ökologisierte sich. Neue Akteure instrumentalisierten für die öffentliche Debatte vereinfachte, teilweise bereits veraltete Konzepte aus der Naturwissenschaft.[18] So entstand eine von kulturpessimistischen Tendenzen geprägte, stark normativ ausgerichtete Ökologie,[19] die große Problemzusammenhänge bewusst in apokalyptischen Farben malte – eine „ökologische Wende" zeichnete sich ab.[20] Umweltthemen waren dabei offenbar besonders anschlussfähig für jugendliches Protestbewusstsein in anderen gesellschaftlichen Problemfragen, deshalb fanden sie in vielen Gruppierungen Gehör.[21] Darüber hinaus spielten günstige mediale Konstellationen und öffentliche Diskussionsräume, gerade in Opposition zu industriellen Projekten, eine wichtige Rolle bei der beschleunigten Entwicklung einer ökologischen Protesthaltung. Hinzu kam schließlich eine individualistische kulturelle Besinnung auf ein „besseres Leben im Einklang mit der Natur"[22].

Verschiedene Kategorien von Akteuren sind retrospektiv in dieser Zeit auszumachen, die sich der neu entfachten Umweltschutzdebatte verschrieben: Zunächst die althergebrachten traditionellen und konservativ-bürgerlichen Verbände, die trotz ebenfalls steigender Mitgliedszahlen in den 1970er Jahren einen relativen Verlust an öffentlicher Bedeutung zu verzeichnen hatten. Weiterhin gab es eine Reihe von intermediären Vereinigungen, die ebenfalls nicht die Kriterien einer „Bewegung" erfüllten, aber

---

[18] Wie die eines statischen natürlichen Gleichgewichts, vgl. Ute Hasenöhrl: Zivilgesellschaft und Protest. Eine Geschichte der Naturschutz- und Umweltbewegung in Bayern 1945 - 1980. Göttingen 2011, 280.

[19] Ebd., 278f.

[20] Vgl. ebd., 281 und Engels, 406.

[21] Vgl. Engels, 411.

[22] Ebd.

einige Berührungspunkte zum jungen und alternativen Ökologiespektrum aufwiesen, was sie von der ersten Kategorie unterscheidet. Schließlich gab es noch einen dritten identifizierbaren Strang, der im Göttinger Fall neben dem soeben genannten zweiten eine wichtige Rolle spielte: die Kräfte der „Umweltbewegung im eigentlichen Sinne", die der Historiker Jens Ivo Engels als „Vielzahl von meist lokalen und zum Teil mikroskopisch kleinen Gruppen" charakterisiert, „die sich für unterschiedlichste Zielsetzungen stark machten."[23] Diese Initiativen waren überdies besonders empfänglich für eine enge Verflechtung mit der städtischen Protestkultur in politischen Alternativmilieus.[24]

In den 1970er und 1980er Jahren politisierte sich deshalb der Umweltschutz deutlich. Wie Engels unter Rückgriff auf das Konzept der „Rahmung" des Soziologen Erving Goffman herausgearbeitet, habe die Praxis Raum gegriffen, „das Problem ‚Gefährdung der natürlichen Lebensgrundlagen' politisch und kulturell zu kontextualisieren. [...] Rahmung ist nicht durch das Problem selbst gegeben, sondern wird von den interessierten, politischen und gesellschaftlichen Akteuren aktiv produziert. Sie kann verändert, aktualisiert, eingeschränkt, erweitert werden."[25] Dass diese Neu-Rahmung der Ökologie gerade vornehmlich in Bewegungsformen erfolgte, die sich einer „politischen Alternative" verpflichtet fühlten, schreibt Engels drei wesentlichen Faktoren zu: Zunächst sei eine Krise der staatlichen Planungen zu beobachten, verbunden mit einer breiten Skepsis am Fortschritt der industrialisierten Zivilisation überhaupt, zweitens habe sich ein grundlegend verändertes Verhältnis von Mensch und Natur entwickelt und schließlich habe das Feld der ökologischen Problemstruktu-

---

[23] Ebd., 412.

[24] Die Einteilung der drei Stränge folgt dem Ansatz von Jens Ivo Engels. Ebd., 412f.

[25] Ebd., 413f.

ren die mediale Definition und Rahmung als „Protest-Thema" erfahren.[26] Wie sich zeigen wird, fällt die von Engels angeführte Analyse relativ deckungsgleich mit dem zusammen, was sich über die Protestakteure aus der Göttinger Umweltbewegung herausarbeiten lässt:

„Es handelte sich hierbei um einen Prozess, der einerseits ‚von oben' angestoßen wurde, also von reformorientierten Protagonisten in Naturschutz- bzw. Umweltverbänden. Zum anderen erfolgte dieser Prozess auch ‚von unten'. Ab den frühen siebziger Jahren entstanden vielerorts (zunächst kleine) Bürgerinitiativen, die sich für Umweltbelange stark machten. Zunächst noch als Ratgeber der Behörden und mit deren Unterstützung, verstanden sie sich zunehmend als eine Form gesellschaftlicher Opposition."[27]

Während sich ein ökologischer Protest zu dieser Zeit in der Bundesrepublik „neu-verwurzeln" konnte, folgte seit Ende der 1970er Jahre eine politische und thematische Polarisierung ökologischer Gruppierungen. Dabei bildeten sich viele neue Parteiungen heraus, darunter etwa auch diejenigen Kräfte, die sich später teilinstitutionalisierten und schließlich die Partei der Grünen hervorbrachten.[28] Dabei waren unter anderem der Diskurs des Waldsterbens und die Reaktorkatastrophe von Tschernobyl tragende Säulen.

D. Städtische Umweltprotestakteure in Göttingen

Die Organisationskultur der Gruppierungen in Göttingen lässt sich für die Zeit der 1980er Jahre als deutlich heterogen und vielfältig beschreiben. Zu den eher reformorientierten Vereinen gehörte die seit 1978 bestehende

---

[26] Ebd., 414-416.

[27] Ebd., 416f.

[28] Brand, 225f.

Kreisgruppe Göttingen des BUND (*Bund für Umwelt und Naturschutz Deutschland e.V.*). Sie betont: „Der BUND ist parteipolitisch neutral. Er unterstützt die Kräfte in allen Parteien, die sich für die Erhaltung unserer Lebensgrundlagen einsetzen."[29] Der BUND bezog in seinen Äußerungen, etwa in seinem „Umweltreport" von 1985, Stellung zu unterschiedlichen, dezidiert naturschutzorientierten Themen, die Göttingen betrafen.[30] Sein praktizierter Vereinscharakter und das Bemühen um eine objektive Position blieben dabei immer feste Bestandteile der präsentierten Ansichten. In deutlichem Kontrast dazu scheinen jene Gruppierungen, die sich ebenfalls Themensetzungen des Umweltschutzes bedienten, diese allerdings nicht als ausschließliches, sondern allenfalls partielles Feld ihrer Agitation definierten und sich unmittelbar politisch dazu positionierten – also mit Engels' Analysekategorien eine veränderte Rahmung der ökologischen Fragestellungen vornahmen. Zunächst ist hier eine basale Ebene zu bedenken, nämlich das Geflecht der zu unterschiedlichsten Themensetzungen individuell gegründeten Basisgruppen, Initiativen und Arbeitsgemeinschaften. Diese setzten sich häufig aus kleinen Personengruppen mit thematischer Fokussierung zusammen und machten es sich zur Aufgabe, politische Arbeit für ein gemeinsames Ziel zu erfüllen. Auf dieser Grundlage von kleinsten Suborganisationen bildeten sich erst die größeren Vereinigungen und Gruppen heraus.

Wie die Chronik der Stadt Göttingen verzeichnet, fand im Dezember 1979 eine „vorläufige Gründungsversammlung" statt, auf der ein

---

[29] Klappentext: „Was ist der BUND?", in: Bund für Umwelt und Naturschutz Deutschland (BUND). Landesverband Niedersachsen. Kreisgruppe Göttingen (Hg.): Umweltreport über Umwelt- und Naturschutz in Stadt und Landkreis Göttingen. Göttingen 1985 (Stadtarchiv Göttingen, Signatur E 317).

[30] Vgl. ebd.

Kreisverband Göttingen für die „GRÜNEN" geschaffen wurde.[31] Ein Teil der Gründungsmitglieder rekrutierte sich dabei aus einer Vorläuferorganisation, der GLU (*Grüne Liste Umweltschutz*)[32], die landesweit für die Grünen eine wichtige Vorreiterrolle gespielt hatte.[33] Auch bei den Grünen waren von Beginn an kleine Basis- und Arbeitsgruppen wichtiger Kernbestandteil der Organisation. Die Göttinger Stadtzeitung[34] berichtete im April 1980 von bereits etwa 100 Mitgliedern des Grünen-Kreisverbandes.

Auf städtischer Ebene, etwa bei den Kommunalwahlen, engagierten sich die Grünen allerdings zunächst nicht unmittelbar selbst, sondern unterstützten eine ihnen programmatisch nahestehende politische Gruppe, nämlich die Göttinger AGIL (*Alternative-Grünen-Initiativen-Liste*). Diese war das Ergebnis der Bestrebungen von verschiedenen Seiten, auf kommunaler Ebene eine „Bunte Liste" zu etablieren, so wie es auch in anderen Städten bereits gelungen war. Die Göttinger Stadtzeitung berichtete in der Dezemberausgabe 1979 über vergleichbare Vorgänge in Bielefeld:

„Die drei wichtigsten Vertreter der GRÜNEN waren sich nach den Europawahlen [1979, bei denen die Grünen erstmalig als Akteur in einem Wahlkampf auftraten, Anm. d. Verf.] einig, ihr politisches Konzept für den kommunalen Bereich zu erweitern. Gemeinsam mit einigen Interessenten aus dem Uni-Bereich wurde ein Aufruf für eine Bunte Liste verfasst, der in relativ kurzer Zeit zur Gründung führte."[35]

An diesem Beispiel wird zum einen die angestrebte überregionale Vernetzung der einzelnen aktiven Gruppen deutlich, zum anderen ist der Bezug

---

[31] Göttinger Stadtchronik zum 07. Dezember 1979.

[32] Göttinger Stadtzeitung, Ausgabe April 1980 (Stadtarchiv Göttingen, Signatur ZP 1), 30.

[33] Vgl. J. Raschke (Hg.): Die Grünen. Wie sie wurden, was sie sind. Köln 1993, 894f.

[34] Diese wird weiter unten noch vorgestellt und erläutert werden.

[35] Art.: „Ran an den Bürger", in: Göttinger Stadtzeitung, Ausgabe Dezember 1979, 34.

der Bunten Liste zur Universität und zu studentischen Kreisen nicht von der Hand zu weisen. Weiteres wichtiges Merkmal der AGIL war es in der folgenden Zeit aber auch, dass sie neben dem institutionellen Weg des Engagements im Stadtrat immer die außerparlamentarische Opposition als ihren eigentlichen Kernbereich betonte.[36] Die Tätigkeit im Stadtrat sollte, wie häufig hervorgehoben wurde, am ehesten die Funktion verbreiteter Öffentlichkeitspräsenz erfüllen.[37] Die AGIL basierte ebenfalls auf Arbeitsgruppen und stellte dabei ein Sammelbecken für die „politische Alternative"[38] auf ökologischer und sozialer Ebene dar, auch wenn innerhalb des Selbstbildes diese Zuschreibung scharf abgelehnt[39] wurde. Die Arbeitsgruppen repräsentierten ein äußerst breites Themenspektrum, das von „Frauen" über „Frieden" und „Ausländer" bis hin zu „Kultur" reichte und sich keineswegs nur auf „Ökologie" beschränkte.[40]

Eine weitere wichtige Gruppe im heterogenen Geflecht linksalternativer Organisationen war die GLG (*Grüne Liste Göttingen*). Diese setzte sich aus Sympathisanten der Grünen zusammen, die kurz vor der

---

[36] Vgl. Wahlprogramm der Göttinger AGIL für die Kommunalwahlen im Jahre 1981, Präambel: „In all unseren Handlungen und Entscheidungen suchen wir die aktive Zusammenarbeit mit den Betroffenen, den Basis- und Bürgerinitiativen in dieser Stadt. Wir werden die Möglichkeiten einer parlamentarischen Arbeit dazu nutzen, die Strukturen in dieser Stadt so zu verändern, daß die Menschen in die Lage versetzt werden, an den Entscheidungen städtischer Politik teilzunehmen. Die außerparlamentarische Arbeit bleibt unser ‚Standbein', die parlamentarische verstehen wir als unser ‚Spielbein'. AGIL (Hg.): Ein Programm für Göttingen, Wahlprogramm der Alternativen-Grünen-Initiativen-Liste Göttingen. Göttingen 1981 (Stadtarchiv Göttingen, Signatur E 282), 3.

[37] Göttinger Stadtzeitung, Ausgabe Oktober 1979, 23.

[38] Vgl. AGIL (Hg.): Ein Programm für Göttingen, 3.

[39] Göttinger Stadtzeitung, Ausgabe Oktober 1979, 23.

[40] AGIL (Hg.): Ein Programm für Göttingen, vgl. hierbei auch die Liste der Kontaktadressen auf der Rückseite des Programmes.

Göttinger Kommunalwahl 1981, einem wichtigen diskussionspolitischen Ankerpunkt für alle beteiligten Gruppen, eine Abgrenzung gegenüber der AGIL beschlossen hatten. Der „Göttinger Stadtstreicher"[41], ein politischer Stadtkalender, für dessen Herausgabe die Redaktion der Göttinger Stadtzeitung verantwortlich war, charakterisiert die GLG 1982 so: „Sie wurde von einer Minderheit des Kreisverbandes der GRÜNEN gegründet, die sich nicht mit Unterstützung und Mitaufbau der AGIL durch die GRÜNEN abfinden mochten. Besonders vermißten die GLG'ler klare Ausgrenzungsbeschlüsse gegenüber Kommunisten bei der AGIL. So machten sie kurz vor der Stadtratswahl einen Konkurrenzverein auf. Diesen Schritt sehen sie heute immer noch als schmerzhaft, aber notwendig an."[42]

Im Juni 1985 fand in Göttingen schließlich der sogenannte „Kommunalpolitische Kongreß" statt, auf dem führende Mitglieder von GLG und AGIL kontrovers über ein neues kommunalpolitisches Bündnis diskutierten, das möglicherweise gebündelter würde agieren können. Aus diesen Überlegungen ging die Vereinigung GAL (*Grün-Alternative Liste*) hervor, die fortan die grünen Interessen der Stadt vertreten sollte.[43] Bereits 1986 kandidierte die neue Gruppierung recht erfolgreich bei den Kommunalwahlen.[44]

Hatten die „grünen" Kräfte in Göttingen bei der vorangegangenen Kommunalwahl von 1981 zusammen fünf von 49 Sitzen im Stadtrat bekommen (drei für die AGIL und zwei für die GLG), so besetzte die aus

---

[41] Göttinger Stadtstreicher. Ein Weg-Weiser durch Göttingen. Göttingen 1982 (Stadtarchiv Göttingen, Signatur A 172).

[42] Ebd., 36.

[43] GAL (Hg.): Dokumentation zum 1. Kommunalpolitischen Kongreß am 9. Juni in Göttingen. Göttingen 1985 (Stadtarchiv Göttingen, Signatur ZP 81).

[44] Vgl. GAL (Hg.): Programm der Grün-Alternativen Liste. Sommer 1986. Göttingen 1986 (Stadtarchiv Göttingen, Signatur E 285).

beiden hervorgegangene GAL nach der Wahl von 1986 sieben von ebenfalls 49 Sitzen.[45]

I. Die Göttinger Stadtzeitung zwischen Akteur und Organ

Die „Göttinger Stadtzeitung", ein seit Anfang 1977 erscheinendes Presseorgan mit einer Auflage von rund 1.300 Exemplaren[46], war ein öffentliches Element der Göttinger Protestkultur. Sie erschien bis zu ihrer Auflösung 1986 monatlich.[47] Für die Redaktion war das Team der Stadtzeitung auf freiwillige Mithilfe angewiesen. Das Themenspektrum war breit gefächert: Neben den hier in den Fokus genommenen Umweltaspekten und der quasi selbst-reflexiven Diskussion der eigenen Positionierungen thematisierte sie vor allem die Felder Anti-Militarismus, Frauenrechte, internationale Solidarität mit marginalisierten Menschengruppen und Gefangenen, knüpfte an die Göttinger Hausbesetzerszene an und äußerte sich zur Landes- und Kommunalpolitik. Neben Kolumnen und Redaktionsdarstellungen waren Interviews und Erfahrungsberichte sowie Leserbriefe fester Bestandteil der Zeitung.

Zum einen verstand die Göttinger Stadtzeitung sich als Sprachrohr und alternative Plattform für marginalisierte Interessen, für außerparlamentarisch geäußerte Oppositionshaltungen sowie für Diskussionen, die sich auf

---

[45] Göttinger Stadtchronik zum 27.09.1981 bzw. zum 05.10.1986.

[46] Diese Zahl beruht auf einer rückblickenden Angabe der Redaktion der Stadtzeitung selbst, diese ist hier im Internet zu finden: Göttinger Stadtinfo (Hg.): Informationsseite Göttinger Stadtzeitung (GöSz). Online abrufbar, URL: http://www.goest.de/goesz.htm (zuletzt abgerufen am 30.08.2011).

[47] Dabei wurden die Ausgaben für Juli und August jeweils zu einer Sommerausgabe zusammengefasst, im Januar erschien keine Ausgabe.

Programmatik, Methode oder Organisation der unterschiedlichen Gruppen[48] beziehen konnten. Dies wird besonders deutlich an der über viele Ausgaben hinweg dargestellten und reflektierten Debatte über die Austellung einer „Bunten Liste", die letztlich zur Gründung der AGIL führte. Auf der anderen Seite war für die Göttinger Stadtzeitung charakteristisch, dass sie auch selbst ständig Position bezog oder durch ihre Gewichtung und Rahmung von Problemfeldern ihrerseits die Agenda verschiedener Gruppierungen mitbestimmte. Ihre Positionierung blieb dabei nicht unhinterfragt und viele der in der Stadtzeitung veröffentlichten Diskussionen bezogen sich unmittelbar auf ihr eigenes Verhältnis zu den Bewegungsteilen.[49] Gleichzeitig macht die personelle Verflechtung, die sich zwischen der Redaktion und verschiedenen Protestgruppen ergab, ihre Positionierungen in gewisser Weise selbsterklärend. So bildete die Stadtzeitung nach der oben bereits genannten Diskussion, aus der schließlich die AGIL hervorgegangen war, eine Art offene Allianz mit den in ihr organisierten Kräften und veröffentlichte als Beilage schließlich regelmäßig AGIL-internes Informationsmaterial.[50]

---

[48] Beispielsweise: „In dieser Stadtzeitungsausgabe beginnen wir mit einer Reihe von Interviews, mit denen wir versuchen wollen, die politischen Diskussionen der linken und fortschrittlichen Kräfte in Göttingen wiederzugeben. Dies soll ein Beitrag dazu sein, die vielfältigen politischen Strömungen in ihren programmatischen und taktischen Vorstellungen näher bekannt zu machen und - vor allem - stärker aufeinander zu beziehen. Ansätze, sich zu Diskussionen ‚an einen Tisch' zu setzen, gibt es ja derzeit einige in Göttingen [...]. [Diese] erreichen [...] aber selten mehr als den Kreis der ohnehin ‚Eingeweihten', bzw. der politischen Aktivisten. Soweit uns dies möglich ist, wollen wir dieses Ghetto durchbrechen." Göttinger Stadtzeitung, Ausgabe April 1980, 30.

[49] Ebd., Ausgabe November 1981, 34.

[50] Ebd., Ausgabe Februar 1982, 2.

E. Die Reaktionen auf die Erweiterungspläne im Kerstlingeröder Feld

Wie positionierten sich die vorgestellten heterogenen Mitglieder von „grünen" und „alternativen" Gruppierungen zu der durch die Bundeswehr geplanten Erweiterung des Kerstlingeröder Feldes? Von einer einheitlichen Reaktion auf die Geschehnisse im Göttinger Wald kann nicht die Rede sein, vielmehr muss von einer ganzen Reihe von Reaktionen gesprochen werden. Auffällig ist dabei zunächst, dass in vielen Stimmen, die sich gegen das Bundeswehrprojekt äußerten, ein zentraler Kritikpunkt immer wieder auftauchte: Eine als mangelhaft empfundene Informationspolitik seitens der etablierten Presse und öffentlicher Stellen der Bürgerschaft gegenüber, die sich im Planungsprozess sowie in den entscheidenden Etappen der Ausarbeitung des Planes grundsätzlich übergangen fühlte.[51] Dass diese Überzeugung anschlussfähig war für eine radikale Kritik am politischen System überhaupt, an der Struktur der Medien und der mangelnden Einbeziehung von Bürgerinteressen, liegt auf der Hand. Gleichzeitig verschaffte die nicht erfolgte öffentliche Aufklärung über die Pläne den Protestgruppen eine wirkungsvolle strategische Gelegenheit: Sie konnten sich fortan darum bemühen, das Informationsdefizit, das sie ankreideten, durch breite Aufklärungskampagnen auszugleichen und die Stadtbevölkerung mit einem als transparent und aufklärerisch konzipierten Gegenentwurf für ihre Sache zu gewinnen. Auf vielen Flugblättern, die sich zu Beginn der 1980er Jahre

---

[51] Vgl. Flugblatt „Soll der Wald dem Panzer weichen?" (Stadtarchiv Göttingen, Signatur FS 11 B 406, Fundsache 1). Damit geht auch die Empfindung einer, die in einem Leserbrief in der Göttinger Stadtzeitung geäußert wird: Die Grünen und ihre Mitteilungen würden im Göttinger Tageblatt kategorisch unterschlagen, was die Pressefreiheit verletze. Göttinger Stadtzeitung, Ausgabe Oktober 1980, 16.

finden, waren sicher nicht zuletzt deshalb detaillierte Lagepläne und Skizzen zu sehen[52], die der Zielgruppe offenbar deutlich ins Bewusstsein bringen sollten, dass die unmittelbare Nähe des geplanten Truppenübungsplatzes in Verbindung mit den Schotterstraßen und dem Panzerzielfeld Lärm und weitere Beeinträchtigungen der Lebensqualität mit sich bringen würden.[53] Darüber hinaus konnten die Größenverhältnisse der durch die Bundeswehr neu hinzugenommenen Flächen im Verhältnis zum ursprünglichen Bestand des Feldes auf den Karten anschaulich verdeutlicht werden. Es kam den Initiativen darauf an, die Stadtbevölkerung von der persönlichen Relevanz eines intakten Göttinger Waldes ohne militärische Nutzung zu überzeugen. Einige kritische Bürgergruppen versuchten, eine Blockade auf institutionellem Wege zu erzielen, indem sie eine Petition an den Niedersächsischen Landtag und schließlich an den Bundestag richteten.[54] Beide wurden mit dem Verweis auf die juristisch korrekt erfolgte Planung der Landbeschaffung zurückgewiesen. Der Bundestag hatte im Oktober 1983 sogar einen Petitionsausschuss zur Anhörung nach Göttingen geschickt; in der darauffolgenden Verhandlung am 2. Dezember 1983, die die Fraktion der

---

[52] Vgl. Arbeitskreis Kerstlingeröder Feld (Hg.): Militärische Landnahme im Göttinger Wald. Ein Beispiel unter vielen. Göttingen 1985 (Stadtarchiv Göttingen, Signatur E 319), 13-16; vgl. auch diverse andere Flugblätter zum Kerstlingeröder Feld im Stadtarchiv (Stadtarchiv Göttingen, Signatur FS 11 B 406). Dieses Flugblatt ist weiter unten abgedruckt.

[53] Arbeitskreis Kerstlingeröder Feld (Hg.): Militärische Landnahme im Göttinger Wald, Einleitung (ohne Seitenzahl).

[54] Ebd., 4-6. Auf diesen Seiten findet sich auch die Petitionsschrift an den Landtag sowie ein Protokoll der folgenden Bundestagssitzung. Da diese institutionell motivierten Formen des Protestes allerdings im Folgenden nicht zentral im Vordergrund stehen werden, können sie an dieser Stelle nicht ausführlich vorgestellt und analysiert werden; stattdessen wird darauf verwiesen, dass es sie gab. Weitere Auswertungen können sicherlich Aufschluss über die Interaktionen der Demonstrierenden mit den staatlichen Stellen geben.

Grünen angeregt hatte, wurde der Petitionsantrag allerdings abgelehnt.[55] Andere Bürger und Protestgruppen versuchten, eine Klage gegen das Landschaftsbeschaffungsgesetz einzulegen, auf dessen Grundlage die Gebietsübertragung an die Bundeswehr – planmäßig ohne Bürgereinbezug – durchgeführt worden war.[56]

I. Neue Proteststrategien in den alternativen Organisationsformen

Der linksalternative Protest hingegen, sofern man ihn an dieser Stelle verallgemeinernd subsumieren kann, verfolgte weitestgehend einen vor allem nichtinstitutionellen Weg und profitierte dabei in seiner Gesamtheit deutlich von der Basisgruppen-Architektur, die es ermöglichte, dass Flugschriften und Thesenpapiere schon verbreitet werden konnten, ehe ein gemeinsamer Gesamtverband wie die AGIL dabei federführend aktiv werden konnte.[57] In vielen Fällen sind die auftauchenden Äußerungen und Gruppen deshalb nicht eindeutig einer der oben vorgestellten Vereinigungen zuzuordnen, was den Charakter einer in viele kleine Zirkel aufgefächerten Bewegung deutlich widerspiegelt. Auch bildeten sich sehr schnell neue Arbeitsgruppen und -kreise, die sich um eine politisch nutzbare Agitation gegen das Kerstlingeröder Feld bemühten. Schon bestehende Arbeitskreise reihten sich ein. In den Akten erscheinen in diesem Kontext Namen wie

---

[55] Ebd. Vgl. außerdem Meldung: Bundestag lehnt Petition ab. Frankfurter Rundschau vom 09.12.1983.

[56] Vgl. z. B. Arbeitskreis Kerstlingeröder Feld (Hg.): Militärische Landnahme im Göttinger Wald, 10 u. 25-28.

[57] Dies zeigen die zwanzig erhaltenen Flugschriften zum Thema des Kerstlingeröder Feldes im Göttinger Stadtarchiv, die aller Wahrscheinlichkeit nach nur eine Auswahl darstellen: (Stadtarchiv Göttingen, Signatur FS 11 B 406).

„Frauen gegen Militarismus", *„Unabhängige Fachschafts-Offensive"* und *„Bürgerinitiative ‚Perspektiven für den Göttinger Süden'"*.[58] Es ist kaum möglich, jede Initiative, die ein Flugblatt veröffentlichte oder ein Treffen organisierte, in ihrer personellen oder programmatischen Verbindung mit den oben eingeführten „großen" Gruppierungen zu untersuchen, dennoch lassen sich grobe Zusammenhänge und Strukturen deutlich aufzeigen.

Sehr auffällig ist die Tatsache, dass das Kerstlingeröder Feld nicht ausschließlich mit dem Fällen von Bäumen und der Schädigung der Umwelt assoziiert wurde, sondern häufig mit Anti-Militarismus- und Friedensaspekten. Umweltpolitische Erwägungen wurden vornehmlich in enger Verzahnung mit dem pazifistisch motivierten Diskurs der „Militarisierung" verknüpft – rein umweltproblematische Argumentationen finden sich hingegen selten. Dies hängt zentral mit dem außerparlamentarischen und staatsskeptischen Selbstverständnis[59] vieler Basisgruppen zusammen, die auch im Göttinger Tageblatt, also dem Hauptorgan der Tagespresse in Göttingen, einen Mitspieler in einem Komplex bewusst verschleiernder Desinformation sahen.[60] Das wird zum Beispiel in der rückblickenden Broschüre „Militärische

---

[58] Vgl. Verfasserangaben auf den Flugblättern, ebd.

[59] Dieses findet sich auch auf dem oben bereits erwähnten Flugblatt der „Bunte Liste Initiative" (einer derjenigen Gruppen, die auf die Gründung der AGIL hinarbeiteten) vom 06. Februar 1981 („Soll der Wald dem Panzer weichen?") wieder, auf dem es heißt: „Wir sind in der Lager [sic] darüberhinaus die glänzenden und vielfältigen Beziehungen und Kontakte von Rats-, Verwaltungs- und Parteileuten zur Bundeswehr zu dokumentieren, welche die zur Schau gestellte Ahnungslosigkeit und Überraschung als gespielt erweisen dürften." Vgl. Flugblatt „Soll der Wald dem Panzer weichen?" (Stadtarchiv Göttingen, Signatur FS 11 B 406, Fundsache 1).

[60] Vgl. „Angesichts des Pressemonopols des Göttinger Tageblatts und seiner Kumpanei mit den herrschenden Parteien gilt es, auch die parlamentarische Arbeit zur Schaffung von Gegenöffentlichkeit zu nutzen." AGIL (Hg.): Ein Programm für Göttingen, 3.

Landnahme im Göttinger Wald – Ein Beispiel unter vielen"[61] deutlich, die der „*Arbeitskreis Kerstlingeröder Feld*" im Juni 1985 herausgab. Hier verschmolzen die Diskurse der Militarisierung und der Umweltschädigung durch menschliches Handeln zu einer argumentativen Linie – der „Militarisierung der Umwelt". Diese wurde als überregionales Problem begriffen, dem die Arbeitsgruppe einen gewaltlosen Widerstand entgegenzusetzen gedachte. Trotzdem war dieser Arbeitskreis bereit, dem Göttinger Tageblatt das Zugeständnis zu machen, das Projekt erstmals an die Öffentlichkeit gebracht zu haben.[62]

Welche Strategien kennzeichnen den Protest aber konkret? Zunächst ist eine Unterschriftenaktion zu nennen, die, wie das Göttinger Tageblatt im Februar 1981 berichtete, zu diesem Zeitpunkt bereits 1.000 Stimmen gegen die Erweiterung zusammengetragen hatte.[63] Der oben erwähnte „*Arbeitskreis Kerstlingeröder Feld*" spricht in einem Rückblick von insgesamt 10.000 Unterschriften und nennt als Träger der Aktion eine Zusammenarbeit des BUND und neu gegründeter Bürgerinitiativen aus Göttingen und den angrenzenden Dörfern, in denen sich ebenfalls Widerstand formiert hatte.[64] Diese Zahl deutet in die Richtung des angestrebten Ideals einer

---

[61] Arbeitskreis Kerstlingeröder Feld (Hg.): Militärische Landnahme im Göttinger Wald. An dieser Stelle wird diese Broschüre näher untersucht, genannt wurde sie bereits oben im Rahmen einiger Quellenbeispiele.

[62] Ebd., 1.

[63] Art.: 1000 Unterschriften zum Auftakt. Protestkampagne gegen Übungsplatzerweiterung Kerstlingeröder Feld. Göttinger Tageblatt vom 24. Februar 1981.

[64] Arbeitskreis Kerstlingeröder Feld (Hg.): Militärische Landnahme im Göttinger Wald, 1. Besagte Gemeinden sind hier Groß-Lengden, Klein-Lengden und Herberhausen.

großflächigen Bürgerbeteiligung.[65] Weitere Mittel, die eine integrierende Funktion für anschlussfähige politische Gruppen, Vereinigungen und kritische Teile der Göttinger Bevölkerung erfüllen sollten, waren die organisierten Sternmärsche, die aus verschiedenen Richtungen zum Kerstlingeröder Feld und zum geplanten Panzerzielfeld nahe Geismar führten. So rief etwa ein Flugblatt mehrerer dörflicher Bürgerinitiativen, die sich als „*Aktionsgemeinschaft Kerstlingröder Feld*" verstanden, „alle betroffenen Bürger" zum Sternmarsch im Mai 1981 auf. Im Anschluss an den Marsch sollte ein Fest gefeiert werden, das neben „Informationen", „Bier" und „Würstchen" auch einen ökumenischen Gottesdienst umfasste, dazu Musikbeiträge und Theater.[66] Eine Verbindung von politischer Agitation mit freizeitlichen Aktivitäten ist hierbei deutlich zu erkennen – Protestkultur verschmolz in den Aktionen mit Eventkultur. Durch die Illustration mit mehreren Bäumen und einer Eule erfährt der Protest hierbei zunächst die Rahmung einer genuin umweltpolitischen Motivation. Die Möglichkeit, Baumpatenschaften zu übernehmen, weist in ihrer Symbolik auf die Wahrnehmung der Natur als schutzbedürftigem Raum hin. Durch den Begriff und die Idee der Patenschaften wurden die Bäume in die eigenen gesellschaftlichen Vorstellungen eingebettet. Auf der Innenseite des Flyers machte die *Aktionsgemeinschaft* ihren Rezipienten aber auch andere argumentative Aspekte deutlich, die

---

[65] Ebd. Die Broschüre verweist nachdrücklich auf das Dorf Groß-Lengden, in denen mit 484 Stimmen 87 Prozent der wahlberechtigten Bevölkerung Position gegen das Projekt bezogen hätten.

[66] Flugblatt in der Flugschriftensammlung zum Kerstlingeröder Feld, unterzeichnet von mehreren Bürgerinitiativen, zusammengefasst als „Aktionsgemeinschaft Kerstlingröder Feld". Hier fällt das „e" in der Bezeichnung der Freifläche weg, auch im Text des Flugblattes. Aktionsgemeinschaft Kerstlingröder Feld (Hg.), Flugblatt: Keine Erweiterung des Übungsplatzes!. Waldfest!, vom 22. Mai 1985 (Stadtarchiv Göttingen, Signatur FS 11 B 406, Fundsache 4).

besonders den militärischen Charakter der Pläne herausstellten. Im abschließenden Appell wurde die potentielle Zielgruppe direkt angesprochen:

„Wir rufen alle Umweltschützer, Baumfreunde, Panzergegner, Waldlieber, und und und, kurz: alle, die gegen die Erweiterung der Bundeswehrpläne sind und für den Erhalt des Göttinger Waldes eintreten, aber auch alle, die sich einfach nur mal am Ort des Geschehens über unsere Argumente informieren und sich den ‚Tatort' genauer anschauen wollen, auf: Beteiligen sie [sic] sich am Sternmarsch! Kommen sie [sic] zum Waldfest!"[67]

---

[67] Ebd.

Aus einem Flugblatt der Aktionsgemeinschaft Kerstlingeröder Feld vom 22. Mai 1981 (Quelle: Stadtarchiv Göttingen, Signatur FS 11 B 406, Fundsache 4).

An diesem Beispiel sind überdies die bisher herausgestellten Kernelemente der Oppositionsbewegungen deutlich erkennbar: Eine Arbeitsgruppe wurde aktiv, Umweltforderungen wurden mit der Opposition gegen das Militär und Bewaffnung verknüpft und die Gruppe setzte typischerweise auf Information und gesellschaftlichen Druck, während sie den offiziellen Aussagen misstraute.[68]

Als ähnlich „typische" Form der Behandlung des Themas im grün-alternativen Spektrum ist außerdem beispielsweise auch die argumentative Kontextualisierung in einer rückblickenden GAL-Stellungnahme zu werten, die sich dabei charakteristischerweise auch auf die selbstreferentielle Diskussion eines neuen grünen Bündnisses bezog:

„Die Gratwanderung zwischen dem verständlichen Interesse von Grünen an der Zusammenarbeit mit Bürger- und Basisinitiativen und einer manchmal wirkungsvolleren Selbständigkeit der Initiativen ist oft nicht einfach. Die Initiative gegen die Erweiterung des Kerstlingeröder Feldes zeigte, daß es unter Schwierigkeiten gelingen kann, zunächst rein naturschützerische Motive zu verbinden mit antimilitaristischen Zielen: unter starker grüner Beteiligung – aber nicht unter Vereinnahmung."[69]

---

[68] Ebd. Das Misstrauen zeigt sich hier deutlich: Vgl. „Nur um vorgegebenen Normplänen gerecht zu werden, will die Bundeswehr quer durch das geschlossene Gelände drei Schotterpisten anlegen, ein Vorhaben, dem mit Sicherheit einige Tausend Bäume zum Opfer fallen würden. Trotz öffentlicher Beteuerung „nur" 4,5 Hektar roden zu wollen, will die Bundeswehr die gesamten 104 ha erwerben; sie kann dann mit dem Gelände machen, was sie will. [...] Der katastrophale Zustand der bisher schon verwüsteten 200 Hektar lässt uns für das Erweiterungsgelände das Allerschlimmste befürchten."

[69] GAL (Hg.): Dokumentation zum 1. Kommunalpolitischen Kongreß, 33.

II. Der Bezug zur Kirche – das Bemühen um gesellschaftliche Verbündete

Die Organisator_innen der Protestaktionen versuchten früh, auch kirchliche Stimmen für ihre Zwecke nutzbar zu machen. Auf einer ideologischen Ebene mögen Überlegungen eines christlich fundierten Pazifismus eingeflossen sein. Strategisch ist diese Haltung hingegen als der Versuch zu interpretieren, gesellschaftlich einflussreiche Unterstützung zu gewinnen. Dass diese Bindung aber auch diskursiv in den antimilitaristischen und umweltschützenden Zusammenhang passte, zeigt sich an der Tatsache, dass eine Schülergruppe, die sich für den Schutz des Kerstlingeröder Feldes einsetzte, Ende März 1985, also wenige Wochen nach dem Beginn der Rodungen, eine Holzkirche an einer neu im Wald angelegten Trasse errichtete.[70] Der Bau fand überregional Resonanz, so auch in der Süddeutschen Zeitung und der BILD.[71] Diese Aktion ist primär sicherlich christlichen Untergruppen in den beteiligten Protestgruppierungen zuzuschreiben. Dennoch ist sie aber auch als politischer Akt zu lesen, der einerseits den gesellschaftlichen Rückhalt um eine wirkmächtige Gruppe vergrößern sollte, andererseits aber auch eine symbolische – friedlich und bewahrend sowie religiös gerahmte – „Besetzung" der von der Bundeswehr angeeigneten Fläche darstellte. Die Tatsache, dass jeden Sonntag und an weiteren kirchlichen Feiertagen in der Holzkirche Gottesdienste abgehalten wurden, spricht für den hohen Stellenwert dieses neu geschaffenen Protestortes im Wald. Ende Mai 1985 hielt dort etwa der Pastor Ruprecht Koepp, zu

---

[70] Art.: „Trotz Regen: 100 Menschen beim Gottesdienst. Kerstlingeröder Feld: Holzkirche auf die südliche Panzertrasse gebaut. Bundeswehr: Wir dulden die Aktion", in: Göttinger Tageblatt vom 01.04.1985.

[71] Meldung: „Eine Kirche im Wald", in: Süddeutsche Zeitung vom 01.04.1985 und Meldung: „Kirche auf der Panzerstraße", in: BILD-Zeitung vom 01.04.1985.

dieser Zeit tätig in der evangelisch-lutherischen Göttinger Christophorusgemeinde, eine Predigt. Er sprach sich darin entschieden gegen den „Raubbau an Gottes Erde, die der Lebensraum sein sollte für den Menschen", aus. Auch andere Göttinger Pastoren und der Superintendent der Reformierten Gemeinde Wilhelm Buitkamp waren anwesend. Koepp sagte in seiner Predigt:

„Und nun ist das Leben bedroht, weil Herrschaften den Boden ruinieren, die Luft verpesten, das Wasser vergiften. Hier erleben wir mit, wie Bäume gefällt werden und wie Vögel und andere Tiere und Menschen vertrieben werden. Hier sieht es so aus, als gehört die Erde der Bundeswehr, und Gottes Erde muss bluten unter den Gesetzmäßigkeiten der Machtpolitik. [...] Ich sehe in der Kirche, die einige hier gebaut haben, den Protest gegen den Ausverkauf und gegen die Bedrohung der Erde."[72]

---

[72] Auszug aus der Predigt von Pastor Ruprecht Koepp vom 31.05.1985, zit. nach: Arbeitskreis Kerstlingeröder Feld (Hg.): Militärische Landnahme im Göttinger Wald, 20f., hier: 20.

Sebastian Schlinkheider

Eine Schülergruppe errichtet Ende März 1985 – kurz nach Beginn der Rodungen – im Wald eine Holzkirche unweit der neu angelegten Panzertrassen (Foto: Karlheinz Otto, Göttingen).

Wenige Tage später kritisierte der Landessuperintendent Horst Hirschler die deutliche Parteinahme Koepps unter dem missbilligenden Verweis darauf, dass der Gottesdienst als Protestaktion gegen andere Menschen missverstanden werden könne und betonte, dass auch die sich für den Erhalt des Friedens einsetzenden Soldaten des Schutzes durch die Kirche bedürften.[73] Leserbriefe im Göttinger Tageblatt verteidigten die errichtete Kirche sowie die dort abgehaltenen Andachten und Gottesdienste in der Folge.[74]

---

[73] Art.: „Hirschler gegen Kirche auf Trasse. Kritik an Protestgottesdienst", in: Göttinger Tageblatt vom 04.04.1985.

[74] Vgl. Leserbriefe: Göttinger Tageblatt vom 13.04.1985 und Göttinger Tageblatt vom 30.04.1985. Ein gutes Beispiel ist der Leserbrief von Wolfgang Hinze, der den von Pastor Ruprecht Kroepp gehaltenen Gottesdienst zu verteidigen und rechtfertigen sucht: „Ein Gottesdienst ist immer ein Protest (oder eine Demonstration [...]), und zwar des Glaubens gegen den Unglauben, der Hoffnung gegen die Angst, der Liebe gegen den Haß: des Lebens gegen den

Kurz nach dem Bau hatte die Bundeswehr den beteiligten Protestgruppen ein nach späteren Verhandlungen[75] verlängertes Ultimatum gestellt, die Kirche bis zum 19. April abzubauen und das ihr zustehende Grundstück zu räumen.[76]

III. Die Diskussion um die Wahl der Mittel

Die bisher aufgeführten Aktionsformen waren alle deutlich gewaltfrei ausgerichtet, eine aggressive oder militante Haltung ist also nicht zu erkennen. Allerdings gibt es für eine Diskussion über die Grenzen legitimer Mittel ebenfalls Belege. So positionierte sich die *Bürgerinitiative Kerstlingeröder Feld* bereits im Mai 1983 deutlich zu möglichen Aktionsformen, als Forum nutzte sie dazu die Göttinger Stadtzeitung:

Tod. [...] Daß der Gottesdienst des Ökumenischen Arbeitskreises auf dem Kerstlingeröder Feld eine ‚Protestdemonstration gegen andere Menschen' war, ist eine Unterstellung, die durch nichts gerechtfertigt ist [...]. [...] Offenbar befürchtet er [= Landessuperintendent Hirschler, Anm. d. Verf.], es könnte die gesellschaftliche Ausgewogenheit der volkskirchlich relevanten Gruppen verlorengehen, es könnte Unruhe entstehen. [...] Ich habe keine Mühe, mir vorzustellen, daß es Soldaten gibt, die wie viele Göttinger traurig sind über die Rodung und die militärische Nutzung der Schöpfung, die zu bewahren uns aufgegeben ist. Sie sind zum Gottesdienst eingeladen wie jede(r) andere. Eingeladen sind schließlich auch die kirchenleitenden Personen, damit sie aus der Nähe sehen und hören, was tatsächlich geschieht [...]."Wolfgang, Hinze: Gottesdienst ist immer ein Protest. Leserbrief zu ‚Hirschler gegen Kirche auf Trasse'. In: Göttinger Tageblatt vom 30.04.1985.

[75] Vgl. ebd., 24. Pastor Koepp hatte sich kurz zuvor in einer Äußerung ebenfalls für den Erhalt der Kirche eingesetzt: „Ich finde es schade, daß die Kirche nicht länger stehen bleiben kann. Wir haben die Erfahrung gemacht, daß es eine Reihe von Christen in Göttingen gibt, die die Andachten dort als sehr wichtig empfinden." Artikel: Wehrbereichsverwaltung stellt Ultimatum. Standortübungsplatz: Holzhütten sollen bis zum 19. April entfernt werden. Sonntag Andacht. Göttinger Tageblatt vom 13.04.1985.

[76] Der betreffende Brief ist in der bereits zitierten Broschüre abgedruckt: Arbeitskreis Kerstlingeröder Feld (Hg.): Militärische Landnahme im Göttinger Wald, 23.

„Die bisherige Entwicklung im Streit um das Kerstlingeröder Feld, der in Artikeln der GöSz [Göttinger Stadtzeitung] bereits nachzulesen war, hat gezeigt, daß verbaler Protest nicht ausreicht, um den Wald zu retten. Die Rodungen für die Panzerschneisen können jederzeit beginnen. [...] Entscheidend ist letztlich der politische Druck, den wir durch diese Aktionen erzeugen. In diesem Sinne ist es auch wichtig, daß während oben im Wald die Aktionen laufen, die Bevölkerung in der Stadt ständig informiert wird. [...] Es sollen auf keinen Fall Menschen verletzt oder gefährdet werden. [...] Wir setzen uns in kleinen Gruppen um die Bäume oder ketten uns an, um das Fällen zu verhindern. Eine andere Möglichkeit ist, die Bäume zu erklettern [...]. Alleingänge Einzelner sind ineffektiv und zu gefährlich. Entscheidungen sollen nach dem Konsensprinzip, nur bei Zustimmung aller Beteiligten getroffen werden [...]. Wir sind nicht bereit, die hier aufgestellten Rahmenbedingungen noch während der Aktion in Frage stellen zu lassen!"[77]

Der Nachdruck der hier formulierten Forderungen spricht dafür, dass zumindest die für die Organisation Zuständigen in führenden Gruppen befürchteten, es würde bei Baubeginn zu einer Radikalisierung oder Ausschreitungen kommen können. Die Wahl der Stadtzeitung als Medium macht die Erwartung deutlich, auf diesem Wege möglichst viele alternative und potentiell kritisch eingestellte Bevölkerungsteile zu erreichen.

IV. Die Behandlung des Konfliktes in den Medien

Die Frage, wie die Göttinger Bevölkerung sich in dieser Zeit tatsächlich informierte und welche Teile der Berichterstattung zur Aufklärung über die Vorgänge im Kerstlingeröder Feld in welcher Intensität genutzt wurden,

---

[77] Göttinger Stadtzeitung, Ausgabe Mai 1983, 7.

Göttingen und der Konflikt um das Kerstlingeröder Feld

bleibt aufgrund fehlender Nachweise größtenteils im Dunkeln. Betrachtet man grundsätzlich die Platzierung des Kerstlingeröder Feldes und der Protestaktionen in den lokalen Medien, so lassen sich aber einige Aussagen hinsichtlich der medialen Präsenz herausarbeiten: Das Göttinger Tageblatt informierte ausgewogen über die Vorgänge im Wald und ließ dabei Akteure aller Seiten zu Wort kommen, ohne sich eindeutig zu positionieren oder vereinnahmen zu lassen. Den Vorwürfen an die Zeitung, mangelnde Information zu bieten und tendenziös zu agieren, können einige Beispiele von Berichterstattung im Sinne des Protestes, nicht zuletzt in den veröffentlichten Leserbriefen, gegenübergestellt werden.[78] Dass Ereignisse im Zusammenhang mit der Felderweiterung aber nicht nur im Göttinger Tageblatt, sondern auch überregional wahrgenommen und diskutiert wurden, ist bereits am Beispiel der Meldungen in Süddeutscher Zeitung und BILD zum Bau der Holzkirche aufgezeigt worden.[79]

Blickt man auf die Göttinger Stadtzeitung, so ist klar zu erkennen, dass sie den beteiligten Initiativen und der vor allem studentisch rekrutierten Opposition gegen das Projekt teilweise unmittelbar zur Seite stand. Besonders im mittelfristigen Vorfeld der Rodungen, etwa in den Jahrgängen 1982 und 1983 lassen sich dementsprechende Berichte und Stellungnahmen finden.[80] 1984 änderte sich dieser Fokus jedoch deutlich. Neue Debatten do-

---

[78] Als Beispiel kann eine neutral gehaltene Meldung von Februar 1981 dienen, die über die neugegründete Aktionsgemeinschaft zum Kerstlingeröder Feld informiert und auch Initiativen erwähnt. Meldung: Aktionsgemeinschaft zur Rettung des Waldes formiert. Protest gegen größeren Panzerübungsplatz Kerstlingeröder Feld. Politiker spricht von Skandal. Göttinger Tageblatt vom 12.02.1981.

[79] Vgl. Anm. 71; vgl. auch kopierte Presseartikel in: Arbeitskreis Kerstlingeröder Feld (Hg.): Militärische Landnahme im Göttinger Wald, 20-24.

[80] Etwa in folgenden Ausgaben Göttinger Stadtzeitung, Ausgabe Dezember 1982, 24f.; Ausgabe Februar 1983, 28; Ausgabe März 1983, 15 und Ausgabe Mai 1983, 6f.

minierten nun das alternative Forum, so etwa die „Computerisierung", Protest gegen das Atomkraftwerk in Grohnde, Wehrdienstverweigerung und die Opposition gegen ein weiteres Bauprojekt im Raum Göttingen: Die Erweiterung der Schnellbahntrasse Hannover-Würzburg, die mit umfangreichen Baumaßnahmen am Göttinger Schienensystem wiederum die Kritik im linksalternativen und ökologischen Spektrum auf den Plan rief. Dazu kam im Fall der Stadtzeitung[81] eine breit angelegte Diskussion über die eigenen Standpunkte und sinkende Leserzahlen, die zu einer wachsenden selbstkritischen Position führte. Zeitgleich mit den Rodungsaktionen im März 1985 löste die Redaktion ihr Protestmedium auf. Gegen Ende des Jahres wurde das Projekt „Göttinger Stadtzeitung" zwar für ein Jahr wieder aufgenommen, bis zur endgültigen Aufgabe war vom Kerstlingeröder Feld allerdings nichts zu lesen.

Abseits der hier aufgezeigten großen Strömungen in der Göttinger Presse fand sich das Kerstlingeröder Feld sehr vereinzelt auf der öffentlichen Agenda unterschiedlicher Gruppierungen wieder, wie oben gezeigt etwa in der Gründungspublikation der GAL zum „Kommunalpolitischen Kongreß"[82] von Juli 1985.

V. Das Verhältnis des BUND zu den Protestaktionen

Der BUND äußerte sich zum Kerstlingeröder Feld in Göttingen konkret in seinem „Umweltreport über Umwelt- und Naturschutz in Stadt und Landkreis" vom Februar 1985. Der Artikel „Landschaft unter Panzerket-

---

[81] Eine großflächige Untersuchung möglicherweise überlieferter anderer Protestorgane, etwa der alternativen Zeitung „Hiero itzo" in Göttingen könnte weiteren Aufschluss darüber geben, wie viel Raum die Diskussion um das Kerstlingeröder Feld in Göttinger Medien einzunehmen imstande war.

[82] GAL (Hg.): Dokumentation zum 1. Kommunalpolitischen Kongreß.

ten"[83] ist in verschiedener Hinsicht ein interessantes Zeugnis über die BUND-Perspektive auf die Bundeswehrpläne und die damit verbundenen Baumaßnahmen: Zunächst bemühte der Verein sich scheinbar darum, den Planungsprozess und seine Konsequenzen objektiv darzustellen und Aufklärung über das Projekt zu bieten. Verbunden und gerahmt wird dies im betreffenden Artikel allerdings an vielen Stellen durch Kritik und Hinterfragen der Argumentation der Bundeswehr, mehr Platz für Truppenübungen und Panzerbewegung zu benötigen. Daraufhin folgt eine Solidarisierung mit den Protestaktionen, zu deren Gelingen der BUND selbst auch an vielen Stellen etwas beigetragen hatte. So wird eine erfolgreiche Bürgermobilisierung hervorgehoben, die sich an den gesammelten Unterschriften, den Baumpatenschaften, nicht zuletzt aber auch auf institutionellem Wege gezeigt habe. Hier findet sich also eine Besonderheit der BUND-Darstellung: Sie schließt institutionelle Wege des Protestes klar als Zugriff mit ein. Es tauchen Verweise auf die Petitionen in politischen Gremien und die Möglichkeit einer Klage gegen das Bundeswehrprojekt auf. Die deutliche Solidarität mit den Protestgruppen und politischen Parteien, die in Opposition zur Erweiterung des Kerstlingeröder Feldes standen, ist politisch greifbar und bewegt sich insofern deutlich außerhalb einer parteipolitischen Neutralität. Dennoch blieb, bei aller Schärfe der Kritik am Vorgehen der Bundeswehr in der Planungsphase, die institutionelle Verankerung für den Verein maßgeblich. Auch die Ausrichtung auf spezifische Umweltargumentationen, etwa die Darstellung bedrohter Tier- und Pflanzenarten, ist auf einen anderen Fokus zurückzuführen: Statt einer teilökologisierten, radikalen und grundsätzlichen Kritik am ganzen politischen System und seiner Kommunikationswei-

---

[83] Doris, Herrmann: Landschaft unter Panzerketten. In: Bund für Umwelt und Naturschutz Deutschland (BUND). Landesverband Niedersachsen. Kreisgruppe Göttingen (Hg.): Umweltreport über Umwelt- und Naturschutz in Stadt und Landkreis Göttingen. Göttingen 1985, 29-30.

se, wie sie viele der Basisgruppen formulierten, zielte der Verein auf eine genuin ökologische Kritik mit innersystemischen Mitteln ab. Die Bandbreite der Möglichkeiten, mit anderen Formen des institutionell verankerten Protests umzugehen, wie sie etwa die etablierten Parteien ausübten, zeigt sich im Vergleich des BUND mit der GAL sehr deutlich: Während der BUND im oben beschriebenen Artikel der SPD-Ratsfraktion für ihre Unterstützung dankte, stellte die GAL-Publikation[84] in einem Beitrag heraus: „Sie [die SPD-Fraktion im Stadtrat, Anm. d. Verf.] ist gegen eine Erweiterung des Kerstlingeröder Feldes und gegen ein neues Panzerzielfeld, aber nur, weil sie meint, die Göttinger Garnison könnte ja auch woanders üben"[85] – der antimilitaristische und institutionenkritische Bezug der GAL ist hier im Kontrast klar zu erkennen.

F. Fazit und Ausblick

Die eingangs allgemein festgestellte heterogene Struktur der Gruppierungen findet sich, wie gezeigt, auch in den Aktionen gegen die Erweiterung des Truppenübungsplatzes im Kerstlingeröder Feld wieder. Neben etablierten institutionalisierten, aber gesellschaftlich und politisch relativ offenen Vereinen wie dem BUND sind viele im linksalternativen Spektrum zu positionierende Basisgruppen und Arbeitskreise auszumachen, die ökologische Standpunkte teilten. Diese Gruppen sind häufig nicht trennscharf gegeneinander abzugrenzen und arbeiteten in vieler Hinsicht zusammen. Ein wichtiges Merkmal, das sich im Großen und Ganzen verallgemeinern lässt, ist die Einordnung ökologischer Fragestellungen in ein mehr oder

---

[84] GAL (Hg.): Dokumentation zum Kommunalpolitischen Kongreß.

[85] Ebd., 24.

weniger festes politisches und soziales Argumentationsgebäude. Häufig skeptisch gegenüber staatlichen und institutionellen Einrichtungen für politische Artikulation und davon überzeugt, einem systematischen Informationsdefizit in den lokalen Medien gegenüberzutreten, suchten diese Gruppen nach Wegen der außerparlamentarischen Agitation, zumeist verbunden mit dem Etablieren eigener Foren und diskutierten dort, offenkundig nicht unumstritten, die Legitimität unterschiedlicher Mittel des Protestes. Neuzuschreibungen und veränderte Rahmungen, wie die Erweiterung der naturbewahrenden Haltung um pazifistische und systemkritische Töne, waren keine Seltenheit. Einige zentrale Ziele einten die Gruppierungen, etwa die Mobilisierung der Öffentlichkeit und die Zusammenarbeit mit wirkmächtigen gesellschaftlichen Gruppen, wie sich im Hinblick auf die Anknüpfung an die Kirche gezeigt hat.

Seit der Zeit der Protestaktionen hat sich einiges verändert. Das Kerstlingeröder Feld verblieb im weiteren Verlauf der 1980er Jahre bis 1992 in militärischer Nutzung. Nach einiger Diskussion wurde daraufhin auf der Freifläche und den angrenzenden Waldabschnitten ein Naturschutzgebiet ausgewiesen.[86] Umweltverbände wie der BUND und der NABU[87] führen regelmäßig Bestandsaufnahmen der Tier- und Pflanzenarten sowie Pflegeaktionen durch; für den Erhalt der Fläche ist auch die Stadt Göttingen selbst federführend verantwortlich.[88] Die aus den bewegungsinternen Diskussio-

---

[86] Vgl. Niedersächsischer Landesbetrieb für Wasserwirtschaft, Küsten- und Naturschutz (Hg.): Verordnung über das Naturschutzgebiet „Stadtwald Göttingen und Kerstlingeröder Feld" in der Stadt Göttingen, vom 7.5.2007. Online abrufbar, URL: http://www.nlwkn.niedersachsen.de/servlets/download?C=43464689&L=20 (zuletzt abgerufen am 30.08.2011).

[87] Dieser ist in der Analyse nicht erwähnt worden, weil er zu dieser Zeit für das diskutierte Problem keine Relevanz besaß.

[88] Müller, 212.

nen auf kommunalpolitischer Ebene hervorgegangene GAL schloss sich Anfang der 1990er Jahre den Grünen an, welche seither auf politischer Ebene die Naturschutzinteressen bündeln und die außerparlamentarischen Basisgruppen in den Hintergrund treten ließen.

Kurz nach der Erweiterung des Übungsplatzes waren längst nicht mehr alle Publikationen, die sich dem Umweltschutz verpflichtet fühlten, der Standorterweiterung gegenüber so kritisch eingestellt. So kommt die *Arbeitsgruppe Kerstlingeröder Feld* in ihrer rückblickenden Publikation zur „Militärischen Landnahme im Göttinger Wald" zu dem Fazit, dass der geübte Widerstand nicht vergeblich gewesen sei, da er eine hohe öffentliche Sensibilisierung für „militärische Umweltzerstörung" und die „Sonderrechte des Militärs" bewirkt habe. Außerdem sei durch den Protest deutlich gemacht geworden, „daß gewaltloser Widerstand notwendig und machbar" sei.[89]

Letztendlich lässt sich also festhalten, dass das Kerstlingeröder Feld als plastisches Beispiel dafür dienen kann, in welcher Form gesellschaftliche Gruppen in den 1980er Jahren aus unterschiedlichen Hintergründen heraus umweltpolitische Vorstellungen entwickelten und diese in ihre Programme und Pläne politischer Maßnahmen einbezogen. Wenn weitere für das Kerstlingeröder Feld relevante Teile archivalischer Quellen, die 30 Jahre lang der üblichen Sperrfrist unterliegen, in wenigen Jahren zugänglich sein werden,

---

[89] Arbeitskreis Kerstlingeröder Feld (Hg.): Militärische Landnahme im Göttinger Wald, s. rückseitiger Klappentext. 1986 wurde außerdem ein Kalender unter dem Titel „Naturschutz in und um Göttingen" veröffentlicht, dessen Erlöse unter anderem dem BUND in Göttingen zuflossen. Das Fotomotiv für die Oktoberseite ist ein Blick auf den Truppenübungsplatz im Kerstlingeröder Feld. Im Text dazu wird der Bundeswehr der Bedarf nach Übungsfläche zugestanden und betont, dass der damalige Nutzungsvertrag versuche, die Bedürfnisse „beider Seiten" in Einklang zu bringen. Vgl. I. Lang/H.J. Lang (Hg.): Naturschutz in und um Göttingen. Göttingen 1986 (Stadtarchiv Göttingen, Signatur K 2), Rückseite des Kalenderblatts für Oktober 1986.

können weitere Analysen die hier vorgeschlagene Interpretation der Protestaktionen um das Kerstlingeröder Feld sicherlich ergänzen oder modifizieren. Die Betrachtung der an dieser Stelle aufgeführten und untersuchten Akteure kann aber bereits dazu dienen, das Verständnis von Bürgergesellschaft und von politischem Protest aus einer historischen Perspektive heraus um wichtige Komponenten zu erweitern.

Rahel Killisch, Wiebke Neuser

„Kein Frieden der Wissenschaft mit dem Krieg"
Die Friedensbewegung an der Universität Bremen

Der Kalte Krieg, der sowohl auf einem ideologischen als auch politischen Konflikt zwischen den kommunistischen Staaten Osteuropas und den kapitalistischen Staaten Westeuropas beruhte, gipfelte in einem atomaren Wettrüsten der beteiligten Nationen. Die Angst vor einem drohenden Atomkrieg führte in Europa, aber auch in den USA zu einer Sensibilisierung der Bürger_innen. Eine oppositionelle Friedensbewegung formierte sich.[1]

Dem NATO-Doppelbeschluss von 1979, in dem die Stationierung von 108 Pershing II Raketen und 96 bodengestützten Marschflugkörpern (Cruise Missiles) in der Bundesrepublik Deutschland festgelegt wurde, befeuerte die westdeutsche Friedensbewegung ungemein. Doch zeichnete sich diese durch eine starke Heterogenität aus. Einen wichtigen Teil bildete die Bewegung an den Universitäten. Hochschullehrende und Studierende empfanden oft ein besonderes Verantwortungsgefühl für die Friedenssicherung, da ihre wissenschaftlichen Ergebnisse auch in die Gesellschaft getragen werden und dort eine bewusstseinsbildende Funktion besitzen. Das galt in besonderer Weise auch an der Universität Bremen.

---

[1] Philipp Gassert, u. a.: „Zweiter Kalter Krieg und Friedensbewegung: Einleitende Überlegungen zum historischen Ort des NATO-Doppelbeschlusses von 1979", in: P. Gassert, u. a. (Hg.): Zweiter Kalter Krieg und Friedensbewegung. Der NATO-Doppelbeschluss in deutsch-deutscher und internationaler Perspektive, München 2011, 7-29, hier 7.

Ziel dieses Artikels ist es, der Frage nachzugehen, wie sich die Bremer Universität an der Friedensbewegung in den 1980er Jahren beteiligt hat. Das Hauptaugenmerk wird dabei auf dem Friedens- und Aktionskomitee der Universität und dessen Aktionen liegen. Der Aufsatz lehnt sich an ein in der Literatur entwickeltes Phasenmodell[2] an, das von Christoph Butterwegge auf Bremen übertragen und ergänzt wurde. Dieser benennt die Jahre 1979 und 1980 als Latenz- oder Diskussionsphase, in der sich bereits kleinere Diskussionsgruppen bildeten, die aber nicht an die große Öffentlichkeit drangen. An diese erste Phase schließt dann eine Appellationsphase an. Sie umfasst den Zeitraum bis Mitte 1981 und bezeichnet die Spanne, in der sich immer mehr Gruppen zusammenschlossen und mit Appellen an die Öffentlichkeit gingen. Ein Beispiel ist hier der „Krefelder Appell". Die 1980 in Krefeld beschlossene Erklärung gegen die Raketenstationierung war die Folge eines Forums zum Thema „Der Atomtod bedroht uns alle". Dabei sprachen sich die Teilnehmer_innen gegen die Aufstellung von Raketen in der Bundesrepublik Deutschland aus. Diese Forderung wurde bald zu einem Minimalkonsens für die Friedensbewegung.[3] Darauf folgte die Demonstrationsphase, die den Zeitraum bis Mitte 1983 beinhaltet. In dieser Phase kam

---

[2] Vgl. u. a.: Hans-Josef Legrand: „Die Bundesrepublikanische Friedensbewegung 1979-1988. Entstehung, Verlauf und Wirkungsaspekte einer neuen sozialen Bewegung", in: U.C. Wasmuth (Hg.): Alternativen zur alten Politik? Neue soziale Bewegungen in der Diskussion, Darmstadt 1989, 209-235, hier 219 ff; Karl-Werner Brand, u. a.: Aufbruch in eine andere Gesellschaft. Neue soziale Bewegungen in der Bundesrepublik, Frankfurt am Main, 1983, 214ff; Josef Janning: " Die neue Friedensbewegung 1980-1986", in: J. Janning, u. a. (Hg.): Friedensbewegungen. Entwicklung und Folgen in der Bundesrepublik Deutschland, Europa und den USA, Köln 1987, 36-53, hier 43 ff.

[3] Christoph Butterwegge: „Entstehung und Entwicklung der Neuen Friedensbewegung (1979/80-1992)", in: C. Butterwegge, H.G. Jansen (Hg.): Neue Soziale Bewegungen in einer alten Stadt. Versuch einer vorläufigen Bilanz am Beispiel Bremens, Bremen 1992, 153-182, hier 162.

es zu einer großen Mobilisierung von Menschen, die sich vor allem in Protestmärschen zeigte. Die vor dem endgültigen Beschluss, die Raketen zu stationieren, stattfindenden Unternehmungen ordnet Butterwegge in die Aktionsphase ein, die den Herbst 1983 ausmachten. Da die Raketenstationierung immer näher rückte, setzten die Mitglieder der Friedensbewegung vermehrt auf gezielte Aktionen, wie z. B. Blockaden. Im Anschluss an und nach der Stationierung kam es zur Reflexionsphase von Ende 1983 bis Ende 1987. In dieser war es besonders wichtig, das Thema Frieden weiterhin in der Diskussion zu halten. Abschließend begann, auch auf Grund der verschiedenen Strömungen innerhalb der Bewegung und nach dem Verlust eines gemeinsamen Zieles, die Zerfallsphase.[4] Der Verlauf der Friedensbewegung an der Universität Bremen wird im Folgenden diesen zeitlichen Phasen zugeordnet.

A. Anfänge der universitären Friedensbewegung

Bereits in den 1970er Jahren gab es verschiedene Friedensveranstaltungen an der Universität Bremen. Es kann davon ausgegangen werden, dass sowohl die Latenz- und Diskussionsphase als auch die Appellationsphase an der Universität in einem kleinen Rahmen stattgefunden haben. An dieser Stelle wird jedoch mit der Demonstrationsphase ab 1981 eingesetzt, da sich zu diesem Zeitpunkt auch die Friedensbewegung an der Universität festigte und erste größere Veranstaltungen zum Thema Frieden stattfanden.

Wie ein großer Teil der bundesdeutschen Bevölkerung empfanden auch viele Bremerinnen und Bremer den NATO-Doppelbeschluss als eine Gefährdung der Sicherheit und als einen weiteren Schritt in Richtung

---

[4] Butterwegge, 155; Legrand, 219 ff.

Atomkrieg. Das zeigt auch die hohe Beteiligung an Aktionen, wie z. B. die Unterzeichnung des „Krefelder Appells".[5]

An der Universität gab es ab 1981 Antikriegstage, Friedenswochen und Friedenstage, die sich durch ein abwechslungsreiches Programm auszeichneten und an denen das Thema Frieden auf verschiedenste Weise behandelt wurde. Ergebnisse, die bis heute noch sichtbar sind, finden sich in Form von Wandbildern im und am geisteswissenschaftlichen Gebäude (GW2) der Universität.

Friedenstaube im GW2, 1983 (Quelle: Universitätsarchiv, BUA).

---

[5] Butterwegge, 162.

Die Friedensbewegung an der Universität Bremen

„Stop den Bombenzug" am GW2, in den 1980er Jahren (Quelle: BUA).

Eine der ersten Aktionen, welche der AStA unterstützte, war der Antikriegstag am 1. September 1981.[6] Dies zeigt bereits eine Verbindung der universitären und der städtischen Friedensaktivist_innen. Der Zusammenhang zwischen der Friedensbewegung an der Universität und den bundesweiten Veranstaltungen findet auch Ausdruck in den Aufrufen des AStA, sich an den überregionalen Friedenswochen zu beteiligen, so z. B. an einem Friedensmarsch, der von Schweden auch über Bremen nach Paris führte.[7]

Im Rahmen der Demonstration gegen den NATO-Doppelbeschluss am 10. Juni 1982 in Bonn gab es auch an der Universität Aktionen und Veranstaltungen. „Der Akademische Senat der Universität erklärt[e] den 10.6.1982 zum ‚veranstaltungsfreien Tag', um allen Studenten der Universität die Möglichkeit zu geben, an einer internationalen [sic!] Friedensdemonstration in Bonn teilnehmen zu können."[8] Auch der allgemeine

---

[6] Flugblatt „Kommt alle!", in: BUA Flugblätter zur Friedensbewegung, keine Signatur.

[7] Flugblatt zum Friedensmarsch, in: BUA Flugblätter zur Friedensbewegung, keine Signatur.

[8] 37. Sitzung des Akademischen Senats vom 26.5.1982, in: BUA 1/AS-Nr. 202.

Studierendenausschuss forderte zur Beteiligung an dieser auf.[9] Im Vorfeld der großen Protestaktionen anlässlich des Besuchs des US-Präsidenten Reagan in Bonn fand vom 3. bis 9. Juni 1982 an der Bremer Universität eine Friedenswoche statt. Das Programm war sehr vielseitig und reichte von Informationsständen und Filmvorführungen bis zu Podiumsdiskussionen mit Parteien- und Kirchenvertretern, die einen starken Bezug zur Stadt herstellten. Die Veranstaltungen wurden von verschiedenen Gruppen initiiert. So gab es Aktionen des AStA, einzelner Studiengänge oder unterschiedlicher politischer Hochschulgruppen. Zusätzlich erfolgte in diesem Rahmen in Bremen vor dem amerikanischen Honorarkonsulat eine Demonstration, an der auch Universitätsangehörige verschiedener Statusgruppen teilnahmen.[10]

Nach der von Großveranstaltungen geprägten Demonstrationsphase wurden die folgenden Aktionen zunehmend von zivilem Ungehorsam bestimmt.[11]

B. Das Friedens- und Aktionskomitee

Ebenso wie die Bremischen als auch die Bundesdeutschen Friedensorganisationen durchlief die Bewegung an der Bremer Universität ab Mitte des Jahres 1983 eine ausgeprägte Aktionsphase. Im September 1983 trat ein sogenanntes Friedens- und Aktionskomitee zusammen, in dem u. a. Hochschullehrer, Studierende und Mitglieder des Personalrates und der Betriebsgruppen der Gewerkschaft Erziehung und Wissenschaft (GEW) vertreten

---

[9] AStA-Druckerei, Flugblatt zur Friedenswoche 3.-9.6.1982, in: BUA 7/D-Nr. 980.

[10] Programm der AStA Friedenswoche 3.-9.6.1982, in: StAB 7,1076- 281.

[11] Janning, 44f.

waren. Das Ziel des Komitees war es, die verschiedenen Gruppierungen, von den Studierenden bis zu den im Dienstleistungsbereich Angestellten, anzusprechen und zum gemeinsamen Widerstand zu bewegen. Die Mitglieder wollten demonstrieren, dass die Universität kein „Elfenbeinturm", ist und dass Akademiker_innen nicht nur theoretisch debattieren, sondern auch zu praktischen Handlungen fähig sind. Bei diesen Aktionen sollten auch die städtischen Initiativen mit eingebunden werden. Insgesamt bestand das Komitee aus ca. 15 Personen. Es lebte vor allem von dem Engagement einzelner Hochschullehrer_innen und Studierenden und stellte somit ein „Netzwerk von Persönlichkeiten"[12] dar. Die Aufgaben wurden auf Arbeitsgruppen verteilt, so dass es je nach Programm unterschiedliche Verantwortliche gab. Durch die verschiedenen politischen Ansichten im Komitee kam es häufig zu Auseinandersetzungen. Bei den Fraktionen der Hochschullehrenden erstreckte sich das Spektrum von der Reformhochschule über die Mittwochssozialisten bis zur Demokratischen Hochschule. Von studentischer Seite beteiligten sich u. a die DKP, die Jusos und vor allem auch der MSB Spartakus an den Aktionen. Die Studentenverbände hatten meist sehr visionäre bis utopische Vorstellungen, die immer wieder mit den auf das jeweilige Ereignis begrenzten Zielen der Hochschullehrer kollidierten. Insgesamt hatte das Komitee aber eine sehr integrierende Funktion bezüglich der unterschiedlichen Strömungen an der Universität.[13]

Eine der ersten Aktionen des Komitees war die Organisation eines universitären Feiertages (Dies Academicus) zum Thema Frieden und

---

[12] Kurzfragebogen von Herrn Ulrich Schneekloth zum Friedens- und Aktionskomitee.

[13] Art.: „Heißer Herbst", in: Zeitschrift Freiheit der Wissenschaft Oktober/November 1983,14; Art.: „Info 1 des Friedens- und Aktionskomitees", in: BUA 7/P-Nr. 1991,2; Interview mit Herrn Prof. Dr. Hans Jörg Sandkühler vom 19.01.2011; Kurzfragebogen von Herrn Prof. Dr. Dr. Peter Alheit zum Friedens- und Aktionskomitee; Kurzfragebogen von Herrn Dr. Till Schelz-Brandenburg.

Abrüstung am 20. Oktober 1983. Am 19. und 20. Oktober wurde ein vielfältiges Programm mit Podiumsdiskussionen, Vorträgen, aber auch sportlichen und kulturellen Aktivitäten angeboten.[14] Auf der Universitätsversammlung während des Dies Academicus wurde das Friedens- und Aktionskomitee mit der Durchführung einer Urabstimmung aller Hochschulangehörigen gegen die Stationierung von Pershing II und Cruise Missiles beauftragt. Der Akademische Senat unterstützte die Aktion. Die Urabstimmung sollte ein eigenständiger Beitrag der universitären Bewegung zu der von „unten" durchgeführten Volksbefragung, die am 17. Juni 1984 vor den Wahllokalen zu EU-Wahl stattfand, darstellen und erfolgte an über 100 Hochschulen der Bundesrepublik. An der Bremer Universität wurden auch Hochschullehrende, Dienstleisterinnen und Dienstleister mit einbezogen. Das Veto fiel sehr eindeutig aus. 51,2% (4908 Personen) der Bremer Universitätsangehörigen beteiligten sich an der Umfrage, wobei sich 97,0% gegen die Raketenstationierung und 93,0% für die Volksbefragung aussprachen.[15]

Am 21. November 1983, dem Vortag der Entscheidung des Bundestages über die Raketenstationierung, initiierte das Friedens- und Aktionskomitee als symbolischen Akt eine Blockade der Zugänge zur Universität. Um 10.00 Uhr fand eine Universitätsvollversammlung im Kulturzentrum

---

[14] Zeitleiste zur Geschichte der Universität Bremen, online in: http://www.zentralarchiv.uni-bremen.de/Texte/zeitleiste10htm.htm (Stand 13.04.2011); Programm der Friedenstage der Universität Bremen am 19. und 20.10.1983, in: BUA 7/N,Zach-Nr. 6.

[15] Brief vom AStA an den Rektor der Universität Bremen vom 2.11.1983, in: BUA 1/R-Nr. 1479; Aufruf des Friedens- und Aktionskomitees zu Aktionen am 21./22. November 1983, in: BUA 1/R-Nr. 1479; 17. Sitzung des Akademischen Senats am 23.11.1983, in: BUA 1/AS-Nr. 209; Art.: „Die Friedensbewegung nach dem >>heissen Herbst<<", in: Breitseite MSB Spartakus Bremen 11/84 vom 11.1.1984, 3-6, hier 5; Art.: „Uni gegen Pershing", in: Bremer Rundschau vom Dezember 1983; Volksbefragung an den Universitäten. Solidaritätskomitee für die Studenten gebildet, in: DVZ (2.12.1983); Art.: „Mehrheit der Voten gegen neue Raketen", in: Weser Kurier vom 10.12.1983.

Schlachthof statt, zu der Rektor Prof. Dr. Dr. Jürgen Timm eingeladen hatte. Im Anschluss gab es die Möglichkeit, sich an den Blockaden in der Bremer Innenstadt zu beteiligen. Von 11.45 bis 12.00 Uhr wurde der Verkehr z. B. an den Kreuzungen am Stern oder am Brill zum Erliegen gebracht.[16] In der Stadt kam es zu kleineren Zwischenfällen, ebenso an der Universität. Verschiedene Dozenten der Studiengänge Biologie und Chemie legten beim Rektor Beschwerde ein, dass die Absprachen zwischen dem Rektorat und dem Friedens- und Aktionskomitee bezüglich der Demonstration nicht eingehalten wurden. Dozenten und wissenschaftliche Mitarbeiter wurden am Zugang zum naturwissenschaftlichen Gebäude behindert, wobei es zu Gewaltanwendungen und Beleidigungen kam. Weiterhin drang eine Gruppe von ca. 30 Studierenden in Praktikumsräume und Labore ein und beschimpfte, filmte und fotografierte die „Blockadebrecher". Die Aufnahmen wurden in der Cafeteria im GW2 mehrfach abgespielt. Die Beschwerdeführer forderten Strafanträge gegen die beteiligten Studierenden auf Grund des Tatbestands von Hausfriedensbruch und Nötigung.[17] In einer Erörterung der Vorfälle durch eine Kommission, in der auch ein Mitglied des Friedens- und Aktionskomitee vertreten war, wurde allerdings beschlossen, dass keine „gravierenden Beeinträchtigungen"[18] von Rechtspositionen stattgefunden hätten. Um weitere nachhaltige Störungen der Funktionstätigkeit der

---

[16] Aufruf des Friedens- und Aktionskomitees zu Aktionen am 21./22. November 1983, in: BUA 1/R-Nr. 1479; Art.: „Viele Räder standen 15 Minuten still. Friedensbewegung blockiert Kreuzungen/Fahrgäste mußten warten", in: Weser Kurier vom 22.11.1983.

[17] Brief von W. an Rektor Timm vom 22.11.1983, in: BUA 2/AkAn-Nr. 3287; Brief von Sch. an Rektor vom 23.11.1983, in: BUA 2/AkAn-Nr. 3287; Brief von R. an Rektor vom 24.11.1983, in: BUA 2/AkAn-Nr. 3287; Brief von St. an Rektor vom 24.11.1983, in: BUA 2/AkAn-Nr. 3287; Brief von L. an Rektor vom 24.11.1983, in: BUA 2/AkAn-Nr. 3287; Brief von Prof. Dr. H. Flohr an Rektor vom 29.11.1983, in: BUA 2/AkAn-Nr. 3287.

[18] Offenes Schreiben vom 2.2.1984, Betreff: „Blockade der Universität" am 21.11.1983, in: BUA 2/AkAn–Nr. 3287.

Hochschule zu verhindern, sah das Rektorat von Klagen ab, auch wenn der Akademische Senat feststellte, dass die Universität bei bisherigen und zukünftigen Aktionen keine Gewaltanwendung tolerieren werde, dass die Persönlichkeitsrechte aller Universitätsangehörigen zu schützen seien und dass der dienstrechtliche Handlungsrahmen eingehalten und beachtet werden müsse.[19]

Blockade der Einfahrt zum Universitätsgelände (Quelle: Weser Kurier (22.11.1983), Fotograf: Jochen Stoss).

Die letztendliche Zustimmung des Bundestages zur Stationierung der Raketen führte die Friedensbewegung in eine Krise. Nach dem so genannten „heißen Herbst" folgte eine Reflexionsphase. Mit dem Verlust des einzig gemeinsamen Ziels dieser heterogenen Protestbewegung stellte sich auch die Frage nach dem Scheitern und der Resignation derselben. Die

---

[19] Ebd.; Brief von Rektor an L. vom 24.5.1984, in: BUA 2/AkAn-Nr. 3287; 17. Sitzung des Akademischen Senats vom 23.11.1983, in: BUA 1/AS-Nr. 209.

Friedensaktivist_innen beschlossen, sich gegen den Zerfall zu wehren und beharrten weiterhin auf einem aktualisierten Minimalkonsens. Sie forderten die Einstellung der Raketenstationierung und den Abbau der bisher installierten Raketen.[20]

Im Rahmen der bundesweiten Widerstandstage vom 5.-7. Dezember und am 12. Dezember 1983 entwickelten das Friedens- und Aktionskomitee und die einzelnen Fachbereiche erneut ein abwechslungsreiches Programm, in dem politische Fragen des Widerstands diskutiert, Friedenskultur erarbeitet und angeeignet und Gegenöffentlichkeit organisiert werden sollte. Nur wenig Studierende besuchten ihre Vorlesungen. Am 12. Dezember fand auf dem Bahnhofsvorplatz eine vom AStA veranstaltete Demonstration mit ca. 300 Teilnehmer_innen statt, welche zur CDU-Zentrale am Wall führte. Die Abschlusskundgebung erfolgte auf dem Teerhof.[21] Darüber hinaus beteiligte sich die Universität an der Osteraktion von 1984, so z. B. an der Blockade der US-Kaserne in Garlstedt (19.-21. April) und an einem Ostermarsch/Sternmarsch (21. April) von der Kaserne Vahr in die Innenstadt. Auch zur Blockade der US-Munitionstransporte im Juni wurde aufgerufen. Mit diesen Aktionen demonstrierte die Friedensbewegung an der Universität, dass der Kampf für den Frieden und gegen die Raketen noch längst nicht beendet war.[22]

---

[20] Janning, 48f.

[21] Flugblatt: Widerstandstage/Streik 5.-7.12/12.12.1983, in: BUA 7/N,Zach-Nr. 6; Aufruf der STUGA- Konferenz und des Friedens-und Aktionskomitees der Universität Bremen für Widerstandstage 5.-7.12.1983, in: BUA 1/R-Nr. 1479; Art.: „Lehrbetrieb eingeschränkt. ‚Streiks' an Hochschulen gegen Stationierung neuer Raketen", in: Weser Kurier vom 6.12.1983; Art.: „Zerbrochene Rakete und Stern mit drei Strahlen. Friedensdemonstration nicht ohne Zwischenfälle", in: Weser Kurier vom 13.12.1983.

[22] Info 1 Friedens- und Aktionskomitees, 2, in: BUA 7/P-Nr. 1991; Flugblatt zur Bomben-Zugblockade am 5.6., in: BUA 1/R-Nr. 1479.

C. Die 1. Internationale Friedensuniversität in Bremen

Plakat zur 1. Internationalen Friedensuniversität, (Quelle: Staatsarchiv, StAb 7, 1076-13).

Die Reflexionsphase bildet den Rahmen der größten Aktion für den Frieden an der Universität Bremen – der 1. Internationalen Friedensuniversität. Bei dieser lag der Schwerpunkt nicht mehr auf der Verhinderung der Raketenstationierung, sondern auf der generellen Reflexion über Krieg und Frieden und die Rolle der Wissenschaft.

Die Idee für eine groß angelegte Veranstaltung dieser Art wurde von den Mitgliedern des Friedens- und Aktionskomitees recht früh entwickelt. Bereits im April 1984 wurde sie als Abschlussveranstaltung des Sommersemesters angekündigt.[23] Die Kooperation mit der Universität Aarhus (Dänemark) kam durch persönliche Beziehungen der Komiteemitglieder zu Dozenten dieser Universität zustande.[24]

Eine Veranstaltung solchen Ausmaßes hätte nicht ohne die Unterstützung der Universitätsleitung durchgeführt werden können. Der Akademische Senat befürwortete die Aktion, indem er die Friedensuniversität offiziell beschloss.[25] Auch beim Rektor war ein großer Rückhalt vorhanden. In einem Brief vom 30. Juli 1984 dankte das Friedens- und Aktionskomitee diesem für seine Unterstützung: „Ihr Engagement, Ihre Bereitschaft, uns durch unkonventionelle Entscheidungen bzw. durch die Übernahme zusätzlicher Belastungen zu unterstützen, hat erst die Basis für eine erfolgreiche Realisierung des ambitionierten Projektes geschaffen."[26]

Das Motto „Kein Frieden der Wissenschaft mit dem Krieg" wurde während der Veranstaltung vom 12. bis 14. Juli 1984 öffentlich vertreten und bildete den Rahmen für alle Programmpunkte.[27] Insgesamt war die Internationale Friedensuniversität von Interdisziplinarität geprägt. In Veran-

---

[23] Info 1 des Friedens-und Aktionskomitees, in: BUA 7/P-Nr. 1991.

[24] Kurzfragebogen Alheit.

[25] PR-Kurzinfo (10.7.1984), in: BUA 7/F-Nr. 2743.

[26] Dankesbrief des Friedens- und Aktionskomitees an den Rektor, in: BUA 1/R-Nr. 1479.

[27] Peter Alheit, u. a. (Hg.): Materialien der internationalen Friedensuniversität Bremen 12. bis 14. Juli 1984. Kein Frieden der Wissenschaft mit dem Krieg, Bremen 1985.

staltungen der Fachbereiche setzte man sich auf natur-, geistes- und sozialwissenschaftlicher Ebene mit dem übergeordneten Thema auseinander. Auch in dem später erschienenen Sammelband mit den Vorträgen der Internationalen Friedensuniversität wird dieser Aspekt deutlich. Die verschiedenen Programmpunkte werden in Unterkategorien gegliedert, die den fächerübergreifenden Charakter der Großveranstaltung unterstreichen. So näherte sich das Kapitel „Zeiten der Schwäche des Friedens"[28] der Friedensbewegung von der politischen Seite her. Der Punkt „Herausgefordert – Die Wissenschaft vom Menschen"[29] umfasst Vorträge aus dem Bereich der Human- und Sozialwissenschaften. Wichtig ist auch, dass Beiträge von naturwissenschaftlicher Seite gehalten wurden, welche sich kritisch mit der Bedeutung der Disziplinen im Bezug auf militärische Entwicklungen auseinandersetzen. Dies ist besonders in dem Kapitel „‚... dass das einzige Ziel der Wissenschaft darin besteht, die Mühseligkeit der menschlichen Existenz zu erleichtern'. Zur friedlichen Nutzung der Naturwissenschaft"[30] gegeben.

Weiterhin konnten international renommierte Wissenschaftler wie z. B. Prof. Johan Galtung, Prof. Dr. med. Horst-Eberhard Richter oder Prof. Dr. Wolfgang Abendroth, Schriftsteller wie Erich Fried oder Ingeborg Drewitz und Politiker wie Dieter Esche (Grüne), Horst Jungmann (SPD) und François Würz (Kommunistische Partei Frankreichs) für das Projekt gewonnen werden.[31]

---

[28] Ebd., 3.

[29] Ebd., 5.

[30] Ebd., 4.

[31] Wissenschaft und Frieden. 1. Internationale Friedens-Universität Bremen, 12.-14. Juli 1984, in: BUA 1/R-Nr. 1479; Universität Bremen Pressespiegel Juli 1984 (Sonderausgabe), in: BUA 2/Press-Nr. 1001; Art.: „Ende der gemeinsamen Fahnenstange", in: Weser Kurier vom 14.07.1984; Interview Sandkühler.

Neben den abwechslungsreichen Vorträgen gab es auch verschiedene andere Formen von Veranstaltungen, wie Theaterworkshops, Arbeitsgruppen oder Diskussionsrunden mit bekannten Literaten.

Abschließend fanden am letzten Tag der Internationalen Friedensuniversität auch Filmvorführungen und ein Friedensfest statt.[32]

Offiziell endete die Veranstaltung mit einem Abschlussplenum, an dem ca. 600 Menschen teilnahmen. Bei diesem wurde ein als „umstritten" geltender Film mit dem Titel „Am Tag davor" von Radio Bremen gezeigt, der sich fiktiv mit Vorbereitungen auf eine kriegerische Auseinandersetzung in Bremen beschäftigt. Dadurch, dass die Veranstaltung als nicht öffentlich deklariert wurde, konnte Klagen aus dem Weg gegangen werden. Prof. Dr. Hans Jörg Sandkühler, einer der Mitorganisatoren erklärte: „Uns ist die Möglichkeit gegeben worden, diesen Film vorzuführen, und wir haben uns nicht legitimiert gesehen, zu diesem Angebot ‚Nein' zu sagen."[33] Die Vorführung sorgte für Aufsehen. Die Teilnehmer_innen setzten sich hinterher in einer gemeinsamen Resolution für die öffentliche Ausstrahlung ein.[34] Diese erfolgte jedoch erst am 2. Oktober 2005, im Rahmen der Sendung „buten un binnen 25 – Das Beste: ‚The Day before'. Die zensierte Sendung".[35]

Dem Friedens- und Aktionskomitee war es sehr wichtig, dass die Internationale Friedensuniversität nicht auf einer rein universitären oder wis-

---

[32] Wissenschaft und Frieden. 1. Internationale Friedens-Universität Programm, in: BUA 1/R-Nr. 1479.

[33] Art.: „Gegen das Denken im Elfenbeinturm. Fazit der Ersten Friedens-Universtät/Abschluß mit umstrittenem Radio-Bremen-Film", in: Weser Kurier vom 16.7.1984.

[34] Ebd.; Interview Sandkühler.

[35] Informationen, online in: http://www.origin.radiobremen.de/unternehmen/presse/fernsehen/pressemitteilung3954.html (Stand: 25.5.2011).

senschaftlichen Ebene verblieb. Dies sollte durch die Einbeziehung der Bürger_innen Bremens und der weiteren Region erreicht werden. Besonders die Vorträge von überregional bekannten Personen waren ein großer Anziehungspunkt, so dass teilweise bis zu 2000 Zuhörer bei einer Veranstaltung anwesend waren, bei einigen sogar mehr Besucher aus der Stadt als aus der Universität.[36]

Auch die regionale und überregionale Presse informierte über die erste Internationale Friedensuniversität in Bremen. So wurde u. a. ein dreiminütiger Bericht in der Tagesschau gesendet und war somit in ganz Bundesdeutschland zu sehen.[37]

Der Anspruch, das Denken aus dem „Elfenbeinturm" Universität heraus zu bringen, wurde von den Veranstaltern mit Erfolg umgesetzt. Der „Weser Kurier" als regionale Tageszeitung berichtete sowohl während als auch nach der Durchführung über das Geschehen an der Universität. Auch wurden täglich einzelne Programmhinweise abgedruckt, so dass die Leser auch ohne spezielles Informationsmaterial über das Programm auf dem Laufenden gehalten wurden.[38]

An diesen Erfolg wollte das Friedens- und Aktionskomitee anknüpfen. Schon zu Beginn der Internationalen Friedensuniversität wurde beschlossen, dass eine zweite Veranstaltung dieser Art an der Kooperationsuniversität in Aarhus stattfinden sollte.[39]

---

[36] Interview Sandkühler; Kurzfragebogen Alheit; Universität Bremen Pressespiegel Juli 1984 (Sonderausgabe), in: BUA 2/Press-Nr. 1001.

[37] Universität Bremen Pressespiegel Juli 1984 (Sonderausgabe), in: BUA 2/Press-Nr. 1001.

[38] Art.: „Forscher haben Verantwortung. Erste Internationale Friedensuniversität in Bremen eröffnet", in: Weser Kurier vom 13.7.1984; Art.: „Ende der gemeinsamen Fahnenstange", in: Weser Kurier vom 4.07.1984; Art.: "Gegen das Denken im Elfenbeinturm", in: Weser Kurier vom 16.7.1984.

[39] Brief des Friedens- und Aktionskomitee an den Rektor, in: BUA 1/R-Nr. 1476.

Diese erfolgte dann im Oktober 1985, allerdings laut Prof. Dr. Sandkühler in einem kleineren Rahmen.[40] Auch hier stand das Thema Frieden und Wissenschaft im Vordergrund. Dies zeigen die gesammelten und publizierten Vorträge, die Aspekte ansprechen, die von der Problematik des Ost-West-Konflikts bis hin zu der Verantwortung der Geisteswissenschaft für den Frieden reichen.[41]

Die Idee einer Internationalen Friedensuniversität wurde weitergeführt. In den folgenden Jahren wurden auch in anderen Ländern Veranstaltungen unter diesem Namen organisiert, an denen sich das Friedens- und Aktionskomitee aber nur noch eingeschränkt beteiligte. Im Jahre 1991 fand anlässlich des Zweiten Golfkrieges erneut eine Friedensuniversität in Bremen statt.[42]

---

[40] Interview Sandkühler.

[41] Torben Storner, u. a. (Hg.): Peace and the Future. Proceedings of the II International Peace University, Aarhus 1986.

[42] Interview Sandkühler; Art.: „Nur eine Partei beim Dialog. 5. Internationale Friedensuniversität gestern eröffnet", in: taz Bremen vom 12.6.1991.

Vortrag von Prof. Dr. Johan Galtung (Stockholm) am 11.06.1991 anlässlich der 5. Internationalen Friedensuniversität (Quelle: Pressestelle Universität Bremen).

D. Zerfall der universitären Bewegung

Nach der großen 1. Internationalen Friedensuniversität gab es in den folgenden Jahren eher vereinzelte Friedensveranstaltungen.

Innerhalb der Vortragsreihe „Forum Wissenschaft und Frieden" hielt der SPD-Abrüstungsexperte Egon Bahr am 8. Januar 1985 in der Universität eine Rede mit dem Titel „Abschreckung und Aufrüstung sind Zwillinge". Diese Veranstaltung versuchte die Marxistische Gruppe, die aus allen Teilen der Bundesrepublik ca. 150 Anhänger mobilisiert hatte, durch Sprechchöre und Prügeleien zu sprengen. Durch zweimaliges Umziehen in andere Räume gelang es schließlich, die Störer abzuschütteln und der Vortrag konnte stattfinden. Die Friedensbewegung war der Marxistischen

Gruppe nicht radikal genug, schon öfters hatte es ähnliche Vorfälle gegeben, mit denen sie öffentliche Veranstaltungen behinderte.[43]

Die Universitätsleitung erklärte, dass sie derartige Vorkommnisse nicht dulden könne. Das Friedens- und Aktionskomitee beschloss am 28. Januar 1985, eine Informationsveranstaltung zur Marxistischen Gruppe zu organisieren. Als Redner wurden der Philosoph Prof. Dr. Herbert Schnädelbach und der Soziologe Prof. Dr. Dirk Kaesler eingeladen, die sich mit der Analyse dieser „Sekte" beschäftigten. So stellte Kaesler u. a. fest, dass die Marxistische Gruppe ein Geheimbund sei, der weder marxistische noch demokratische Prinzipien verfolge, sondern stattdessen nach Macht in Staat und Gesellschaft strebe. Die Marxistische Gruppe bestritt diese Anschuldigungen, zog sich aber nach dieser Veranstaltung von der Universität Bremen zurück.[44]

Anlässlich des 40. Jahrestages der bedingungslosen Kapitulation des „Großdeutschen Reiches" beschloss der Akademische Senat, den 8. Mai 1985 als Dies Academicus zu begehen. Im Gegensatz zu den bisher erwähnten Aktionen handelte es sich hierbei nicht um eine Veranstaltung gegen die Raketenstationierung. Auch wenn der Zusammenhang zwischen der Situation von vor 40 Jahren und der derzeitigen Lage, in der die Bedrohung des Friedens durch die Möglichkeit eines Atomkrieges wieder zu einem zentralen Thema geworden war, hergestellt wurde, lag der Schwerpunkt auf der Thematisierung des Faschismus. Die Universität Bremen bekannte sich zu

---

[43] PR Kurzinfo (9.1.1985), in: BUA 1/R-Nr. 1479; Universität Bremen Uni-Press Aktuell (14.1.1985), in: BUA 1/R-Nr. 1479; Breitseite (7.11.1983), in: BUA 1/R-Nr. 1479.

[44] Universität Bremen Uni-Press Aktuell (14.1.1985), in: BUA 1/R-Nr. 1479; Art.: „Rechter Stoßtrupp gegen die Demokratie" Scharfe Kritik an Marxistischer Gruppe", in: Weser Kurier vom 29.1.1985; Interview Sandkühler.

„der moralischen Verpflichtung des Erinnerns"[45] und zu der Aufgabe „historisches Bewußtsein [sic!] wachzuhalten und zu schärfen".[46]

Die zentralen Veranstaltungen gingen dabei auf die Initiative des Friedens- und Aktionskomitees zurück. Höhepunkt war die Lesung der bekannten Schriftstellerin Luise Rinser aus ihrem autobiographischen Roman, der sich mit der Zeit des Nationalsozialismus befasst.[47]

Am 3. Juli 1985 wurde vom Friedens- und Aktionskomitee ein Workshop zu dem Thema „SDI – Schutzschild oder Krieg der Sterne?" in der St. Stephani Gemeinde organisiert. In der Veranstaltung wollten sich Wissenschaftler der Universität an die Öffentlichkeit wenden um über die Gefahren der Aufrüstung, ihre Ursachen und mögliche Folgen zu informieren.[48]

Vom 11. bis zum 16. November 1985 fand eine weitere Bremer Friedenswoche statt, an der sich das Friedens- und Aktionskomitee in Form von Vorträgen, z. B. „Die Verantwortung der Wissenschaft" von Prof. Dr. Dr. Peter Alheit, ebenso wie einige Hochschulgruppen und der AStA beteiligten.[49]

---

[45] Peter Alheit, Walter R. Heinz: „„... den Frieden feiern'. Statt eines Vorworts", in: P. Alheit, W. R. Heinz (Hg.): „... den Frieden feiern". 8. Mai 1945/8. Mai 1985. Dokumentation einer Gedenkfeier der Universität Bremen, Bremen 1986, 7-11, hier 9.

[46] Walter R. Heinz: „Begrüßung", in: P. Alheit; W. R. Heinz (Hg.): „... den Frieden feiern". 8. Mai 1945/8. Mai 1985. Dokumentation einer Gedenkfeier der Universität Bremen, Bremen 1986, 13-17, hier 13f.

[47] Heinz: 13f; Flugblatt: Aufruf zum 40. Jahrestag der Befreiung vom Faschismus, in: BUA 1/R-Nr. 1479.

[48] Flyer des Friedens- und Aktionskomitee der Universität Bremen zum Workshop Schutzschild oder Krieg der Sterne?, in: StAB 7,1076-322.

[49] Flyer „Abrüsten, um zu überleben" zur Friedenswoche vom 11. bis 16. November 1985, in: StAB 7,1076- 237.

Während Butterwegge von einer Zerfallsphase der Bremer Friedensbewegung ab 1987/1988 spricht[50], verlief sich die universitäre Bewegung schon etwas früher. Das Friedens- und Aktionskomitee, welches vereinzelt noch mit Vorträgen auftrat, reduzierte seine Aktivitäten, auch wenn es formell niemals aufgelöst wurde. Die „Zementierung" des NATO-Doppelbeschlusses und das Ende des Ost-West-Konflikts führten letztendlich zum schrittweisen Rückgang der Friedensbewegung der 1980er Jahre.[51]

Auch wenn es der bundesdeutschen Friedensbewegung nicht gelang, ihr Hauptziel – die Verhinderung der Raketenstationierung – durchzusetzen, kann man nicht von einem kompletten Scheitern dieser Protestbewegung sprechen. Noch nie zuvor hatte es ein solches Ausmaß an außerparlamentarischen Aktionen, an denen sich Menschen verschiedenster sozialer Gruppierungen beteiligten, in der Bundesrepublik gegeben.[52] Dazu gehörten auch viele Bremer Universitätsangehörige.

---

[50] Butterwegge, 155.

[51] Interview Sandkühler; Kurzfragebogen Alheit.

[52] Christoph Butterwegge, u. a.: „Vorwort der Herausgeber", in: C. Butterwegge, u. a. (Hg.): Friedensbewegung - Was nun? Probleme und Perspektiven nach der Raketenstationierung, Hamburg 1983, 7f., hier 7.

Die 1. Internationalen Friedensuniversität, die vom Friedens- und Aktionskomitee organisiert wurde, war in dieser Form ein einmaliges Ereignis. Ebenso wie bei diesem Projekt, das die Einbeziehung der städtischen Bevölkerung als zentrales Ziel verinnerlicht hatte, agierte das Komitee auch sonst selten uni-intern. Vorträge, Workshops, kulturelle und sportliche Veranstaltungen fanden meist im Rahmen bundesweiter Friedensaktionen statt und waren oft ein Beitrag zu den Bremer Initiativen. So kooperierten oder arbeiteten Mitglieder des Friedens- und Aktionskomitees auch mit bzw. in städtischen Friedensorganisationen.[53] Allerdings wurde bei den universitären Veranstaltungen inhaltlich vor allem versucht, den Schwerpunkt auf die Verantwortung der Wissenschaft für den Frieden zu legen.

Auffallend ist an der Universität Bremen weiterhin, dass die Universitätsleitung sich an politischen Aktionen beteiligte. Sowohl die beiden erwähnten Dies Academici als auch die Friedensuniversitäten in Bremen wären ohne die Zustimmung und Mithilfe des Akademischen Senats und des Rektorats nicht realisierbar gewesen.

Zusammenfassend lässt sich feststellen, dass an der Universität Bremen in den 1980er Jahren eine aktive Friedensbewegung existierte, die vor allem vom Friedens- und Aktionskomitee, aber auch von Hochschulgruppen, den einzelnen Fachbereichen und dem AStA getragen wurde. Die von ihnen initiierten Veranstaltungen, deren Höhepunkt die 1. Internationale Friedensuniversität war, stellten einen wichtigen Beitrag zu den bundesweiten Aktionen der Friedensbewegung dar.

---

[53] Kurzfragebogen Schneekloth.

Daniel Strauß

Wohnraum kontra Aktionsraum
Der Häuserkampf in Göttingen

Das Fehlen von bezahlbaren Wohnungen, die Zweckentfremdung, – der Leerstand von Unterkünften – sowie die Vernichtung von günstigem Wohnraum infolge der städtischen Abrisspolitik – dies waren nur einige der Argumente der westdeutschen Hausbesetzer_innen, die mit ihren Aktionen Ende der 1970er und in den 1980er Jahren bundesweit in der Öffentlichkeit für Aufsehen sorgten. Auch Göttingen wurde seit dem Ende der 1970er Jahre Schauplatz von Auseinandersetzungen um die Nutzung von Wohnraum und die Ausrichtung der städtischen Politik, die mit der Solidarisierung von prominenten Personen wie Wolf Biermann ein überregionales Echo erreichten. Der folgende Beitrag thematisiert die Haltung der beteiligten Akteure – Studierende, Universität und Stadt – und die Differenzierung der Protestbewegung.

A. Das Göttinger Wohnraumproblem

„Die Universität Göttingen wird bis auf eine Holzbaracke und ein kleines Fachwerkhaus keine Gebäude im Bereich der alten Kliniken an der Humboldtallee für das Studentenwerk zur Verfügung stellen."[1] Mit dieser

---

[1] Art.: „Studenten sollen nicht in die alten Kliniken. Präsident und Kanzler erläutern Sanierungspläne der Universität", in: Göttinger Tageblatt vom 16.10.1979.

Aussage, die der Präsident der Georg-August-Universität Göttingen Norbert Kamp und Kanzler Hans-Ludwig Schneider am 15. Oktober 1979 vor der Presse kundtaten, verdeutlichten sie ihre strikte Haltung gegenüber der Forderung der Studierenden, das gesamte Gelände des alten Klinikums in der Goßlerstraße als Wohnraum zur Verfügung zu stellen. Anlass für den studentischen Appell war das akute Defizit an vorhandenen Unterkünften. Die Göttinger Stadtzeitung, ein in ihrem Selbstverständnis alternatives Organ[2], meldete in ihrer Oktoberausgabe von 1979 einen Fehlbestand von 3.000 Wohnungen.[3] Auch das Studentenwerk Göttingen war dem Andrang auf die Studienplätze nicht gewachsen. Studentenwerkschef Günter Koch gab über das Göttinger Tageblatt bekannt: "So wenige Zimmer wurden uns schon lange nicht mehr gemeldet."[4] Die Überlegung, ein Zimmer in einem Studentenwohnheim zu bekommen – nach einer Umfrage besaßen etwa ein Viertel der Studierenden (8,7% mehr als im Vorjahr) den Wunsch danach –, musste sofort wieder verworfen werden, da diese komplett belegt waren und sich zudem auf den Wartelisten mehr als 1.000 Bewerber befanden.[5]

Wie war es zu dieser Entwicklung gekommen? Kriegs- und Nachkriegsfolgen hatten dazu geführt, dass die Einwohnerzahl Göttingens zwischen 1939 (50.000) und 1949 rasant um 60 Prozent auf 80.000 angestiegen war. Die besondere geografische Lage der Stadt zwischen der grünen Grenze zur sowjetischen und der amerikanischen Besatzungszone hatte in der

---

[2] Die Göttinger Stadtzeitung berichtete von 1977-1985 alternativ zum Göttinger Tageblatt über die lokalen Ereignisse.

[3] Art.: „Kampf um's ‚letzte Loch'", in: Göttinger Stadtzeitung, Oktoberausgabe 1979, 15.

[4] Art.: „Viele Studenten – zu wenig Zimmer", in: Göttinger Tageblatt vom 28.8.1979.

[5] Art.: „Kampf um's ‚letzte Loch'", in: Göttinger Stadtzeitung, Oktoberausgabe 1979, 15.

Nachkriegszeit zu diesem enormen Wachstum beigetragen.[6] Bis 1963 sollte dieser Wert in etwa Bestand haben. Damit zählte Göttingen zu den am dichtesten besiedelten Städten der Bundesrepublik.[7] Zwar gelang es der Stadt, den Wohnungsbestand in den fünfzehn Jahren zwischen 1950 und 1965 mehr als zu verdoppeln, dennoch sorgten die Expansion der Universität sowie die Eingemeindungen im Jahre 1964[8] dafür, dass Göttingen „eine Stadt mit überdurchschnittlich hohem Wohnungsdefizit (1962 = 27,3 %)"[9] blieb. Nach dem Bau weiterer 16.500 Wohnungen bis 1974 schien das Wohnraumproblem Mitte der siebziger Jahre gelöst. Jedoch führten der Trend zur Einpersonenwohnung und der ungebrochene Anstieg der Studentenzahlen schon zu Beginn der 1980er Jahre zu einem neuen Engpass.[10]

---

[6] Vgl. Ulf Gerrit Meyer-Rewerts: „Die Verwaltung des Mangels – Wohnungsnot in der Göttinger Nachkriegszeit", in: M. Büttner/S. Horn (Hg.): Alltagsleben nach 1945. Die Nachkriegszeit am Beispiel der Stadt Göttingen, Göttingen 2010, 161-178, hier 162.

[7] Günter J. Trittel: „Göttingens Entwicklung seit 1948", in: R. von Thadden/G. J. Trittel (Hg.): Göttingen: Geschichte einer Universitätsstadt. Von der preußischen Mittelstadt zur südniedersächsischen Großstadt 1886-1989. Mit 105 Abbildungen und Tabellen (Band 3), Göttingen 1999, 291-356, hier 291.

[8] Infolge des sogenannten „Göttingen-Gesetzes" kam es 1964 zur Eingemeindung der Ortsteile Geismar, Grone, Weende und Nikolausberg, wodurch sich die Bevölkerung noch einmal explosionsartig auf rund 108.000 Einwohner erhöhte: Ebd., 291-292.

[9] Ebd., 348.

[10] Ebd.

B. Die Akteure des Konfliktes um die Freigabe des alten Klinikums

I. Die Hochschule

Wenngleich Universitätspräsident Kamp die eklatante Wohnungsnot der Studierenden anerkannte, so machte er auf der anderen Seite deutlich, dass es unmöglich sei, die alten Kliniken dem Studentenwerk zu übergeben. Dies würde die eigene bauliche und räumliche Entwicklung der zukünftigen Jahre einengen, da die Universität nach einer Sanierung der Kliniken diese für andere Zwecke der Hochschule verwenden wolle.[11]

Die Position der Hochschule, trotz des offenkundiges Mangels an verfügbaren Wohnungen an dem universitären Ausbau festzuhalten, bildete die Grundlage für die Debatte um die Freigabe des alten Klinikums, die ab dem Herbst des Jahres 1979 die Göttinger Öffentlichkeit beherrschen sollte. Sie entwickelte sich im Wesentlichen zu einer Auseinandersetzung zwischen drei Parteien: der Stadt Göttingen und der Hochschule einerseits sowie den Studierenden andererseits.

II. Die Studierenden

Unter den rund 130.000 Einwohnern,[12] die 1979 in Göttingen lebten, befanden sich laut Göttinger Statistischem Informationssystem 24.071

---

[11] Art.: „Studenten sollen nicht in die alten Kliniken. Präsident und Kanzler erläutern Sanierungspläne der Universität", in: Göttinger Tageblatt vom 16.10.1979.

[12] Trittel, 292.

Studierende[13] – somit war mehr als ein Fünftel der Bürger_innen an der Universität eingeschrieben. Den Modalitäten an anderen deutschen Universitäten entsprechend, wählte auch die Göttinger Studentenschaft ein Studentenparlament, welches wiederum den Allgemeinen Studentenausschuss als repräsentatives Organ bestimmte. Dieser vertrat die Interessen der Studierenden gegenüber der Öffentlichkeit und der Hochschulleitung. An der Spitze der Hochschulleitung stand der Universitätspräsident Norbert Kamp, während die Leitung der Verwaltung, welche sich unter anderem auch mit dem Gebäudemanagement befasste, Kanzler Hans-Ludwig Schneider oblag. Das wichtigste Entscheidungsgremium war der Senat, welchem neben Professoren, wissenschaftlichen und nichtwissenschaftlichen Mitarbeitern auch zeitweise Studierende angehörten. Mit ihren sozialen Belangen beschäftigte sich das universitätsnahe Studentenwerk, das sowohl die Studentenwohnheime betrieb – also ein kommerzielles Interesse hatte –, als auch Beratungen für die Studierenden anbot.

Die Studierenden warfen der Universitätsleitung vor, dass diese wie in vergangenen Semestern lediglich die Bevölkerung fortwährend dazu aufriefe, „noch mehr Zimmer an Studenten zu vermieten"[14], anstatt Gebäudekomplexe aus ihrem Besitz, „die [zum Teil] seit Monaten schon leerstehen und die für Wohnzwecke geeignet sind"[15], zur Wohnungsnutzung freizugeben. Dabei wurden die Studierenden neben dem Allgemeinen

---

[13] Göttinger Statistisches Informationssystem (GÖSIS), Redaktion: Stadt Göttingen – Fachdienst Statistik und Wahlen (02.2011), Online abrufbar, URL: http://www.goesis.goettingen.de/pdf/054_40.pdf.

[14] Das Klinikum soll Wohnraum sein – Mieter rein! Flugblatt, herausgegeben vom Allgemeinen Studentenausschuss der Universität Göttingen (Stadtarchiv Göttingen, Signatur FS 10 B 404-5).

[15] Ebd.

Studentenausschuss der Universität Göttingen vor allem von der Mieterinitiative Kreuzbergring unterstützt.

III. Die Mieterinitiative Kreuzbergring

Die Mieterinitiative war Mitte der 1970er Jahre entstanden, als die Einwohner von mehreren älteren Wohnblöcken im Kreuzbergring zum Spielball der Interessen zwischen Stadt und Universität wurden. Sowohl die Hochschule – im Rahmen der Universitätserweiterung – als auch die Stadt – mit dem Ziel den Kreuzbergring zur vierspurigen Straße auszubauen – hatten vor die Häuser abzureißen. Doch sollten beide Vorhaben schließlich aufgrund von fehlenden Konzepten und Finanzen scheitern. Die Bewohner_innen aber erhielten 1974 ihre Kündigung.

Diese angespannte Konstellation führte Anfang desselben Jahres zur Bildung der Mieterinitiative, welche Verhandlungen mit der Stadtverwaltung, dem Kurator der Universität sowie dem Studentenwerk aufnahm und schließlich einen Teilerfolg für die Mieter erreichte: Weitere Maßnahmen wurden bis zum nächsten Jahr aufgeschoben und die Mietverträge bis zum September 1976 verlängert. Die Mieterinitiative organisierte Versammlungen und Tage der offenen Tür, um über den drohenden Abriss der Wohnungen zu informieren, da das städtische Vorhaben, die Straße vierspurig auszubauen, immer noch aktuell war.[16] Im Zuge dieser Aktionen wurde unter anderem das Gebäude Kreuzbergring 32 im Jahr 1977 von einigen hundert

---

[16] Art.: „Geschichten und Geschichtliches: Das ‚Räumungsprogramm Kreuzbergring'", in: WG aktuell: Mitgliederzeitung der Wohnungsgenossenschaft eG Göttingen, Nr. 31, Juni 2010 (Stadtarchiv Göttingen, Signatur ZB 47: 31, 8).

Studierenden besetzt,[17] weil das Haus nach der Verwendung als orthopädische Werkstatt über Wochen hinweg leer gestanden hatte.[18] „Sie wollten damit gegen die geplante Zweckentfremdung dieses noch gut erhaltenen Hauses (…) protestieren."[19]

Während die schwierige Lage auf dem Wohnungsmarkt weiterhin anhielt, plädierte auch das Studentenwerk dafür, die zum Teil leer stehenden Gebäude zu modernisieren und sie Studierenden zur Verfügung zu stellen. Der Kurator der Hochschule erläuterte im Januar 1977, dass die Universität für jene Räumlichkeiten keine Verwendbarkeit mehr sehe, und zwei Jahre später ließ das Studentenwerk die Gebäude sanieren, um sie an 200 Student_innen zu vermieten.[20] Damit war der Wohnungskampf aber nicht beendet.

Nach Einschätzung der Wohnungsgenossenschaft, der ehemaligen Trägerin der Häuser „war der Einsatz der Mieterinitiative für die Häuser am Kreuzbergring von friedlichen Protesten geprägt. Es wurde viel informiert und mit öffentlichen Aktionen Aufsehen erregt."[21] Wie ein Flugblatt der Mieterinitiative informiert, fanden jeden Mittwoch um 20 Uhr im Kreuzbergring 18/20 Treffen statt, auf denen Leute „ihre Erfahrungen bei der

---

[17] Art.: „Göttinger wehren sich gegen planmäßige Wohnraumzerstörung", in: Göttinger Stadtzeitung, Novemberausgabe 1979, 5.

[18] Art.: „Geschichten und Geschichtliches: Das ‚Räumungsprogramm Kreuzbergring'", In: WG aktuell: Mitgliederzeitung der Wohnungsgenossenschaft eG Göttingen, Nr. 31, Juni 2010 (Stadtarchiv Göttingen, Signatur ZB 47: 31, 8).

[19] Art.: „Göttinger wehren sich gegen planmäßige Wohnraumzerstörung", in: Göttinger Stadtzeitung, Novemberausgabe 1979, 5.

[20] Art.: „Geschichten und Geschichtliches: Das ‚Räumungsprogramm Kreuzbergring'", in: WG aktuell: Mitgliederzeitung der Wohnungsgenossenschaft eG Göttingen, Nr. 31, Juni 2010 (Stadtarchiv Göttingen, Signatur ZB 47: 31, 8).

[21] Ebd., 10.

Wohnungssuche"[22] austauschen konnten, um somit über Möglichkeiten zu diskutieren, wie die Situation zu verbessern sei. Auch bestanden eine enge Kooperation und ein reger Dialog mit dem AStA, wobei fortwährend die weiteren Methoden und Vorgehensweisen im Wohnungskampf besprochen wurden. So riefen die beiden studentischen Vertretungen unter anderem Universitätsvollversammlungen ein. Außerdem zeichneten der studentische Ausschuss und die Initiative für einige Flugblätter, in denen auf das Wohnraumproblem hingewiesen wurde, gemeinsam verantwortlich.

Die in diesen Schriften artikulierte Kritik richtete sich nicht nur an die Universität und somit deren Präsident Kamp. Auch die Stadt Göttingen wurde für die unbefriedigende Wohnraumsituation verantwortlich gemacht. Die von ihr praktizierte Abrisspolitik führe fortwährend dazu, dass günstiger Wohnraum in der Innenstadt vernichtet werde. Als Beispiel nannten AStA und Mieterinitiative den Konflikt um das Reitstallviertel, der bereits 1968 zu Protesten geführt hatte.[23] Mit ihrer Entscheidung, den Reitstall abzureißen, sei die Stadt mitverantwortlich dafür, dass „50 weitere Wohnplätze zugunsten von Geschäftshäusern und teuren Luxuswohnungen abgerissen werden sollen."[24] Tatsächlich waren mit dem Gothaer Haus und dem Hertie-Kaufhaus zwei Betonbauten von finanzkräftigen Konzernen an die Stelle des alten Reitstalls getreten, wobei deren Interesse an diesem

---

[22] Liebe Wohnungssuchende! Flugblatt von neuen + alten Wohnungssuchenden der Mieterinitiative Kreuzbergring und den Bewohnern der Medizinischen Klinik(Stadtarchiv Göttingen, Signatur FS 11 B 324-1).

[23] Mechthild Schumpp, Manfred Throll: "Raubbau. Der Abbruch des Reitstallgebäudes in Göttingen im Juni 1968", in: Bauwelt, Heft 33 (1968), 1016-1017; Carola Gottschalk: „Gebaute Geschichte – Versteinerter Fortschritt", in: K. Duwe, u.a. (Hg.): Göttingen ohne Gänseliesel, Göttingen 1988, 119-125.

[24] Altes Klinikum: ES TUT SICH WAS! Flugblatt des Allgemeinen Studentenausschusses der Universität Göttingen und der Mieterinitiative Kreuzbergring (Stadtarchiv Göttingen, Signatur FS 10 B 404-6).

Standort sicherlich keine unbedeutende Rolle bei der Entscheidung von Rat und Verwaltung zugunsten eben dieser Investoren gespielt hatte.[25]

Betrachtet man den Gestus der Flugblätter, so lässt sich eindeutig ein fordernder, vorwurfsvoller, an einigen Stellen ironischer und zum Teil auch aggressiver Tenor erkennen. Viele Aussagen von Vertreter_innen der Universität respektive der Stadt werden mit ironischen Untertönen und Anmerkungen kommentiert beziehungsweise als Fehleinschätzungen bezeichnet. Dichotomien strukturieren hier häufig die Wahrnehmung: So ist beispielsweise immer wieder von einem kollektiven „Wir" die Rede, das den Gegenpart zu den jeweiligen universitären und städtischen Parteien – „Kamp und seine[r] Mafia"[26] darstellt.

IV. Die städtischen Vertreter

Anders als die Universität zeigte die Stadt Göttingen mehr Kooperationsbereitschaft. Dem Studentenausschuss gelang es im Oktober 1979, eine gemeinsame Resolution mit Oberbürgermeister Artur Levi[27] zu

---

[25] Trittel, 338-341; Hans-Dieter von Frieling: „Erneuerung oder ‚Kahlschlagsanierung'? Der Umbau der Göttinger Innenstadt seit 1960", in: K. Duwe, u.a. (Hg.): Göttingen ohne Gänseliesel, Göttingen 1988, 126-137, hier 133-135.

[26] KAMP: Wenn das esrte Ei fliegt, dann geh ich. Flugblatt des Allgemeinen Studentenausschusses der Universität Göttingen vom 10.1.1980 (Stadtarchiv Göttingen, Signatur FS 11 B 400-3).

[27] Artur Levi war als Mitglied der SPD seit 1956 Ratsherr in Göttingen, über sechzehn Jahre lang SPD-Fraktionsvorsitzender und in den Jahren 1973-1981 sowie 1986-1991 Oberbürgermeister. Zwischen 1973 und 1981 regierte die SPD in einer Koalition mit der FDP, dabei stellte sich die Parteienkonstellation seit den Stadtratswahlen 1976 wie folgt dar: SPD 44,2 % (21 Sitze), CDU 38,2 % (18 Sitze), FDP 10,4 % (5 Sitze), DKP 2,5 % (1 Sitz), FWG 4,8 % (2 Sitze); Vgl. Trittel, 321-323.

unterzeichnen. In dieser Erklärung rügte die Stadt den Leerstand sowie die Zweckentfremdung von Wohnraum. Auch die Vermietung dieser Wohnungen an Studierende zu unbezahlbaren Mieten wurde beanstandet, da dies im „krassen Mißverhältnis"[28] zu der gegenwärtigen Situation stehe. Weiterhin gestand die Stadt ihre Mitschuld an den desaströsen Verhältnissen auf dem Wohnungsmarkt ein, betonte jedoch zugleich, dass die Klinikgebäude nicht in ihren Zuständigkeitsbereich fielen, da die Verwaltung der Hochschule die Verantwortung für diese trage.[29] Levi befand sich damit – bewusst oder unbewusst – im Einklang mit der auf Ausgleich bedachten politischen Linie, die bis 1980 auch der SPD-regierte Berliner Senat gegenüber den Hausbesetzungen verfolgte.[30] Aus Sicht der niedersächsischen SPD war die Wohnungsnot der Göttinger Studierenden der verfehlten Hochschul-Ausbaupolitik des Landes Niedersachsen[31], also der CDU-Regierung geschuldet. Deshalb forderte die Stadt sowohl das Land Niedersachsen als auch die Georg-August-Universität dazu auf, die Räumlichkeiten des alten Klinikums den Studierenden als Wohnraum bereitzustellen.[32]

---

[28] Altes Klinikum: ES TUT SICH WAS! Flugblatt des Allgemeinen Studentenausschusses der Universität Göttingen und der Mieterinitiative Kreuzbergring (Stadtarchiv Göttingen, Signatur FS 10 B 404-6).

[29] Ebd.

[30] Freia Anders: „Wohnraum, Freiraum, Widerstand: Die Formierung der Autonomen in den Konflikten und Hausbesetzungen Anfang der achtziger Jahre", in: S. Reichardt/D. Siegfried (Hg.): Das alternative Milieu: antibürgerlicher Lebensstil und linke Politik in der Bundesrepublik Deutschland und Europa, 1968 – 1983, Göttingen 2010, 473-498, hier 486-487.

[31] Zitat von Inge Wettig-Danielmeier, der Hochschulpolitischen Sprecherin der SPD-Landtagsfraktion in Art.: „SPD: Wohnraumnot durch falsche Politik", in: Göttinger Tageblatt vom 26.10.1979.

[32] Altes Klinikum: ES TUT SICH WAS! Flugblatt des Allgemeinen Studentenausschusses der Universität Göttingen und der Mieterinitiative Kreuzbergring (Stadtarchiv Göttingen, Signatur FS 10 B 404-6).

C. Besetzung der ehemaligen Augenklinik im Oktober 1979 und die Politisierung der Bewegung

Da eine positive Reaktion der Universität ausblieb und Präsident Kamp zudem wenig Gesprächsbereitschaft gegenüber den Wohnungssuchenden zeigte, dabei aber deutlich seine konsequente Ablehnung der Freigabe des alten Klinikums artikulierte, besetzten einige Studierende am 18. Oktober das Gebäude der ehemaligen Augenklinik.[33]

Der Soziologe Jan Schwarzmeier hat diese Aktion als einen „Höhepunkte [sic] der ‚alten' HausbesetzerInnenbewegung in Göttingen"[34] bezeichnet. 100 Personen sollten ungefähr sechs Monate lang in dem Hochschulgebäude wohnen, bevor sie es im März 1980 auf Geheiß der Stadt verließen und ein Teil von ihnen „in Räume der ehemaligen Medizinischen Klinik umziehen"[35] konnte. Während die Maßnahme der Studierenden zunächst nur darauf abzielte, sich vorübergehend Abhilfe zu schaffen, wurde im Verlauf der Augenklinikbesetzung die zunehmende Politisierung des Konfliktes um das alte Klinikum evident. Die Inbesitznahme des alten medizinischen Instituts würde lediglich zu einer temporären Entspannung der Verhältnisse für Studierende, nicht aber zu einer dauerhaften Verbesserung des Problems, das die gesamte Göttinger Bürgerschaft betreffe, führen, so die Besetzer_innen. Neben der kurzfristigen Zielsetzung, „das gesamte

---

[33] Art.: „Studenten besetzten Augenklinik", in: Göttinger Tageblatt vom 19.10.1979.

[34] Jan Schwarzmeier: Die Autonomen zwischen Subkultur und sozialer Bewegung, Norderstedt 1999, 71.

[35] Ebd., 71.

alte Klinikum für Wohnzwecke zur Verfügung zu stellen"[36], lauteten deshalb die entsprechenden kommunalpolitischen Ziele, vorhandenen günstigen Wohnraum zu erhalten sowie neuen zu schaffen. Die Besetzer_innen selbst strebten an, Mietverträge mit der Stadt abzuschließen, wobei unter Umständen Ersatzwohnraum angenommen wurde, sofern dieser den studentischen Vorstellungen und Ansprüchen genügte.[37]

Die Besetzer_innen argumentierten nicht nur situativ. Ihnen ging es auch um die grundsätzliche Ausrichtung der städtischen Baupolitik und um ihre sozialen Folgen, vor allem für die ökonomisch marginalisierten Gruppen der Gesellschaft. Wie die lokale Stadtzeitung in ihrer Novemberausgabe kritisierten sie das Ansinnen der „Politiker und Bürokraten", Göttingen entgegen dem Willen der Bevölkerung den Status eines Oberzentrums zu verleihen, analog zu den Städten Hannover und Kassel. Demnach sollte die Entwicklung Göttingens von einer mittelgroßen- zu einer richtigen Geschäftsstadt forciert werden, „einer City mit Geschäftspassagen, Schaufensterfronten, Banken und teuren Appartmenthäusern (…). Um dieses Ziel zu erreichen, müssen einkommensschwache Bevölkerungsgruppen wie Rentner, Arbeiter, Ausländer, Lehrlinge und Studenten aus der Innenstadt verdrängt werden, muß billiger Wohnraum vernichtet werden."[38] Aus dieser Wohnraumzerstörung resultiere die Entvölkerung der Innenstadt – was zwischen 1961 und 1978 5.519 Bürger betroffen habe – und folglich die

---

[36] DAS GANZE KLINIKUM SOLL WOHNRAUM WERDEN!! Flugblatt des Allgemeinen Studentenausschusses der Universität Göttingen (Stadtarchiv Göttingen, ohne Signatur).

[37] Schwarzmeier, 71.

[38] Das Klinikum soll Wohnraum sein – Mieter rein! Flugblatt, herausgegeben vom Allgemeinen Studentenausschuss der Universität Göttingen (Stadtarchiv Göttingen, Signatur FS 10 B 404-5).

Erhöhung der Mietpreise.³⁹ Spekulationsskandale zum Gegenstand der städtischen Diskussion zu machen, war vor dem Hintergrund der Planungen für ein großes Kaufhaus, ein „Ärztehaus" und weitere Spekulationsobjekte naheliegend.⁴⁰ Der Konflikt kreiste damit, wie in Frankfurt oder Berlin, um das Phänomen der Gentrifizierung.⁴¹

Besetzte Augenklinik, 1979 (links), arbeitende Klinikbewohner in der Augenklinik (rechts) (Quelle: Eckhard Stengel, Freier Journalist).

---

³⁹ Ebd.; Nach Trittel hatte sich die Bevölkerung in der „Wallzone", dem zentralen Bereich der Innenstadt, in den zehn Jahren zwischen 1961 und 1971 um ein Drittel verringert. Neben der Ausdehnung des Wirtschaftssektors hätten zu dieser Entwicklung auch wachsende Ansprüche an qualitativ höherwertigen Wohnraum beigetragen. Vgl. Trittel, 337.

⁴⁰ von Frieling, 135.

⁴¹ Jörg Blasius: Gentrification: die Aufwertung innenstadtnaher Wohnviertel, Frankfurt 1990.

D. Protestkultur

Seit der Besetzung wurde die Augenklinik von rund 100 Personen bewohnt, unter denen sich laut dem AStA vor allem Studierende, aber auch Schüler_innen und Lehrlinge, die zuvor zumeist auf Wohnungssuche waren, befanden.[42] Dabei entwickelte sich in der mehrstöckigen, ehemaligen medizinischen Anstalt, die davor etliche Monate lang leer gestanden hatte, ein reges kulturelles und gesellschaftliches Leben. Auf diese Weise wurden aus Flurgemeinschaften nach und nach Wohngemeinschaften mit einer Selbstverwaltung, die nicht nur die Bewachung des Hauses, sondern auch Veranstaltungen, Feiern sowie die Öffentlichkeitsarbeit organisierte.[43] Hierbei bekamen die Bewohner_innen vom Studentenausschuss und der Mieterinitiative ihre Unterstützung zugesagt,[44] auch waren Mitglieder des AStA und der Initiative auf den täglich stattfindenden Besetzer-Plenen präsent. Außer den dauerhaften Bewohner_innen gab es zudem hunderte von der Wohnungsmisere betroffene Kommilitonen, die jeden Tag in den Räumlichkeiten ein- und ausgingen, arbeiteten, planten, diskutierten, feierten und diese gelegentlich auch zu Übernachtungszwecken verwendeten.[45] Nicht ohne Ironie kommentierte das Göttinger Tageblatt: „Äußerst angetan sind die Besetzer, wie es in einer Presseerklärung des AStA der Universität heißt,

---

[42] Das Klinikum soll Wohnraum sein – Mieter rein! Flugblatt, herausgegeben vom Allgemeinen Studentenausschuss der Universität Göttingen (Stadtarchiv Göttingen, Signatur FS 10 B 404-5).

[43] Art.: „Öffentlichkeitsgruppe Klinikum: Wir sind noch drin! Alte Augenklinik im Januar 1980", in: Göttinger Stadtzeitung, Februarausgabe 1980, 20.

[44] DAS GANZE KLINIKUM SOLL WOHNRAUM WERDEN!! Flugblatt des Allgemeinen Studentenausschusses der Universität Göttingen (Stadtarchiv Göttingen, ohne Signatur).

[45] Art.: „Jetzt wird die Augenklinik renoviert – von Studenten", in: Göttinger Tageblatt vom 20./21.10.1979.

Wohnraum kontra Aktionsraum

‚von dem hervorragenden Zustand des weitläufigen und geräumigen Hauses... Nicht nur, daß überall ausreichend Strom und Wasser vorhanden ist, das Haus ist auch hervorragend geheizt (...).'"[46]

In dieser Zeit erhielten die Klinikbewohner_innen sowohl gesellschaftlichen als auch politischen Zuspruch. Auf der einen Seite solidarisierten sich Viele mit der Aktion, was unter anderem an Umfragen im Göttinger Tageblatt[47] sowie der Überbringung von Geld- und Sachspenden deutlich wurde.[48] Dabei beschränkte sich das Interesse nicht nur auf die Stadt selbst. Auch überregionale und sogar ausländische Solidaritätsbekundungen waren zu vernehmen. So fanden bekannte Persönlichkeiten wie der Liedermacher Wolf Biermann oder der Dichter Erich Fried ihren Weg in die Augenklinik.[49] Letzterer gab eine „Unterstützungserklärung"[50] ab, die aber das Göttinger Tageblatt nach Angaben der Besetzer_innen nicht publizieren wollte. Für die sie war diese Unterstützung durch die Bevölkerung von immenser Bedeutung. Hausbesetzungen würden, so die Stadtzeitung, nur wenig Aussicht auf Erfolg besitzen, wenn sie sich nicht auf eine große Sympathisan-

---

[46] Ebd.

[47] Art.: „GT-Umfrage am Dienstag: Augenklinik?", in: Göttinger Tageblatt vom 23./10.1979.

[48] Das Klinikum soll Wohnraum sein – Mieter rein! Flugblatt, herausgegeben vom Allgemeinen Studentenausschuss der Universität Göttingen (Stadtarchiv Göttingen, Signatur FS 10 B 404-5).

[49] Wohnen und Leben im Alten Klinikum Flugblatt der Augenklinikbesetzer vom Oktober 1979 (Stadtarchiv Göttingen, ohne Signatur).

[50] Ebd.

tenbasis seitens der Einwohner stützen könnten.⁵¹ Deshalb zielten die Bewohner_innen fortwährend darauf die Zustimmung zu vergrößern.⁵²

Der Liedermacher Wolf Biermann vor versammelten Bewohnern in der besetzten Augenklinik, 1979 (Quelle: Eckhard Stengel, Freier Journalist).

Sie bekamen auch wortreichen „Beistand und Solidaritätsadressen"⁵³ von politischen Organisationen und Gewerkschaften, so unter anderem von den Jungsozialisten, der Gewerkschaft Erziehung und Wissenschaft und dem Marxistischen Studentenbund Spartakus. Darüber hinaus wurde die ehemalige medizinische Einrichtung zu einem Treffpunkt für politische

---

⁵¹ Art.: „Streitpunkte. Besetzungen besser vorbereiten. Wut im Bauch reicht nicht aus", in: Göttinger Stadtzeitung, Novemberausgabe 1980, 22.

⁵² Art.: „Öffentlichkeitsgruppe Klinikum: Wir sind noch drin! Alte Augenklinik im Januar 1980", in: Göttinger Stadtzeitung, Februarausgabe 1980, 20.

⁵³ Art.: „Präsident Kamp: Umbau beginnt in diesem Jahr. Universität hält an Sanierungsplänen der alten Kliniken eindeutig fest", in: Göttinger Tageblatt vom 24.10.1979.

Gruppen.⁵⁴ In diesem Zusammenhang erlangte die Augenklinik bundesweite Bekanntheit, da es am 27. Dezember 1979 in ihren Räumlichkeiten zum ‚ersten[n] westdeutsche[n] Wohnungskämpfer-Treffen'⁵⁵ kam. Drei Tage lang tauschten Häuserkämpfer_innen und Besetzer_innen aus dem gesamten Bundesgebiet ihre Erfahrungen untereinander aus,⁵⁶ was auch die überregionale Vernetzung der Göttinger Szene deutlich widerspiegelt. Somit hatte sich die Besetzung der alten Klinik nach übereinstimmender Einschätzung sehr unterschiedlicher Akteure wie der Augenklinikbesetzer_innen, des Kommunistischen Hochschulbunds und des Göttinger Tageblatts zu einem Politikum entwickelt.⁵⁷

Um ihre Vorhaben in die Tat umzusetzen, wollten die Bewohner_innen zunächst „bei den zuständigen Behörden eine Legalisierung des (...) selbst geschaffenen Wohnraumes (...) erreichen"⁵⁸, da die Inbesitznahme des Hochschulgebäudes nicht legal war. Dies führte dazu, dass sich ihr Alltag – trotz der unverkennbaren Sympathie, die der studentischen Maßnahme aus vielen unterschiedlichen Bereichen entgegengebracht wurde – äußerst

---

⁵⁴ Wohnen und Leben im Alten Klinikum: Flugblatt der Augenklinikbesetzer (Stadtarchiv Göttingen, ohne Signatur).

⁵⁵ Schwarzmeier, 71.

⁵⁶ Art.: „Treff nicht nur für Besetzer und Häuserkämpfer. Schwindel mit Solidaritätsbekundung – Augenklinikbewohner wollen Miete zahlen", in: Göttinger Tageblatt vom 22./23.12.1979; Anders, 479.

⁵⁷ Wohnen und Leben im Alten Klinikum: Flugblatt der Augenklinikbesetzer vom Oktober 1979 (Stadtarchiv Göttingen, ohne Signatur); SCHAFFT EIN, ZWEI .... - VIELE AUGENKLINIKEN! Flugblatt des Kommunistischen Hochschulbunds (Stadtarchiv Göttingen, Signatur FS 10 B 404-21); Art.: „Präsident Kamp: Umbau beginnt in diesem Jahr.", in: Göttinger Tageblatt vom 24.10.1979.

⁵⁸ Art.: „Öffentlichkeitsgruppe Klinikum: Wir sind noch drin!. Alte Augenklinik im Januar 1980", in: Göttinger Stadtzeitung, Februarausgabe 1980, 20.

schwierig gestaltete: Die Besetzer_innen mussten tagtäglich mit einer Räumungsaktion seitens der Stadt rechnen.

Aus diesem Grund brachte der AStA einen Antrag in die hochschulöffentliche Sitzung des Senats der Universität am 24. Oktober 1979 ein. Das Gesuch forderte sowohl die Anerkennung der Besetzung als auch die Freigabe des gesamten Klinikums. Im Verlauf der Senatskonferenz sollte sich allerdings zeigen, dass das Entscheidungsorgan der Hochschule eine gleichermaßen rigorose Haltung wie die Universitätsleitung einnahm. Mit zwölf Stimmen bei einer Einspruchsbekundung verabschiedeten die Senatoren eine Gegenbeschlussvorlage auf den Antrag des AStA. Sie erklärten darin, an dem Entwicklungsplan der Georgia Augusta festhalten zu wollen. Als Antwort auf die auch von ihnen anerkannte miserable Wohnungslage[59] veranlassten sie die Planung eines weiteren Studentenwohnheims mit einem Fassungsvermögen von 300 bis 500 Plätzen, um in spätestens zwei Jahren den gegenwärtigen Mangel an Kapazitäten zu lindern.[60] Weiterhin wurde der Präsident vom Senat mit der Aufgabe betraut, eine definitive Versicherung der Landesregierung zu erreichen, das Vorhaben zu finanzieren. Darüber hinaus gaben die Senatsmitglieder in einer kaum zu überbietenden Unverbindlichkeit bekannt, dass unter ‚der Voraussetzung, daß eine solche Zusage des Landes gegeben werden kann, (...) es der Senat für möglich [hält], ... die Möglichkeit ins Auge zu fassen, ... geeignete Teilbereiche des AltKlinikums ... [für eine Übergangszeit dem Studentenwerk] zur vorrübergehenden (sic) und befristeten Nutzung als Wohnraum zu überlassen.[61] Somit war die Haltung der Universitätsleitung, keine Gebäude im Bereich

---

[59] ABSTIMMUNG ÜBER DAS ALTE KLINIKUM. 12 GEGEN 2000+1 Flugblatt des Kommunistischen Hochschulbundes vom 25.10.1979 (Stadtarchiv Göttingen, Signatur FS 10 B 404-17).

[60] KAMP HAT GESPROCHEN - WIR KÖNNEN NICHT SCHWEIGEN! Flugblatt der Augenklinikbesetzer (Stadtarchiv Göttingen, ohne Signatur).

[61] Ebd.

des alten Klinikums zur Verfügung zu stellen, ad absurdum geführt worden. Sodann wich auch Präsident Kamp von seiner zuvor getätigten Aussage ab und äußerte sich in einem Interview mit dem NDR am 25. Oktober etwas konkreter als die Senatoren. So sei es bei einer entsprechenden Zusage aus Hannover möglich, den Studierenden in gewissen Bereichen des alten Klinikums für eine begrenzte Zeit Wohnraum einzurichten.

Die Besetzer_innen und der AStA betrachteten die Aussagen vom Senat und Kamp mit gemischten Gefühlen. Wenngleich sie das Bauvorhaben eines jeglichen Wohnheimes befürworteten, betonten sie, dass es dadurch unter keinerlei Umständen zu einer grundsätzlichen Verbesserung der gegenwärtigen Wohnraumlage kommen würde. Zudem waren sie der Auffassung, dass aufgrund der vagen Formulierung des Hochschulgremiums und der Tatsache, dass das Dekret von der Entscheidung der niedersächsischen Landesregierung abhängig war, das anscheinende Entgegenkommen gleich in dreifacher Hinsicht zurückgenommen würde. „Das heißt im Klartext: Der schwarze Peter soll dem Land Niedersachsen zugeschoben werden!"[62] Auch die Absichtserklärung Kamps wurde vom AStA als unzureichend abgewiesen. Erstens würde auch er die Verantwortlichkeit der Landesobrigkeit zuschieben, und zweitens handele es sich für den Präsidenten bei der derzeitigen Situation lediglich um ein Problem von kurzfristigem Charakter, „daß (sic) der Lösung langfristiger Probleme wie etwa dem Ausbau der Institute nicht im Weg stehen dürfe."[63] Ebenfalls wies der AStA darauf hin, dass weder die von Kamp genannten Zahlen noch das Angebot einer vorübergehenden Freigabe des ehemaligen Klinikgeländes zur Mäßigung der Sachlage beitragen würden. „300 Zimmer im Alten Klinikum vorüber-

---

[62] Ebd.

[63] Eingeständnisse von NORBERT KAMP. Flugblatt des Allgemeinen Studentenausschusses der Universität Göttingen (Stadtarchiv Göttingen, ohne Signatur).

gehend sind genau vorübergehend 2.700 zu wenig!"[64] Deshalb gaben die Besetzer_innen wenige Tage später bekannt, dass sie in dem Moment, in welchem die Erstellung von jenen 3.000 Wohnplätzen verwirklicht wäre, gerne bereit seien, aus dem Klinikum auszuziehen, vorher dagegen unter keinerlei Umständen.[65]

Auf Basis dieser Haltung setzte sich die Diskussion um die Freigabe des alten Klinikums in den folgenden Monaten fort. Dabei sollte sich zeigen, dass die Universitätsleitung durchaus gewillt war, einen Beitrag zur Linderung der studentischen Wohnungsnot zu leisten, nicht aber zur Politisierung des Konfliktes. Sie bemängelte, dass – entgegen der Behauptung des AStA – bis zu sechzig Prozent der Klinikbewohner_innen gar keine Studierende seien, und darüber hinaus ein weiterer Teil der Aktiven aus „Demonstrativbesetzern" bestehe, die noch über eine andere Unterkunft in Göttingen verfügten.[66] Aufgrund dieses „Mißbrauch[s] „angeblicher studentischer Wohnungsnot zu politischen Zwecken"[67] forderte die Hochschule die Besetzer_innen dazu auf, die Augenklinik bis zum 14. Februar 1980 zu räumen; anderenfalls würde sie sich das Recht einer polizeilichen Räumung vorbehalten. Außerdem hätte sich die Wohnraumsituation mittlerweile entspannt, da es der Universität gemeinsam mit dem Studentenwerk gelungen sei, 41 Wohnplätze bereitzustellen, um die sich diejenigen Studierenden ohne Wohnung bewerben könnten. Die Besetzer_innen wiesen diese Offerte mit dem Hinweis zurück, dass sich in der Klinik mehr als 100 Studierende

---

[64] Ebd.

[65] KAMP HAT GESPROCHEN - WIR KÖNNEN NICHT SCHWEIGEN! Flugblatt der Augenklinikbesetzer (Stadtarchiv Göttingen, ohne Signatur).

[66] Art.: „Universität räumt Besetzern eine 20-Tage-Frist ein", in: Göttinger Tageblatt vom 26./27.1.1980.

[67] Art.: „Klinikbesetzer verfolgen nur noch politische Ziele", in: Göttinger Tageblatt vom 27.02.1980.

befänden, für die die geschaffenen Plätze nicht ausreichend seien.[68] Dennoch gelang es der Hochschulleitung, bis zum Ablauf des Ultimatums am 14. Februar 40 Personen zum Verlassen der Räumlichkeiten zu bewegen – sie waren vom Universitätspräsidenten durch ein persönliches Schreiben dazu aufgefordert worden.[69]

Daran, dass die Leitung der Universität auch nach dem Verstreichen der Frist keine gesetzlichen Maßnahmen einleitete, um die in der Augenklinik Verbliebenen zum Auszug zu zwingen, ist klar ersichtlich, dass den Verantwortlichen der Universität zunächst daran gelegen war, eine konsensbasierte und friedliche Lösung des Problems herbeizuführen. So ergab eine Prüfung der Universitätsleitung, dass es möglich sei, im Bereich des alten Klinikums Wohnraum zu schaffen. Daraufhin unterbreitete sie den Besetzer_innen das Angebot, für die nächsten zwei Semester 85 bis 100 Wohnplätze im Bereich der Inneren Medizin zur Verfügung zu stellen. Diese würden über das Studentenwerk vermietet werden, welches zudem damit beauftragt worden sei, für die Zeit nach dem Ablauf der Verträge Ersatzraum zu beschaffen.[70] Im Gegenzug müssten sich die Bewohner_innen dazu bereiterklären, die Augenklinik gewaltlos zu räumen. Allerdings ist zu beachten, dass die Leitung der Universität diesen Vorschlag keineswegs nur uneigennützig unterbreitet hatte. So betonte das Präsidium, „keine weiteren Verzögerungen des Ausbaus der Gebäude im alten Klinikum durch die Besetzung der ehemaligen Augenklinik (…) hinzuneh-

---

[68] Art.: „Universität räumt Besetzern eine 20-Tage-Frist ein", in: Göttinger Tageblatt vom 26./27.1.1980.

[69] Art.: „Jetzt haben 40 schon geräumt. Augenklinik aber weiter besetzt", in: Göttinger Tageblatt vom 15.2.1980.

[70] Art.: „100 Plätze in der Klinik für Innere Medizin. Vizepräsident der Universität war am Donnerstag in der besetzten Augenklinik", in: Göttinger Tageblatt vom 23./24.2.1980.

men"[71], da für den Umbau der Augenklinik zum psychologischen Institut bereits Verträge mit den entsprechenden Baufirmen abgeschlossen seien.[72] Die Bauarbeiten sollten am 12. März 1980 beginnen.[73]

Wenn sich auch der Vizepräsident der Universität, Hans-Dieter Söling darüber bewusst war, dass die Offerte sehr weit von den politischen Vorstellungen der Besetzer_innen entfernt war, so wies er andererseits darauf hin, dass es für die Universität keine andere Alternative mehr gebe. Die Gegenseite ihrerseits knüpfte einen freiwilligen Auszug aus der Klinik an Bedingungen. Da das Studentenwerk die von der Hochschule bereitgestellten Plätze nur an die Studierenden sowie an angehende Erstsemester, nicht aber an alle übrigen Besetzer_innen vergeben wollte, befürchteten die Bewohner_innen, dass es zu einem Bruch innerhalb ihrer Aktion kommen könnte. Deshalb forderten sie ausdrücklich, allen in der Augenklinik verbliebenen Personen Unterkunft in der Inneren Medizin zu gewähren.[74]

Die Leitung der Universität lehnte diese Forderung ab, weil sie sich nur für die studentischen Belange verantwortlich fühlte. Allerdings zeigte sie sich insofern kooperativ, als dass sie die Stadt in der Folge dazu aufforderte, ihren Anteil zu einer Entspannung der Situation beizutragen.[75] Sodann kam es auch zu einem Treffen zwischen Oberbürgermeister Levi,

---

[71] Art.: „Klinikbesetzer verfolgen nur noch politische Ziele", in: Göttinger Tageblatt vom 27.2.1980.

[72] Ebd.

[73] Art.: „Anträge für Klinikbesetzer", in: Göttinger Tageblatt vom 6.3.1980.

[74] Art.: „100 Plätze in der Klinik für Innere Medizin. Vizepräsident der Universität war am Donnerstag in der besetzten Augenklinik", in: Göttinger Tageblatt vom 23./24.2.1980; Art.: „Sie wollen alle umziehen können. Antwort der Klinikbesetzer", in Göttinger Tageblatt vom 26.2.1980; Art.: „Besetzer der Augenklinik haben Frist bis Dienstag. Senat der Universität entschied nach vier Stunden Sondersitzung", in: Göttinger Tageblatt vom 1./2.3.1980.

[75] Art.: „Klinikbesetzer verfolgen nur noch politische Ziele", in: Göttinger Tageblatt vom 27.2.1980.

Oberstadtdirektor Kurt Busch und vier der Besetzer_innen, bei dem sich die städtischen Vertreter ebenso hilfsbereit zeigten: „Im Interesse einer friedlichen Lösung sind wir bereit, Obdachlose unterzubringen oder zu vermitteln."[76] Diese Aussage veranlasste die Klinikbewohner_innen dazu, auf das Angebot der Hochschule einzugehen und einem Auszug aus den Räumlichkeiten zuzustimmen. Weil aber die Besetzer_innen die Augenklinik trotz ihrer Ankündigung nicht bis zum 11. März verlassen hatten, ließ die Universität das Gebäude am Morgen des 12. März mit einem Polizeiaufgebot räumen.[77]

Von den beteiligten Akteursgruppen wurde die Räumung der Augenklinik nicht nur als gewaltsame Aktion angesehen, sondern ebenfalls als „ein Lehrstück politischer Intrige", als eine Auseinandersetzung zwischen reaktionären Kräften in Universitäts- und Stadtverwaltung und den „berechtigten Forderungen sozialer Bewegungen"[78]. Denn zum einen soll bei dem Besuch von Vizepräsident Söling in der Augenklinik zunächst von 300 Zimmern die Rede gewesen sein. Als die Bewohner_innen jedoch mit Interesse auf das Angebot reagierten, sei die Offerte seitens der Hochschule auf lediglich 85 Plätze gedrückt worden. Zum anderen soll Präsident Kamp einem Vermittler in dem Konflikt die Zusage gegeben haben, dass es frühestens in der Nacht zwischen dem 12. und 13. März zu einer Räumung des Gebäudes kommen würde. Auch Stadtdirektor Rolf Vieten soll den Besetzer_innen versichert haben, dass es keine Planung für einen polizeilichen Einsatz gebe, der in der Nacht vom 11. auf den 12. März respektive am Morgen des 12. März stattfinden würde; tatsächlich wurden die Klinikbe-

---

[76] Zitat von Oberstadtdirektor Kurt Busch, in: Göttinger Tageblatt vom 29.2.1980.

[77] Art.: „,Okay, Herr Kamp, wir nehmen an' Klinikbesetzer kündigten Auszug an", in: Göttinger Tageblatt vom 5.3.1980; Art.: „Polizeieinsatz ohne Zwischenfälle. Innerhalb von zwei Stunden war in der Augenklinik alles vorbei", in: Göttinger Tageblatt vom 13.3.1980.

[78] Art.: „Recht auf Wohnen: abgeräumt?", in: Göttinger Stadtzeitung, Aprilausgabe 1980, 12.

wohner_innen jedoch schon in den Morgenstunden des 12. März zum Auszug gezwungen.

Als das rund 80 Mann umfassende Polizeikontingent vor Ort eintraf und die Räumlichkeiten umstellte, schliefen fast alle der 20 Verbliebenen noch. Präsident Kamp, der wie Kanzler Schneider und Vizepräsident Söling persönlich anwesend war, forderte die Bewohner_innen per Polizeimegafon dazu auf, das Haus kollektiv zu verlassen. Laut Stadtzeitung konnten Viele gar nicht begreifen, dass die Klinik geräumt wird, und andere waren der Auffassung, dass es gar nicht nötig sei, dem Aufruf Folge zu leisten, da sich die Besetzer_innen bereits zum freiwilligen Auszug bereiterklärt hatten.[79] „Die Chance, diesen frechen Angriff der Uni- und Stadtverwaltung abzuwehren, ist nicht groß: WER SCHLÄFT IST NICH [sic] RADIKAL!"[80] Die dritte Aufforderung sorgte schließlich dafür, dass die Bewohner_innen die Räumlichkeiten gemeinsam verließen.[81] Wenn auch die Besetzung der Augenklinik damit ein Ende gefunden hatte, waren sich die an der Aktion beteiligten oder sie unterstützenden Gruppen darüber einig, „daß (sic) der Wohnungskampf nicht beendet ist, sondern gerade erst beginnt".[82]

---

[79] Art.: „Polizeieinsatz ohne Zwischenfälle. Innerhalb von zwei Stunden war in der Augenklinik alles vorbei", in: Göttinger Tageblatt vom 13.3.1980; Art.: „Recht auf Wohnen: abgeräumt?", in: Göttinger Stadtzeitung, Aprilausgabe 1980, 13.

[80] Art.: „Recht auf Wohnen: abgeräumt?", in: Göttinger Stadtzeitung, Aprilausgabe 1980, 13.

[81] Ebd.

[82] Art.: „Polizeieinsatz ohne Zwischenfälle. Innerhalb von zwei Stunden war in der Augenklinik alles vorbei", in: Göttinger Tageblatt vom 13.3.1980.

E. Differenzen in der Hausbesetzer-Bewegung: Wohnraum kontra Aktionsraum

Nach der Besetzung der Augenklinik kam es in Göttingen nur noch zu kurzzeitigen Hausbesetzungen.[83] Dabei wurde der erkämpfte Wohnraum entweder von den Aktivist_innen selbst aufgegeben oder von der Polizei geräumt. Ab Oktober 1980 wandelte sich die Hausbesetzer-Bewegung in der Stadt. Zum ersten Mal wurden Differenzen innerhalb der Bewegung sichtbar. Von nun an zeichneten hauptsächlich die Autonomen für die Inbesitznahmen der Häuser verantwortlich. Wie Jan Schwarzmeier betont, entwickelte sich auch in Göttingen – vergleichbar mit den Verhältnissen in Berlin – „die autonome Szene (...) im Kontext des vom Alternativspektrum getragenen Häuserkampfes."[84] Der Unterschied zwischen den Gruppen manifestierte sich an der Grundsatzfrage, ob eine dauerhafte Nutzung der Räumlichkeiten und die Abschließung von Mietverträgen angestrebt werden, oder ob es im Rahmen von kurzzeitigen Inbesitznahmen der Häuser zur Errichtung eines Kultur- und Aktionszentrums[85] und zur Etablierung „realer Gegenmacht"[86] kommen sollte.

Auf einem Flugblatt vom 5. November 1980 mit der Überschrift „Szene '80: Raus aus dem Sumpf", das autonomen Gruppen zugeordnet werden kann, lassen sich sowohl Gründe für die Einrichtung solcher Kulturzentren

---

[83] Dazu gehörten die Besetzungen des „Peking" (jetzt Cheltenham-House), der „Prager Schule" 1981 sowie die Besetzungen in der Burg- und Theaterstraße 1986. Vgl. von Frieling, 134-135.

[84] Schwarzmeier, 71; Auch die neueste Forschung bestätigt dieses Bild: Vgl. Anders, 479-480.

[85] Schwarzmeier, 71.

[86] SZENE '80: RAUS AUS DEM SUMPF. Flugblatt, ohne Verfasser (Stadtarchiv Göttingen, Signatur FS 11 B 400-20).

wie auch ihr Charakter erkennen. Ihre Kritik richtete sich zunächst gegen die Gesamtheit des „linken Spektrums". Die Entfremdung zwischen ihnen selbst und den anderen Teilen des Alternativspektrums sei ein Spiegelbild des alltäglichen Lebens, in dem sich „Gemeinsamkeiten aufs Bier im Kaz [Kommunikations- & Aktionszentrum Göttingen] beschränken." Die Mieterinitiative Kreuzbergring betreibe eine „kreuzbrav[e] Kommunalpolitik", die Stadtzeitung habe mit vielen Problemen zu kämpfen, und die gesamte Alternativszene, so die Urheber des Schriftstückes, würde häufig nur zu einer Alternative zum Wohnungskampf verkommen, anstatt aktiv zu handeln. „Deshalb muß der Widerstand gegen unsere Ohnmachtsgefühle der Kampf um die Eroberung realer Gegenmacht im täglichen Leben sein."[87] Als Ausdruck dieses Widerstands sollten die eigene „Kultur und Lebensform" offensiv in der Öffentlichkeit dargestellt und die städtischen Verantwortlichen mit dem Unmut der autonomen Gruppierungen konfrontiert werden. Zugleich wurde die Besetzung der Augenklinik bemängelt. Mit der Besetzung habe man lediglich versucht, mittels einer groß angelegten Öffentlichkeitarbeit und kultureller Veranstaltungen Leute „durchs Hintertürchen (…) ins Haus zu locken und auf Solidarität mit den Bewohnern zu verpflichten." Da der Häuserkampf aus Sicht der Flugschrift-Verfasser_innen jedoch mehr sein könne als die einfache Beschaffung von Wohnraum, wurde für ein linksradikales Kultur- und Aktionszentrum plädiert. Dieses sollte nicht nur als ein Ort zum Leben und Arbeiten fungieren, sondern gleichermaßen als Grundlage für Aktivitäten „von links unten, gegen rechts oben". Diese Differenzen lassen sich, wie Freia Anders unlängst gezeigt hat, auch für die Berliner Auseinandersetzung als konstitutiv bezeichnen.[88]

---

[87] Alle folgenden Zitate entnommen aus Ebd.

[88] Anders, 478.

F. Besetzung der alten Zahnklinik im Oktober 1980

Die Spannungen innerhalb der Hausbesetzer-Bewegung zeigten sich auch während der Besetzung der alten Zahnklinik am frühen Morgen des 19. Oktober 1980.[89]

Ausgangspunkt dieser Aktion war eine Solidaritätsfeier zum Jahrestag der Inbesitznahme der Augenklinik – am 18. Oktober 1980 – unter dem Motto „Dach überm Kopf", die von der Mieterinitiative Kreuzbergring, der Stadtzeitung und der Bunten Liste[90] organisiert wurde. Die Veranstaltung

---

[89] Schwarzmeier, 72; Art.: „Studenten besetzen gewaltsam Zahn-Klinik. Diesmal in der Geiststraße – Räumung nach 24 Stunden", in: Göttinger Tageblatt vom 20.10.1980.

[90] Laut einem Flugblatt der Bunten Liste-Initiative hatte die Göttinger Stadtzeitung die Diskussion um die Gründung einer Bunten Liste in Göttingen „mit einer eigenen Stellungnahme und Beiträgen von Basisinitiativen und linken Organisationen" eingeleitet, „um zu den Kommunalwahlen 1981 eine radikaldemokratische Alternative zu den etablierten Parteien aufzubauen." Dabei wurde die Etablierung einer Bunten Liste in dem Flugblatt wie folgt begründet: „Gründe für eine Bunte Liste gibt es genug[.] Die bürgerfeindliche Kommunalpolitik hat ein Ausmaß erreicht, das geradezu eine Alternative verlangt: Stadtsanierung und Wohnraumzerstörung, Osttangente, Nahverkehrsprobleme, Berufsverbote und politische Repression, der Ärger um das Frauenhaus, die Schwierigkeiten der Pro Familia.": JETZT AUCH IN GÖTTINGEN? BUNTE LISTE–INITIATIVE?: Flugblatt der Bunten Liste-Initiative (Stadtarchiv Göttingen, Signatur FS 10 B 213-1). Weiterhin schrieb die Stadtzeitung: „Wir meinen, daß eine ‚Bunte Liste' zu allererst den Sinn hat, in Göttingen die Opposition gegenüber der Politik von Stadtrat und Stadtverwaltung zu formieren, verbreitern und organisieren". Vgl. Art.: „zur Diskussion gestellt. bunte liste. Offener Brief. Zum Zweck einer „Bunten Liste"", in: Göttinger Stadtzeitung, Oktoberausgabe 1979, S. 23. Die Tatsache, dass über die Inhalte, Vorstellungen und Zielsetzungen dieser parteilichen Alternative auch in der besetzten Augenklinik diskutiert wurde, zeigt die Zusammenarbeit und Verflechtung zwischen den Mitgliedern der Stadtzeitung auf der einen sowie den Klinikbewohnern und den sie unterstützenden Gruppen auf der anderen Seite.

diente nicht allein dazu, die erfolgreiche Besetzung der ehemaligen medizinischen Einrichtung zu feiern. Die Veranstalter wollten den Anlass auch dafür nutzen, um erneut auf die katastrophalen Wohnraumverhältnisse aufmerksam zu machen und die Basis der Sympathisanten mit dem Wohnungskampf zu verbreitern. Auf der Solidaritätsfeier konnten sich über 1.000 Gäste auch durch Filme mit Informationen zu den Themengebieten Wohnungsnot und Wohnungskampf versorgen.[91] Die Veranstalter steckten dabei einen überregionalen und übernationalen Rahmen ab, der auf große Vorbilder und die Möglichkeiten weiterer Politisierung verwies: Neben einem Beitrag über das Georg-von-Rauch-Haus in Berlin-Kreuzberg[92] gab es auch kurze filmische Beiträge über die Räumung des Freiburger Dreisamecks und den Häuserkampf der niederländischen Hausbesetzer_innen, der *Kraker*,[93] in Amsterdam.[94] In den Niederlanden wie im Breisgau hatten sich die Fronten im Häuserkampf nach einer Phase der Toleranz deutlich verschärft.[95]

---

[91] Art.: „‚... sonst gibt es keine Ruhe mehr!' Besetzung der Zahnklinik", in: Göttinger Stadtzeitung, Novemberausgabe 1980, 18.

[92] Benannt nach dem Berliner Stadtguerillero Georg von Rauch – einem Angehörigen der linksradikalen Szene in West-Berlin, der durch einen Schusswechsel mit der Polizei ums Leben gekommen war – war das Haus seit Dezember 1971, kurz nach dem Tod von Rauchs, besetzt.

[93] „*Kraken*" ist das niederländische Wort für aufbrechen/aufschlagen/knacken, von dem die Bezeichnung für einen Hausbesetzer abgeleitet wird. Die Krakerbewegung hatte ihre Wurzeln in der Provo, einer anarchistischen Bewegung der 1960er Jahre.

[94] „Dach überm Kopf" Flugblatt der Mieterinitiative Kreuzbergring der Stadtzeitung und der Bunten Liste (Stadtarchiv Göttingen, Signatur FS 11 B 400-15).

[95] Art.: Gerhard Frey: „Dreisameck '80: Ein Sponti erinnert sich", in: Fudder.de. Fudder.de ist ein Webportal, das den überwiegend regionalen Nutzern aus Freiburg und Umgebung Kommunikation in Lesekommentaren, freien Themenforen, Online-Gruppen und Blogs ermöglicht, URL: http://fudder.de/artikel/2007/11/29/dreisameck-80-ein-sponti-erinnert-sich/; Art.: „Krieg echt Krieg", in: Der Spiegel vom 10.3.1980.

Auch in Göttingen kam es ab Oktober 1980 zu heftigen Auseinandersetzungen zwischen Teilen der Hausbesetzer-Bewegung und der Polizei, die in ihren Dimensionen an Kriegszustände erinnerten. So setzte die Polizei nicht nur ‚Wasserwerfer, Panzerfahrzeug (…) [und] Hundestaffeln'[96], sondern auch ‚chemische Waffen'[97] wie giftiges CN-Gas bei der Räumung von Häusern ein, bei denen sich die Aktivist_innen durch die Errichtung von Barrikaden zu verteidigen versuchten.

Zur Konfrontation zwischen Besetzer_innen und Polizei kam es zum ersten Mal im Vorfeld der Besetzung der alten Zahnklinik. Differenzen zwischen den Organisatoren und den Gästen der Solidaritätsfeier zum einjährigen Jubiläum der Besetzung der Augenklinik, die in der alten Mensa am Wilhelmsplatz stattfand, waren ihnen vorausgegangen. Wie war es dazu gekommen? Wie zwei Veranstalter des Festes in der Stadtzeitung bekanntgaben, gab es in den Tagen vor der Feierlichkeit Pläne für eine erneute Hausbesetzung in Göttingen, die aber nicht mit der Veranstaltung in Verbindung standen.[98] Dennoch drangen Gerüchte in die Öffentlichkeit, „daß auf diesem Fest irgendetwas laufen würde"[99]. Das hatte sowohl zur Folge, dass sich die Polizei dazu veranlasst sah, das Gebäude dauerhaft zu überwachen[100], als auch, dass zu Beginn der Feier eine angespannte und ungewisse Situation herrschte. „Manche wollten den Beginn einer (…) Aktion miterleben, manche hatten sich darauf eingestellt, aktiv mitzubesetzen (sic). Alle

---

[96] Schwarzmeier, 75.

[97] Ebd.

[98] Art.: „Streitpunkte", in: Göttinger Stadtzeitung, Novemberausgabe 1980, 20-21.

[99] Ebd., 21.

[100] Art.: „‚…sonst gibt es keine Ruhe mehr!' Besetzung der Zahnklinik", in: Göttinger Stadtzeitung, Novemberausgabe 1980, 18.

warteten, niemand wußte genaues über das betreffende Haus und den Zeitpunkt"[101], so die Schilderung von einigen der späteren Besetzer_innen.

Im Verlauf des Abends kam es anscheinend zu keiner Absprache zwischen den Festteilnehmer_innen und den Veranstaltern, allerdings wurde von der Mieterinitiative erwartet, „dass sie initiativ wird und Aktionsmöglichkeiten oder -unmöglichkeiten aufzeigt und begründet."[102] Offensichtlich war diese jedoch nicht gewillt, den festlichen Anlass als Ausgangspunkt für Aktivitäten zu nutzen. So habe sie „‚jegliche Aktion' abgelasen [sic!], ohne ‚die Entscheidung öffentlich zu begründen und zur Diskussion zu stellen'"[103]. Nach Darstellung der Stadtzeitung fühlten sich einige Festteilnehmer_innen zudem vom Einsatz der Polizei provoziert,[104] sodass ihre Stimmung, „in blinde Wut [umschlug] und (...) schließlich in einem individuellen Aktionismus [endete]"[105], der sich zunächst in schweren Zusammenstößen mit der Polizei und später in der Art der Besetzung der Zahnklinik äußerte. Nach dem Umwerfen eines Streifenwagens in der Innenstadt und dem tätlichen Angriff auf einige Polizisten sowie ein weiteres Polizeiauto setzte die Polizei Hunde ein, um die Umstehenden auseinanderzutreiben. Laut Stadtzeitung warfen diese Steine und Bretter zurück, „bis endlich alle Bullenautos verschwunden waren."[106] Die Reaktionen der Aktivist_innen auf die eigene Militanz waren sehr unterschiedlich: Manche „fühlten sich stark, manche waren doch etwas erschrocken (...)."[107]

---

[101] Art.: „Streitpunkte", in: Göttinger Stadtzeitung, Novemberausgabe 1980, 20.

[102] Schwarzmeier, 72.

[103] Ebd.

[104] Art.: „Streitpunkte", in: Göttinger Stadtzeitung, Novemberausgabe 1980, 20.

[105] Ebd., 22.

[106] Ebd., 20.

[107] Ebd.

Trotz der Vorkommnisse ging die Feier weiter. Mehrere Gäste wollten nicht noch länger warten, und da die Mieterinitiative ihre Haltung beibehielt, versammelten sich spontan 300 Personen, um sich zur alten Zahnklinik in die Geiststraße zu begeben und diese in den frühen Morgenstunden des darauffolgenden Tages zu besetzen[108] – die ehemalige medizinische Einrichtung wurde von der Universität seit längerer Zeit nicht mehr benötigt und stand seitdem leer.[109] Die bereits zuvor deutlich gewordenen Meinungsverschiedenheiten zwischen der Mieterinitiative und Teilen der Festteilnehmer_innen zeigten sich nun auch in der Besetzung der Zahnklinik. Der energischen Forderung einiger Mitglieder der Initiative, die Räumlichkeiten umgehend wieder zu verlassen, weil das Haus nicht geeignet sei und „wahr scheinlich (sic) sofort geräumt würde"[110], entgegneten einige der Besetzer_innen, dass es sich als Wohnraum für Studierende bereits in der Diskussion befunden hätte. Demnach wäre es dem Studentenwerk angeboten worden, dieses hätte das Angebot jedoch infolge der hohen Renovierungskosten abgelehnt. Aus diesem Grund wollten nun die Besetzer_innen die Instandsetzung der ehemaligen Klinik in die eigenen Hände nehmen, um sie bewohnbar zu machen. Auch bezeichneten mehrere von ihnen das Verhalten der Mieterinitiative als anmaßend und spalterisch: „Nun traten die Leute von der Mieterinitiative so auf, als seien sie die nüchtern Planenden, alles durchblickenden Spezialisten in Sachen Häuserkampf, der <u>Kopf</u> der Bewegung, und die Besetzer nur ein chaotischer und ohne sie <u>kopfloser</u> Haufen. Statt sich zu solidarisieren oder wenigstens konstruktive Kritik zu üben, zogen sie genau über <u>die</u> Leute her, die sie auch für ihre Hausbeset-

---

[108] Schwarzmeier, 72.

[109] Art.: „‚… sonst gibt es keine Ruhe mehr!' Besetzung der Zahnklinik", in: Göttinger Stadtzeitung, Novemberausgabe 1980, 19.

[110] Art.: „Streitpunkte", in: Göttinger Stadtzeitung, Novemberausgabe 1980, 20.

zung gebraucht hätten."[111] Offenbar zeigte das bestimmte Auftreten der Mieterinitiative Wirkung: Während anfangs ein Konsens darüber geherrscht hatte, die Räumlichkeiten wenigstens bis zum 20. Oktober zu halten, wandte sich jetzt die Mehrheit der Besetzer_innen von der Entscheidung ab. Die rund 25 verbliebenen Personen erhielten am selben Tag die Nachricht von einem anrückenden Polizeiaufgebot, das mit der Räumung des Hauses beauftragt worden sei. Daraufhin verließen sie das Gebäude durch einen Hintereingang.[112]

Bild des Polizeiaufgebots zur Räumung der Zahnklinik am 19.10.1980 (Quelle: Eckhard Stengel, Freier Journalist).

Die Kontroversen innerhalb der Hausbesetzer-Bewegung setzten sich auch im Nachklang der Besetzung der alten Zahnklinik fort. Ihren Ausdruck

---

[111] Ebd.

[112] Ebd., 20-21; Roland Epper: „Eindrücke vom Häuserkampf", in: K. Duwe, u.a. (Hg.): Göttingen ohne Gänseliesel, Göttingen 1988, 138-143, hier 138.

Wohnraum kontra Aktionsraum

fanden sie dabei in den unterschiedlichen Zielen und Strategien der Unterstützer_innen und Gegner_innen der Aktion. Die das Konzept der Mieterinitiative fördernden Parteien setzten sich für die Schaffung von preiswertem Wohnraum ein, wofür sie die Hilfe der Massenmedien und großer Bevölkerungsgruppen benötigten, während die Autonomen den Fokus auf „die Besetzung als kämpferische Aktionsform"[113] legten. Ungeachtet des Umstandes, dass auch weiterhin schnelle Räumungen sehr wahrscheinlich waren, bestand die Absicht der Autonomen darin, weitere Besetzungen durchzuführen und sie mit dem bereits erwähnten politischen Ziel, der „Schaffung eines Kultur- und Aktionszentrums"[114], zu verknüpfen.

Die Diskussion um das Verlassen der Zahnklinik verdeutlicht auch die kulturellen Gegensätze zwischen den beiden Hausbesetzer-Gruppen, die sich – wie in Berlin – besonders durch ihre diametral entgegengesetzte Haltung bezüglich der Anwendung von Gewalt unterschieden.[115] Vor Ort hätten die Autonomen, so die Einschätzung der Mieterinitiative, jegliche Beanstandungen bezüglich der Besetzung lediglich mit lauten Tönen und der Androhung von Prügel beantwortet. Auch sei jede Debatte, welche die Rechtmäßigkeit der Besetzungen infrage stellte, mit dem Hinweis auf ein ‚Zerlabern und Lähmen unserer Wut'[116] abgelehnt worden. Darüber hinaus hätten laut Jürgen Trittin, dem angehenden Stadtrat, sogenannte ‚autonome Wohnungskämpfer'[117] „im Umwerfen (…) [des] Streifenwagens und dem

---

[113] Schwarzmeier, 73.

[114] Ebd.

[115] Anders, 494-95.

[116] Schwarzmeier, 73.

[117] Leserbrief von Jürgen Trittin, in: Göttinger Stadtzeitung, Novemberausgabe 1980, 18-19, hier 18.

Einschmeißen der Scheiben des Wohnraumzerstörers C&A einen „qualitativen Sprung" im politischen Kampf"[118] gesehen.

Die Bezugnahme auf die eigene Wut, die Ablehnung von Diskussionen und die gezielt gesuchte Auseinandersetzung mit der Polizei ist ein eindeutiger Hinweis darauf, dass sich die Spontanbesetzer_innen nicht nur in einem Deutungsrahmen von unterdrückendem Staat gegen autonomes Individuum verorteten, sondern auf eine grundsätzliche Änderung der Machtverhältnisse und mit der Forderung nach einem Aktionszentrum auf die Schaffung selbstbestimmter Räume zielten. Im Unterschied dazu formulierten die Mitglieder des organisierten Teils der Besetzer-Bewegung konkrete Zielvorstellungen und Strategien für den Wohnungskampf:[119] Hausbesetzungen dürften entgegen dem Beispiel der Zahnklinikbesetzung nicht dem Selbstzweck dienen – die meisten jener Besetzer seien weder auf Wohnungssuche gewesen, noch hätten sie die Klinik auf Dauer bewohnen wollen.[120] Sie wurden vielmehr als mögliches Mittel betrachtet, um marktwirtschaftlichen „Interessen bei Altbausanierung und Neubau"[121] entgegenzuwirken und das Anrecht des Menschen auf ein würdiges Wohnen einzufordern. Daher strebten sie eine aktive Sozialpolitik an, welche Menschen ohne Unterkunft die Chance auf billigen Wohnraum eröffnen sollte. Für dieses Ziel sei eine breite Unterstützung und Solidarität in der Bevölkerung notwendig. Ebenso maßen sie der akkuraten politischen Vorbereitung und Planung von Besetzungen höchste Priorität zu, da sich spontane und unvorbereitete Aktionen lediglich im Falle eines unmittelbar bevorstehenden

---

[118] Ebd.

[119] Vgl. Schwarzmeier, 72ff. Nach Schwarzmeier gab es Anfang der 1980er Jahre, „von den selbstständig durchgeführten Besetzungen" abgesehen, „keine Hinweise auf eine ideologische und organisatorische Eigenständigkeit der Autonomen" in Göttingen. Schwarzmeier, 76.

[120] Art.: „Streitpunkte", in: Göttinger Stadtzeitung, Novemberausgabe 1980, 22.

[121] Schwarzmeier, 74.

Hausabrisses als effektiv erweisen würden. Schließlich sei, wie Trittin betonte, die Fokussierung auf ein linksradikales Aktions- und Kulturzentrum abzulehnen, weil sie dazu beitrage, dass der Kontrast zwischen den von der Wohnmisere benachteiligten Personen und den aktiv dagegen handelnden Akteuren immer größer werde.[122] Die Autonomen setzten diesem strategischen Vorhaben, welches die öffentliche Reaktion mitberücksichtigte und eine mittelfristige Erfolgsaussicht besaß, als Politik begriffene spontane Aktionen entgegen.[123]

G. Die Haltung der Universität bezüglich der Hausbesetzungen

Hatte sich die Universitätsleitung während der Besetzung der Augenklinik noch kooperationsbereit gezeigt und in persönlichen Schreiben die Besetzer_innen zur Räumung aufgefordert, änderte sie ihre Haltung im Herbst 1980 diametral, obwohl beide Inbesitznahmen Resultate von spontanen Aktionen gewesen waren. Ein signifikanter Unterschied zwischen Beiden bestand darin, dass die Besetzung der Augenklinik politisch – durch Mieterinitiative und AStA – vorbereitet worden war. Die Klinikbewohner_innen konnten sich so auf eine breite Solidaritätsbasis stützen. Auch machte die Universität zunächst nicht von ihrem angedrohten Recht der polizeilichen Räumung Gebrauch. Friedenswahrung und Konsensfindung hatten damit die oberste Priorität.

Das genaue Gegenteil traf im Fall der Besetzung der Zahnklinik zu. Hier reagierte die Universität „unmittelbar (…) mit einem Strafantrag

---

[122] Leserbrief von Jürgen Trittin, in: Göttinger Stadtzeitung, Novemberausgabe 1980, 18-19.
[123] Schwarzmeier, 74.

wegen Hausfriedensbruch und Sachbeschädigung"[124] und forderte zudem die sofortige Räumung des Gebäudes. Diese Entscheidung wurde von der Hochschule damit begründet, dass es sich bei den Spontanbesetzer_innen um Angehörige von radikalen Gruppen handele, die ihren Wohnsitz zudem nicht in Göttingen besäßen. Somit sei die Besetzung der alten Klinik eine „völlig ungeeignete Methode, das Wohnungsproblem der Studenten zu lösen. Für Gewaltaktionen, wie sie Sonnabendnacht passiert seien, gebe es kein Verständnis."[125]

Damit nahm die Universitätsleitung gewissermaßen die Haltung der sogenannten „Berliner Linie" vorweg.[126]

H. Fazit

Der Verlauf der Hausbesetzungen, die Anfang der 1980er Jahre in Göttingen stattfanden, spiegelt den Prozess der Differenzierung der in dem Beitrag untersuchten Protestbewegung.

Zeigte sich am Beispiel der Besetzung der Augenklinik, dass es mittels eines strategisch geplanten Vorhabens möglich war, Wohnraum für einen längeren, wenn auch zeitlich befristeten Zeitraum zu erkämpfen, erwies sich

---

[124] Art.: „Studenten besetzen gewaltsam Zahn-Klinik. Diesmal in der Geiststraße – Räumung nach 24 Stunden", in: Göttinger Tageblatt vom 20.10.1980.

[125] Ebd.

[126] Die unter dem regierenden SPD-Bürgermeister Hans-Jochen Vogel (Januar bis Juni 1981) entwickelte und von seinem Nachfolger Richard v. Weizsäcker übernommene sog. Berliner Linie der Vernunft besagte, dass neu besetzte Häuser innerhalb von 24 Stunden nach Bekanntgabe der Besetzung geräumt werden müssen. Vgl. Sabine Rosenbladt, Stefan Aust: Hausbesetzer. Wofür sie kämpfen. Wie sie leben und wie sie leben wollen, Hamburg 1981, 51; Anders, 486-487.

die Methode einer spontanen, unvorbereiteten Aktion lediglich im Fall eines nahe bevorstehenden Hausabrisses als erfolgreich. Zudem hatte die Besetzung der Augenklinik gezeigt, dass der erkämpfte Wohnraum nur deshalb mehrere Monate lang gehalten werden konnte, weil Gesellschaft und Politik die Göttinger Wohnungsnot im Allgemeinen und diejenige der Studierenden im Besonderen als legitimen Grund für die Besetzungen anerkannten.

Im Gegensatz dazu bestand bei späteren Besetzungen wie der der Zahnklinik nicht die Möglichkeit, die Räumlichkeiten auf Dauer für Wohnzwecke zu nutzen, da Stadt und Universität den Besetzer_innen einen legalen Status verweigerten und sie als Angehörige von radikalen Gruppierungen wahrnahmen. An der Art der Inbesitznahme der Zahnklinik manifestierten sich auch die Spannungen innerhalb der Besetzer-Bewegung, die aus den unterschiedlichen Zielen und Konzepten der einzelnen Fraktionen resultierten. Während sich die Mitglieder des organisierten Spektrums für die Verwirklichung von kommunalpolitischen Zielen – die Schaffung von kostengünstigem Wohnraum – einsetzten, setzten die Autonomen auf Besetzungen als Aktionsform und definierten sich in einem Frame von repressivem Staat und fehlendem Freiraum. Die von Matthias Manrique festgestellte „Verpolizeilichung" des Konfliktes[127] lässt sich auch am Göttinger Beispiel verfolgen. Innerhalb kurzer Zeit – zwischen März und Oktober 1980 – verschärften sich die Konfliktlinien erheblich. Das Eintreten von Türen in der Zahnklinik im Zuge der „Instandbesetzung" und die Auseinandersetzungen im Vorfeld trugen dazu bei die Bewegung nun als radikal und gewaltbereit zu qualifizieren.[128] Ob die Besetzung der

---

[127] Matthias Manrique: Marginalisierung und Militanz. Jugendliche Bewegungsmilieus im Aufruhr, Frankfurt 1992, 101.

[128] Das Göttinger Tageblatt meldete: „Leerstehende Zimmer der HNO-Klinik wurden nach dem gewaltsamen Aufbrechen der Eingangstüren widerrechtlich besetzt. Wegen der Sachbeschädigungen nahm die Polizei zwei Demonstranten vorläufig fest." Art.: „Studenten besetzen

Zahlklinik als ein „kritisches Ereignis" für die weitere Dynamik der Konflikte bezeichnet werden kann, bleibt anhand weiterer Quellen zu prüfen.

---

gewaltsam Zahn-Klinik.Diesmal in der Geiststraße – Räumung nach 24 Stunden", in: Göttinger Tageblatt vom 20.10.1980.

Lea Barten, Kristina Haase, Judith Tietel

Autonom. Bewegt. Selbstbestimmt.
Bremens autonome Frauenbewegung in den frühen 1980ern

A. „Frei - Raum" – „Die Nacht gehört uns" – „Das Private ist Politisch!"[1]

Die Neue Frauenbewegung in der Bundesrepublik Deutschland entstand Ende der 1960er Jahre als Teil der Bürgerrechts- und Protestbewegungen. Diese sagten der Wiederaufrüstung, der militärischen und zivilen Nutzung von Atomkraft und der patriarchalen, konservativen Gesellschaft der BRD den Kampf an. Wie die anderen sozialen Bewegungen strebte die Neue Frauenbewegung eine grundlegende Veränderung der Gesellschaft an und grenzte sich explizit von den aus ihrer Sicht angepassten Frauenverbänden und deren unbefriedigender

---

[1] Quelle der Grafik: http://www.renner-institut.at/frauenmachengeschichte/autonome/autonome.htm

Lobbypolitik ab.[2] Dabei war sie keine homogene Bewegung mit einheitlichen politischen Vorstellungen. Es lassen sich zwei Hauptströmungen ausmachen: „Einerseits Frauengruppen, die in der Tradition der proletarischen Frauenbewegung stehen und die politische und gesellschaftliche Gleichstellung der Frau nur im Zusammenhang mit der grundsätzlichen Veränderung des kapitalistischen Gesellschaftssystem für erreichbar halten. Andererseits eine radikal-feministische Bewegung, die gegen die Unterdrückung der Frau durch die bestehenden Sexualnormen und patriarchalischen Verhaltensweisen den Kampf aufgenommen hat."[3]

Dieser Artikel widmet sich der zweiten Strömung, die auch als autonome Frauenbewegung bezeichnet wird, am Beispiel der frühen 1980er Jahre in Bremen. Was wollten die Akteurinnen der autonomen Frauenbewegung in Bremen? Wo und in welcher Form trafen sie sich? Wie und in welchen Projekten und Aktionsformen wurden theoretische Diskurse praktisch umgesetzt?

Der neue Feminismus war in Hinblick auf seine Problemstellungen und Diskurse von Anbeginn an eine internationale Bewegung.[4] Insofern erfolgten auch theoretische Auseinandersetzungen und Aktionen immer über Staats- und Stadtgrenzen hinweg. Trotzdem ist es sinnvoll, die lokalen Organisationen zu untersuchen, nicht zuletzt deshalb, weil sich hier sowohl das Potential wie die Grenze der Bewegung ausloten lassen.

---

[2] Vgl. Ute Gerhard: Frauenbewegung und Feminismus. Eine Geschichte seit 1789, München 2009, 110.

[3] Erwin J. Haeberle: The Sex Atlas, New York 1978 (Deutsche Ausgabe, 2. erweiterte Auflage: Berlin 1985), http://www2.hu-berlin.de/sexology/ATLAS_DE/html/die_frauenbewegung_in_deutschl.html (gesichtet 03.6.2011).

[4] Vgl. Gerhard, Frauenbewegung und Feminismus, 113.

Die in vielen Städten bereits in den 1970er Jahren entstandenen Frauenzentren, Frauenberatungsstellen und Frauenhäuser bildeten in den 1980er Jahren die Grundlage für weitere Mobilisierung und Politisierung. Der autonomen Frauenbewegung der 1980er selbst ging es vornehmlich um eine Aufhebung der Trennung zwischen Politischem und Privatem. Hierin glich sie anderen sozialen Bewegungen. Organisationsformen wurden entwickelt, die gewährleisten sollten, dass Alltag und Theorie in Einklang gebracht werden konnten. „Die neu entstandene Freizeit- und Geselligkeitskultur, die Frauenfeste, -kabaretts, -cafés, und Frauenkneipen verstärkten das »Wir-Gefühl«, schufen neue Bewegungsräume und Milieus für eine kollektive Identität."[5] In Bremen befanden sich viele dieser Anlaufstellen und Treffpunkte der autonomen Frauenbewegung im heute immer noch bei Studierenden, Künstler_innen und Links-Alternativen beliebten Ostertor-Steintorviertel.

Die Diskurse und Vorstellungen über Autonomie und Selbstbestimmung sind wichtiger Ausgangspunkt für die Betrachtung der autonomen Frauenbewegung. Nach einem Abriss über die Entstehung der Neuen Frauenbewegung in der BRD wird deshalb zunächst der Versuch unternommen, die Vielschichtigkeit des Autonomiebegriffes zu klären, bevor dann die Bewegung in den 1980ern in Bremen und ihre wichtigsten Orte, Treffpunkte und Aktionen dargestellt werden. Hierin enthalten sind Exkurse zur Walpurgisnacht und zum autonomen Frauenhaus. Weitestgehend vernachlässigt werden in diesem Artikel die Überschneidungen mit der Lesbenbewegung.[6]

---

[5] Ebd., 115.

[6] Als weiterführende Literatur zur Lesbenbewegung wird an dieser Stelle verwiesen auf Agnest Senganata Münst: „Lesbenbewegung: Feministische Räume positiver Selbstverortung und gesellschaftlicher Kritik", in: R. Becker/B. Kortendiek (Hg.): Handbuch Frauen- und Geschlechterforschung, Theorie, Methoden, Empirie. Geschlecht & Gesellschaft. 3. erw. Auflage, Wiesbaden 2010, 692-697.

Die dargestellten Ergebnisse basieren zum einem auf Archiv- und Literaturrecherchen und zum anderen auf Interviews mit Biographieträger_innen und Expert_innen.[7]

Vorweg noch ein paar Anmerkungen zur Schreibweise und unserem methodischem Vorgehen: Die autonome Frauenbewegung stellte biologistische Geschlechterverständnisse in Frage. Dies wurde etwa an dem *durchbrochenen Frauenzeichen*, das von der Faust gesprengt worden war, symbolisch verdeutlicht. Im Rahmen einer Reflexion zu der Berliner Frauenzeitung Courage weist Ursula Nienhaus auf die Bedeutung des durchbrochenen Frauenzeichens hin: Es war durchbrochen, weil die Faust es gesprengt hatte. Nienhaus „will ausdrücklich betonen, dass der Venusspiegel, das biologische Emblem für Weiblichkeit, natürlich gesprengt werden musste, weil die frühe Frauenbewegung biologistisches Verständnis kritisierte und nicht etwa übernahm!"[8] Gleichzeitig waren die Geschlechterkategorien Ausgangspunkt feministischer Kritik an den bestehenden Machtverhältnissen. Eine Betrachtung dieser Kritik jenseits des Konstruktes der Zweigeschlechtlichkeit ist deshalb wenig sinnvoll, da nur so die kritisierten Machtverhältnisse benannt werden können. Daher wird in dieser Arbeit explizit mit der weiblichen Form gearbeitet und von *Frauen* gesprochen. Den Autor_innen ist dabei durchaus bewusst, dass die hier unter der Kategorie Frau zusammengefasste Gruppe von Menschen höchst heterogen war.

---

[7] Die von Flick dargestellte Gefahr, dass die aktuelle Situation – aus der etwas erzählt wird – die früheren Situationen – die erzählt werden – überlagern und in ihrer Einschätzung beeinflussen kann, kann nicht aufgehoben werden. (Vgl. Uwe Flick: Qualitative Sozialforschung. Eine Einführung, Reinbek bei Hamburg 2011, 181.)

[8] Ursula Nienhaus: „Wie die Frauenbewegung zu Courage kam. Eine Chronologie", in: G. Notz (Hg.): Als die Frauenbewegung noch Courage hatte. Die „Berliner Frauenzeitung Courage" und die autonomen Frauenbewegungen der 1970er und 1980er Jahre, in: Gesprächskreis Geschichte, 73 (2007), 16.

B. Entstehung der Neuen Frauenbewegung

Das erste Mal öffentlich in Erscheinung trat die Neue Frauenbewegung mit Helke Sanders („Aktionsrat zur Befreiung der Frau") Rede zur Situation der Frauen in Westdeutschland auf der Delegiertenkonferenz des SDS (Sozialistischer Deutscher Studentenbund) 1968. Nachdruck wurde der Rede insbesondere durch Sigrid Rügers legendären Tomatenwurf in Richtung des ausschließlich männlich besetzten Podiums verliehen.[9] Dieser Vorfall wird auch als Signal der Abspaltung der Frauenbewegung von der linken Bewegung und insbesondere der Studentenbewegung gesehen, da diese trotz politischer Gemeinsamkeiten die grundsätzliche Unterdrückung der Frau ebenfalls ausblendeten.[10] In der Zeit der darauf folgenden Frauenkonferenzen war das zentrale Thema der § 218 Strafgesetzbuch (StGB). Am 6. Juni 1971 bekannten sich auf Initiative von Alice Schwarzer und nach französischem Vorbild 374 Frauen im *Stern* dazu abgetrieben zu haben.[11] Hiermit einher ging ein neues Verständnis des Politischen. Unter dem Schlagwort „Das Private ist politisch" wurde ein neuer „Deutungsrahmen gefunden, der die Diskurse der neuen Frauenbewegung bestimmen sollte."[12] Die klassische Dichotomisierung des Privaten und Politischen wurde damit einer radikalen Kritik unterzogen. Die Neue Frauenbewegung hat „die herkömmlichen Formen des Politischen als

---

[9] Vgl. Hilke Schlaeger: „Autonome Frauenbewegung", in: ELEFANTEN PRESS/A. Tühne/R. Olfe-Schlothauer (Hg.): FrauenBilder LeseBuch, Frankfurt am Main / Wien / Zürich 1980, 73-76.

[10] Vgl. Gerhard, Frauenbewegung und Feminismus, 111.

[11] Art.: „Wir haben abgetrieben", in: Stern-Magazin, 24 (1971), 16-24.

[12] Gerhard, Frauenbewegung und Feminismus, 112.

Verkehrsform öffentlicher Angelegenheiten in Frage gestellt und zu beeinflussen versucht [...]. Die Umkehrung der Prioritäten oder auch nur die Neudefinition des Politischen rührt an den Grundfesten der bürgerlichen Gesellschaft und der bestehenden politischen Ordnung".[13]

Die autonome Frauenbewegung thematisierte die gewaltförmigen Geschlechterverhältnisse und die Notwendigkeit ihrer Aufhebung. Ihre Prämissen waren Autonomie und Parteilichkeit, Selbstbestimmung, Selbstverwirklichung und Gleichberechtigung. Das Verhältnis der Bewegung zum Staat und seinen Institutionen war teilweise ambivalent. Zum einen wurde der Staat als patriarchalisch und systemstabilisierend erkannt und abgelehnt, auf der anderen Seite stand eine anhaltende Kontroverse um die Annahmen von staatlichen Geldern.

Lenz identifiziert hypothetisch drei Phasen der Neuen Frauenbewegung, die sich in ihren Organisationsformen, ihren Themen und Trägerschaften unterscheiden: „Bewusstwerdungs- und Artikulationsphase (1968-1976), Phase der thematischen Differenzierung, Projektbildung und institutionellen Integration (1976-1988) und die Phase der Internationalisierung und Neuorientierung (1989-2000)."[14]

C. Was heißt hier eigentlich *autonom*?

Der Begriff *autonom* stellt eines der wichtigsten Merkmale der Neuen Frauenbewegung dar. Die Definition eines Begriffs, der nicht nur

---

[13] Art.: Ute Gerhard: „Westdeutsche Frauenbewegung: Zwischen Autonomie und dem Recht auf Gleichheit", in: Feministische Studien, 2 (1992), 36.

[14] Ilse Lenz: „Frauenbewegungen: Zu den Anliegen und Verlaufsformen von Frauenbewegungen als sozialen Bewegungen", in: R. Becker/B. Kortendiek (Hg.): Handbuch Frauen- und Geschlechterforschung. Theorie, Methoden, Empirie, Wiesbaden 2004, 671.

umgangssprachlich oft verwendet wird, sondern auch historischen und politischen Charakter besitzt, ist mit einigen Schwierigkeiten verbunden. Im Kontext der autonomen Frauenbewegung der 1980er Jahre ist das Attribut autonom auf drei verschiedenen Ebenen zu verstehen:[15] Erstens als *Selbstbestimmung* auf der individuellen Ebene, zweitens als *Befreiung aus männerdominierter Bevormundung und alten Formen des Politischen* sowie als *institutionelle Unabhängigkeit* auf einer politischen Ebene und drittens als *Dezentralisierung* und *Selbstorganisation* auf einer organisatorischen Ebene.

Im Verständnis der autonomen Frauenbewegung der 1980er Jahre fing Autonomie also bei der eigenen Person und dem eigenen Körper an. Es ging um die Selbstbestimmung der eigenen Sexualität, des Umgangs mit sich, der Bedürfnisbefriedigung und der Lebensgestaltung. Insgesamt wurde das Konzept der „Weiblichkeit" oder „weiblichen Identität" in Frage gestellt. Die Unterdrückung der Frau wurde als Strukturelement der bürgerlich-kapitalistischen Gesellschaft gesehen: „Die lebhaften Debatten über das Verhältnis von Lohn- und Hausarbeit, angestiftet auch durch die Marx'sche Theorie und ihre Unterscheidung zwischen Produktion und Reproduktion, führten zu der Einsicht, dass die Stellung der Frau in Familie und Beruf ebenso wie in Staat und Gesellschaft entscheidend durch die normierte Arbeitsteilung bestimmt wird."[16]

Autonomie meinte auch eine sexuelle und reproduktive Selbstbestimmung zum Beispiel über die eigene Gebärfähigkeit. Ein weiterer Kritikpunkt der autonomen Frauenbewegung war die Institutionalisierung der Heterosexualität. „Der Protest gegen die Normen männlicher Sexualität

---

[15] Vgl. Antje Geißler: Autonomie und Wirklichkeit in der neueren deutschen Frauenbewegung. Diplomarbeit, Bremen 1985.

[16] Gerhard, Frauenbewegung und Feminismus, 112.

[…], ermöglichte schließlich auch die Enddiskriminierung weiblicher Homosexualität und die Anerkennung lesbischer Beziehungen als Lebensform."[17]

Aus diesen Überlegungen resultierte auf der politischen Ebene die Forderung, dass sich Frauen auch aus der Unterdrückung in ihren privaten Beziehungen befreien müssen. Dies stellte auch eine Kritik an linker politischer Praxis dar, die den Privatbereich tabuisierte und ausklammerte. Unter der legendären Parole *das Private ist Politisch!* forderte die Frauenbewegung deshalb, wie bereits einleitend festgehalten, die Aufhebung der Trennung zwischen dem Privaten und dem Politischen: „Das Private ist Politisch! […] Damit verbunden war die Hoffnung, daß [sic] durch eine radikale Selbständerung und durch die Entwicklung einer weiblichen Identität in persönlicher, politischer und kultureller Hinsicht" jenseits kapitalistisch-patriarchaler Verwertungsstrukturen und traditioneller Weiblichkeitsbilder eine grundlegende Veränderung erreicht werden konnte.[18]

Das Private als Politisch zu begreifen ermöglichte ferner, bis dahin verdeckte Bereiche wie unbezahlte Hausarbeit und häusliche Gewalt gegen Frauen öffentlich anzugehen. Eine weitere Konsequenz aus diesen Überlegungen und einschlägiges Merkmal der autonomen Frauenbewegung war der radikale *Ausschluss von Männern*. Eine Organisation jenseits von männlichem Dominanzverhalten, die Schaffung von egalitären Strukturen im Gegensatz zur Hierarchiebildung und die Ermöglichung von eigenständigem (politischen) Agieren wurden als Voraussetzungen zur Selbstbestimmtheit, ja zur Autonomie verstanden. In letzter Konsequenz wandte sich das autonome Verständnis gegen den Staat. Die autonome

---

[17] Ebd., 115.

[18] Frauenkulturhaus Bremen (Hg.): andersartig - 7 Jahre Frauenkulturhaus Bremen, Bremen 1989, 19.

Frauenbewegung versuchte stets unabhängig von staatlichen, systemstabilisierenden Institutionen zu agieren.

Dies führt zur organisatorischen Ebene des Autonomiebegriffs: Denn „anders als die «alte» Frauenbewegung gründete die «neue» keine Vereine oder Organisationen, sie verstand sich ausdrücklich als Basisbewegung, die eine Stellvertreterpolitik, erst recht «Führerinnen», strikt ablehnte."[19] Die Frauen trafen sich in Projekten und Gruppen. Wichtig hierbei waren neben dem Ausschluss von Männern eine dezentrale Strukturierung der (politischen) Arbeit und basisdemokratische Entscheidungsprozesse. Dadurch sollte die Bildung von Machtzentren verhindert werden, denn Selbstbestimmung und Selbstverwirklichung könne nur in egalitären, also in unhierarchischen Strukturen erfolgen. Selbstbestimmt sollten auch die Arbeitsformen und Inhalte sein. So entstanden in der BRD viele verschiedene Gruppen zu unterschiedlichen Themen und Aktionsformen. Ein weiteres Element autonomer Organisation war die Selbsthilfe. Von Therapiegruppen bis zu Selbsthilfewerkstätten bildete sich in den 1980er Jahren ein breites Spektrum an Selbsthilfeangeboten.

D. Bremer G e s c h e hen

In Bremen gab es damals noch keine Universität, diese wurde erst 1971 gegründet. Die Studentenbewegung hatte, Romina Schmitter zu folge, in vielen Universitätsstädten eine Voraussetzung für die Entstehung der Frauenaktions- und Weiberräten gebildet.[20] Da in Bremen die Universität

---

[19] Gerhard, Frauenbewegung und Feminismus, 116.

[20] Romina Schmitter: Zur Neuen Frauenbewegung in Bremen. Bremer Frauenmuseum e.V., Staatsarchiv Bremen (Hg.): Bremen 1998, 67.

erst 1971 gegründet wurde, waren es, wie Schmitter schreibt, in Bremen vor allem die Jungsozialisten, die in einer ähnlichen Rolle für die Entstehung der Neuen Frauenbewegung zu sehen sind wie der SDS auf überregionaler Ebene.[21]

1969 fand im Jazzlokal und damals auch politischem Treffpunkt „Lila Eule" eine Veranstaltung mit den West-Berliner Feministinnen Helke Sander und Marianne Herzog statt, die offenbar auf große Resonanz traf und als Initialzündung der Bremer Frauenbewegung gesehen wird. Im Anschluss an die Veranstaltung in der „Lila Eule" bildete sich im April 1969 der Bremer Weiberrat. Die Frauen bauten zunächst einen antiautoritären Kinderladen auf. Später wurden sie auch im Kampf gegen den § 218 aktiv. Die Arbeit fand vorerst in gemischtgeschlechtlichen Gruppen statt, ab 1973 bildeten sich jedoch zunehmend Frauengruppen, die sich unter Ausschluss von Männern trafen. Es kam in diesem Zusammenhang zu Auseinandersetzungen mit Frauen aus K-Gruppen über den politisch „richtigen" Weg, die sich vorwiegend auf den Umgang mit dem § 218 sowie auf die Frage der Zusammenarbeit mit Männern bezogen. 1975 wurde das Bremer Frauenzentrum als Umsetzung eines Beschlusses des Frauenplenums gegründet. Hiermit war kein Ende der Debatten erreicht, das Frauenzentrum stellte aber einen Ort für Frauen dar, der es ermöglichte, sich autonom und unabhängig von Männern und Organisationen zu treffen. Frauen, die sich in lockeren Strukturen engagieren wollten, konnten sich dort kennenlernen. Frauenzentren wurden zur Zentrale, „um Informationen auszutauschen und Aktionen

---

[21] Schmitter, 68.

vorzubereiten. Sie waren die Stärkung des *Wir-Gefühls,* setzen Kräfte frei und stabilisierten das Selbstbewusstsein der Frauen."[22]

Das Herz der autonomen Frauenbewegung war das Bremer Frauenzentrum. Von Ende der 1970er Jahre bis Anfang der 1980er Jahre stellte es einen Knoten- und Treffpunkt für alle interessierten Frauen dar.[23] Weiter war es „ein Ort, durch und an dem Frauen eine weibliche Identität jenseits aller traditionellen Weiblichkeitsbilder entwickeln" konnten.[24] Im Selbstverständnis des Frauenzentrums war dessen Arbeitsweise informell und unhierarchisch. Es verstand sich nicht als Ort des Konsums und der Inanspruchnahme von Dienstleistungen. Das Frauenzentrum war im eigenen Verständnis offen für jede Frau, die nicht parteipolitisch orientiert war, mitarbeiten und sich einbringen wollte, unabhängig von Dauer und Verbindlichkeit ihres Engagements.[25] Es bot Raum für die unterschiedlichsten Gruppen und erste Projektumsetzungen: Selbsterfahrungsgruppen, Körpergruppen, Selbstuntersuchungsgruppen, die §218-Gruppe, die Rechtsfrauengruppen, Antikriegsgruppen, die KFZ-Gruppe und Theatergruppen auf der einen Seite und langjährige Projekte wie der Notruf für vergewaltigte Frauen und das Lesbentelefon sowie die *Bremer Frauenzeitung Gesche* auf der anderen Seite. Im Zeitraum von Februar 1979 bis September 1981 wurde die *Gesche* mit dem Anspruch Sprachrohr für die Bewegung zu sein vom Frauenzentrum herausgegeben. Aus den verschiedenen Gruppen, die sich im Bremer Frauenzentrum trafen, entwickelte sich eine öffentliche, politi-

---

[22] belladonna Kultur-, Kommunikations- und Bildungszentrum für Frauen e.V. (Hg): belladonna bewegt: Eine Dokumentation über 13 Jahre Frauenkultur und Frauenbildung, Bremen 1999, 12.

[23] Frauenkulturhaus Bremen, 20.

[24] Ebd.

[25] Ebd., 21.

sche Kraft. Ausdruck dieser Kraft waren unter anderem die Demonstrationen zur Walpurgisnacht.

E. Walpurgisnacht – „Frauen, erobert euch die Nacht zurück!"

Der Legende zufolge treffen sich in der Nacht vom 30. April auf den 1. Mai die Hexen auf dem Blocksberg – oder an anderen versteckten, unheimlichen Orten –, um mit dem Teufel zu tanzen. Es heißt, das Treiben sei von grenzenloser Sexualität geprägt und alles was sonst den kirchlichen Moralvorstellungen zuwider lief, sei erlaubt.[26] Die Hinwendung zu der Geschichte der Hexenverfolgung als Ausdruck geschlechtsspezifischer Unterdrückungsmechanismen stand im Zusammenhang mit „dem Bedürfnis, die Wurzeln der eigenen (feministischen) Identität sowie die Ursachen und Wirkungsmechanismen […] gesellschaftlicher Hierarchien zu erforschen".[27] Die autonome Frauenbewegung eignete sich die historische Zuschreibung der Hexe an und füllte sie mit eigenen Inhalten. Die Walpurgisnacht wurde Ausdruck des Protestes gegen männliche Gewalt, vor allem gegen Vergewaltigung. Die Aktionen verfolgten das Ziel, auf die Gefahren für Frauen im öffentlichen Raum aufmerksam zu machen und diesen sicherer zu gestalten. Die Frauen wollten nicht mehr länger akzeptieren, „nachts in ihre

---

[26] Vgl. Marlene Schaeffer: „Hexen", in: ELEFANTEN PRESS /A. Tühne/R. Olfe-Schlotthauer (Hg.): FrauenBilder LeseBuch, Frankfurt am Main / Wien / Zürich 1980, 30.

[27] Vgl. Isabel Richter, Sylvia Schraut: „Geschichte: Geschlecht und Geschichte", in: R. Becker/B. Kortendiek (Hg.): Handbuch Frauen- und Geschlechterforschung. Theorie, Methoden, Empirie, Wiesbaden 2004, 626.

Zimmer verbannt" zu werden.[28] Sie wollten es nicht als „Los der Weiblichkeit hinnehmen, daß [sic] Dunkelheit [...] Ausgangssperre" bedeutet.[29]

Walpurgisnacht (Quelle: Gesche 2/1979).

In Bremen wurde 1975 die Walpurgisnacht erstmalig zum Anlass einer Demonstration von ungefähr 500 Frauen genommen.[30] Die Mobilisierung fand hauptsächlich über Mundpropaganda, Flugblätter und Plakate statt. Diese erste Walpurgisnachtdemonstration war durch eine gelöste Atmosphäre gekennzeichnet: „Hunderte von Frauen drückten, bunt angemalt, mit Trillerpfeifen, Trommeln und allem was Krach macht, lautstark ihren Protest gegen die Gewalt – Herrschaft des Patriarchats aus."[31] Die Walpurgisnachtdemonstrationen in den darauf folgenden Jahren waren laut, ungestüm

---

[28] Gesche 2/1979, 52.

[29] Ebd., 52.

[30] Ebd., 52.

[31] Frauenkulturhaus Bremen, 22.

und nicht immer friedlich. Vor allem Sexshops waren beliebte Ziele für Farbbeutel und Graffiti, so manche Scheibe ging zu Bruch. Es kam auch zu Auseinandersetzungen mit der Polizei, Beamten in Zivil und anderen Männern, die sich durch die Masse der Frauen provoziert fühlten. Frauen wurden teilweise willkürlich in Gewahrsam oder festgenommen. Das tat der Aktion jedoch keinen Abbruch, im Gegenteil: „Die [folgenden] Prozesse mobilisierten viele Frauen und stärkten eher die Solidarität als die Angst vor Kriminalisierung."[32]

F. Vom Frauenzentrum zum Frauenprojekt

Das Frauenzentrum musste aufgrund von Raumnot und finanziellen Schwierigkeiten mehrmals umziehen, bis es 1982 Teil des neu entstandenen Frauenkulturhauses wurde. Frauengruppen die sich im Frauenzentrum gebildet hatten lösten sich zum Teil auf oder trafen sich fortan in privaten Räumen.[33] Mit der Entstehung von neuen Treffpunkten und Aktionen verlor das Frauenzentrum an Bedeutung, bis es sich im Dezember 1987 auflöste.

Frauencafés, Frauenkneipen und Frauenbuchläden waren neben dem Frauenzentrum zentrale Treffpunkte. Der Frauenbuchladen Hagazussa e.V. gründete sich im Jahr 1979. Er bot ein großes Sortiment an einschlägiger Literatur zu sämtlichen Frauenthemen und galt gleichzeitig als Treffpunkt für Frauen, die sich informieren und austauschen wollten. Die ganztäglichen Öffnungszeiten ermöglichten einen Austausch hinausgehend über die oftmals auf die Abendstunden begrenzten Besuche des Frauenzentrums.

---

[32] Ebd.

[33] Gesche 5 (12/79), 50-51.

Autonom. Bewegt. Selbstbestimmt.

Das Frauenkulturhaus bestand aus dem Frauencafé und aus dem Frauenzentrum bis zu dessen Schließung. Spontane Aktionen und lose Zusammenkünfte fanden dort weniger statt, es standen vielmehr geplante Aktivitäten, Workshops und Projekte im Fokus. Hiermit setzte auch eine Entwicklung der zunehmenden Spezialisierung ein, die sich jedoch nicht im Konsens vollzog. Am Anfang stand der Anspruch nach Basisdemokratie im Vordergrund. Parallel dazu fanden lange und kontroverse Diskussionen über die Annahme staatlicher Gelder („Staatsknete") statt. Mit der zunehmenden Spezialisierung, dem damit einher gehenden Strukturwandel und der Institutionalisierung autonomer Projekte wurden interne Hierarchien sichtbar, und es kam vermehrt zu Auseinandersetzungen. Das bereits 1976 gegründete Autonome Frauenhaus für geschlagene Frauen war das erste autonome Frauenprojekt in Bremen. Das Frauengesundheitszentrum und das Frauentherapiezentrum gründeten sich 1983 mit dem Ziel, Frauen darin zu unterstützen selbstbestimmt und eigenverantwortlich mit ihrem Körper umzugehen. Eine Initiative des autonomen Bremer Frauenhauses war der Frauenberatungsladen. Dieser stellte eine Anlaufstelle für Frauen dar, die das Frauenhaus verlassen hatten und darüber hinaus für Frauen, die von Gewalt betroffen waren. Im Jahr 1986 gründete sich das Kultur-, Kommunikations- und Bildungszentrum belladonna, das der Identitätsfindung und kulturellen Selbstverständigung von Frauen dienen wollte. Das Angebot umfasste damals ein Kultur- und Veranstaltungsprogramm, ein Frauenarchiv und Dokumentationszentrum, eine feministische Geschichtswerkstatt sowie eine Sauna. An der Universität Bremen entstand das feministische Lesben- und Frauenreferat. Das dort eingerichtete Frauencafé sollte Raum bieten für die Bedürfnisse der Studentinnen, für Gespräche, Diskussionen und Arbeitsgruppen. Darüber hinaus fand einmal jährlich, vorzugsweise im September die Bremer Frauenwoche an der Universität statt. Die Initiatorinnen der 1. Bremer Frauenwoche 1982 hatten das

Anliegen, „einen Beitrag zur autonomen Frauenbewegung zu leisten."[34] Die entstandenen Projekte, Zentren, Beratungsstellen und Arbeitskreise deckten ein breites Themenspektrum ab und setzten sich mit zahlreichen Problemfeldern auseinander, wobei viele aufgrund fehlender Perspektive, finanzieller Engpässe und fehlender Räumlichkeiten nur für kurze Zeit bestanden.

---

[34] Programm: 1. Bremer Frauenwoche. 20.-25.Sept.82 an der Uni Bremen.

Autonom. Bewegt. Selbstbestimmt.

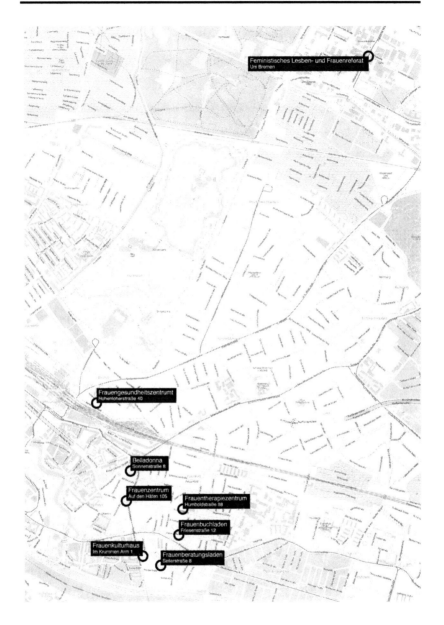

Stadtplan (Quelle: Judith Tietel, Jasper Szlagowski).

Lea Barten, Kristina Haase und Judith Tietel

G. Das Bremer Autonome Frauenhaus
„Frauen helfen Frauen e.V."

Das autonome Frauenhaus ist nicht nur das erste Projekt der autonomen Bremer Frauenbewegung, sondern zudem eines der wenigen bis heute existenten. Im Folgenden wird exemplarisch darauf eingegangen. Die Erzählungen im Text stammen aus einem Interview, das wir im Zuge unserer Recherchen mit Frau B. führten, die in den 1980er Jahren aktiv im autonomen Frauenhaus mitgewirkt und gearbeitet hat. In der Selbstdarstellung des autonomen Frauenhauses „Wer wir sind" von 1988,[35] versteht sich das autonome Frauenhaus:

1. nicht als staatliches Heim, sondern als ein Projekt der autonomen Frauenbewegung ohne hierarchische Strukturen,
2. als ein Haus, in dem alle bedrohten und misshandelten Frauen zu jeder Tages- und Nachtzeit einen sicheren Ort finden, den sie so lange nutzen können, wie sie ihn brauchen,

---

[35] Vgl. den Flyer: „Wer wir sind. Autonomes Frauenhaus Bremen" (1988).

3. als ein Projekt, das die bestehende Gewalt gegen Frauen ins öffentliche Bewusstsein rücken will (Öffentlichkeitsarbeit),
4. als ein Lebens- und ein Freiraum.

H. Gewalt als strukturelles gesellschaftliches Problem

Das autonome Frauenhaus befasste sich also vor allem mit der von Männern ausgehenden (häuslichen) Gewalt gegen Frauen und wollte den Betroffenen und ihren Kindern einen Ort zum vorübergehenden Wohnen und Leben bieten. Das Recht der Betroffenen selbst zu definieren, was (sexualisierte) Gewalt ist, war im autonomen Frauenhaus von zentraler Bedeutung. Gewalt gegen Frauen wurde dort als „der brutalste und dramatischste Ausdruck der Machtverhältnisse zwischen den Geschlechtern" verstanden, gegen den sich zu Wehr gesetzt werden muss.[36]

Gewalt gegen Frauen wurde nicht als individuelles Problem der Betroffenen gesehen, „die irgendwie unfähig sind, auf sich selbst aufzupassen und ihr Leben nicht bewältigen können",[37] sondern als strukturell-gesellschaftliches: „Alle Frauen machen im Laufe ihres Lebens die Erfahrung der Machtlosigkeit und Verletzbarkeit. Sie erkennen, dass Frauen in dieser Gesellschaft minderwertig sind und einen niederen sozialen Status als Männer haben. Aus diesen Gründen muss das Problem der Frauenmisshandlung immer mit der gesellschaftlich minderwertigen Rolle von Frauen in Verbindung gebracht werden."[38]

Aufgenommen wurden alle Frauen, mit Ausnahme von Alkohol- und Drogenabhängigen. Letztere wurden auf Grund von mangelnden Kompe-

---

[36] Bremer Frauenhaus Dokumentation 1979, 17.

[37] Ebd., 15.

[38] Ebd., 16.

tenzen, Therapie- und Betreuungsmöglichkeiten seitens des autonomen Frauenhauses an andere Stellen weiter vermittelt. Kurz nach der Eröffnung des autonomen Frauenhauses 1976 war das Haus bereits völlig überlastet, es herrschte akuter Platzmangel. Der Bremer Senat sah vor der Eröffnung des autonomen Frauenhauses den „Bedarf für die Einrichtung einer besonderen Zufluchtsstätte für Frauen, die in einer akuten Notlage […] mit ihren Kindern das Haus verlassen müssen" als nicht nachgewiesen.[39] Erst nach langen Verhandlungen konnte das autonome Frauenhaus im Oktober 1978 in ein größeres Haus umziehen. Zum Schutz der dort untergekommen Frauen wird der Ort anonym und geheim gehalten.

I. Inwiefern war das autonome Frauenhaus denn nun *autonom*?

Unter autonom wurde vor allem eine andere Organisationsstruktur verstanden. Das Frauenhaus versuchte sich basisdemokratisch, ohne Hierarchien zu organisieren und wehrte sich auch gegen ein Spezialistentum unter den Mitarbeiterinnen. Mit Hilfe von wöchentlichen Plena und Dienstplänen organisierten sich die Frauen selbst. B. erklärt hierzu:

> „Autonom – das war eine andere Organisationsstruktur. Es ging nicht um Mehrheitsentscheidungen, es ging darum, bestimmte Entscheidungen beziehungsweise Lösungen zu suchen, zu denen alle mehr oder weniger zustimmen können. Das war ein zäher Akt. Das ist im Prinzip basisdemokratisch. Das hatte auch was, aber im Hinblick auf die Arbeit hatte ich manchmal das Gefühl: Wir sind in erster Linie autonom und dann auch

---

[39] Fragestunde der Bremischen Bürgerschaft am 23./24. Juni 1976, in: Bremer Frauenhaus Dokumentation 1979, 1.

noch Frauenhaus. Die Arbeit machen wir für die Frauen, aber das autonome Frauenhaus ist ein politischer Kampf! Da geht's darum, dass man auch in der Gesellschaft ein bestimmtes Bewusstsein verändert. Das ist auch wichtig, das fand ich auch und trotzdem hatte ich manchmal das Gefühl, dass die Arbeit auch darunter gelitten hat. Andererseits wurden ja auch Bewohnerinnen mit einbezogen und wir hatten in der Mitarbeiterschaft ehemalige Frauenhausbewohnerinnen, die dann in die Beratung gegangen sind."

Das autonome Frauenhaus wehrte sich auch stets gegen einen von den Sozialbehörden geforderten Heimcharakter, wonach die Frauen verwaltet und über sie von Expertinnen entschieden werden sollte. Im autonomen Frauenhaus wurden die Bewohnerinnen nicht als Fälle oder Klienten gesehen, sondern als völlig normale Frauen, „die das Pech hatten, von einem gewalttätigen Mann, von einem Mißhandler [sic], herumgestoßen worden zu sein."[40] Dieser entwürdigende und unterdrückende Zustand sollte eben nicht weitergeführt werden, sondern die Frauen sollten in ihrer Selbstständigkeit und Autonomie gestärkt und über ihre Möglichkeiten und Rechte informiert werden.

Es gab jedoch auch im Autonomieanspruch begründete Konflikte: Beispielsweise kam es zu unterschiedlichen Erwartungen an das Frauenhaus seitens der Bewohnerinnen und der Initiativfrauen. So verstanden die Frauen der Initiativgruppe das autonome Frauenhaus stets als politisches Projekt, welches mehr sein sollte, als „nur" eine Wohnmöglichkeit. Die Bewohnerinnen allerdings hatten zum Teil andere Prioritäten und wollten oder konnten sich mit dem politischen Kampf nicht immer identifizieren. Ein prägnantes Beispiel dieses Konflikts stellt das folgende Zitat über den Umgang mit der Polizei dar: „Es war oft so, dass die Frauen, die im Haus wohnten,

---

[40] Bremer Frauenhaus Dokumentation 1979, 15.

bei jeder Bedrohung die Polizei rufen wollten. Wir dagegen wollten uns – ohne Polizei – zusammen mit anderen Frauen wehren."[41]

Eine weitere Schwierigkeit autonomer Organisation war die Finanzierung des autonomen Frauenhauses, worauf wir im Folgenden noch kurz eingehen wollen. Das autonome Frauenhaus wurde seit 1980 über das BSHG (Bundessozialhilfegesetz) – und damit staatlich – finanziert. Ob eine staatliche Finanzierung im Widerspruch zur Autonomie steht, wurde im Frauenhaus kontrovers diskutiert. Das Hauptproblem stellte die sogenannte „Kopfgeldprämie" dar. Demnach bekam das autonome Frauenhaus einen bestimmten Tagessatz für jede Frau, die gerade dort lebte. Dies bedeutete zugespitzt: Je mehr Frauen das Frauenhaus beanspruchten, desto mehr Geld hatte es zur Verfügung. Weitere Risiken bei staatlicher Finanzierung wurden in zunehmender Bürokratisierung und der Kontrolle durch Behörden gesehen. Zugleich wurden auch die Gesellschaft und der Staat für die Unterdrückungsverhältnisse und die Gewalt gegen Frauen verantwortlich gemacht, weshalb es als berechtigt angesehen wurde, dass diese auch für die Kosten aufkommen sollten. Erfolgreich kämpften die Frauen gegen staatliche Auflagen wie die Heimführung (Kontrolle durch den Senat, Angabe von Höchstbelegzahlen), Aufnahme von „bestimmten Frauen" (möglichst nur Bremerinnen) und eine beschränkte Aufenthaltsdauer.[42]

Ein weiteres Element der autonomen Organisation war die „gleiche Bezahlung für alle Mitarbeiter".[43] B. erläutert wie dies in der Umsetzung konkret aussah:

„Auf Grund der Kostenübernahme oder Haushaltstitel war klar, so und so viel Geld und Stellen haben wir zur Verfügung. Wir haben ja nun aber

---

[41] Ebd., 4.

[42] Vgl. Bremer Frauen-Info Nr. 0 Bremen o.J. (1983), 2-4 zitiert nach Schmitter, 179-180.

[43] Bremer Frauenhaus Dokumentation 1979, 20.

auch Frauen beschäftigt, die keine Ausbildung hatten, die nicht hätten beschäftigt werden dürfen. Also haben wir das so gemacht, dass ich als Anerkennungspraktikantin, die 38 1/2 Stunden offiziell arbeiten sollte, tatsächlich weniger gearbeitet habe und den Teil des Geldes, der über war, in einen Pott getan habe. Aus diesem Topf wurden die anderen, inoffiziellen Mitarbeiterinnen finanziert. Also alle, ich glaube es gab 7 ½ Stellen, haben das so gemacht und jede hat den gleichen Lohn bekommen. Wer ein Kind hatte, bekam pro Kind etwas mehr. Wir haben versucht irgendwie so eine Kalkulation hin zu legen, dass alle unter gleichen Bedingungen arbeiten. Das hat aber auch nicht immer so richtig geklappt."

Die Vorstellungen von unhierarchischen, egalitären Strukturen, konnten in vielen Projekten der autonomen Frauenbewegung nicht vollständig realisiert werden. So bildeten sich auch im autonomen Frauenhaus gewisse (Wissens-)Hierarchien und es unterschieden sich beispielsweise Privilegien und Tätigkeitsfelder, je nachdem wie lange man dort bereits tätig war. Zwischen der Vorstellung und der Verwirklichung von Autonomie gab es also durchaus Diskrepanzen und Unterschiede.

Abgesehen von diesen Problemen und der permanenten Sorge um die Finanzierung gestaltete sich das Leben im Frauenhaus sehr bunt. Neben der Bewältigung der Turbulenzen des Alltäglichen, was auf Grund der Fluktuation der Frauen eine dauerhafte Herausforderung darstellte, wurden Feste gefeiert, Ausflüge organisiert, zusammen philosophiert, gesungen und gekocht. Dass es das autonome Frauenhaus bis heute gibt, ist ein Zeichen dafür, dass es eines der erfolgreichen Projekte der autonomen Frauenbewegung in Bremen ist.

J. Ausblick

Die Einstellungen und Lebensweisen der Frauen aus der autonomen Frauenbewegung unterschieden sich. Sie trafen sich an zahlreichen Orten, mit verschiedenen Zielen. Diese Fülle unterschiedlicher Projekte, Arbeits- und Themenschwerpunkte sowie Prioritäten und Lebensweisen verdeutlicht, dass es sich bei der autonomen Frauenbewegung der 1980er Jahre nicht um eine homogene Bewegung handelte. Gleichwohl stellten Autonomie und Parteilichkeit, Selbstbestimmung, Selbstverwirklichung und Gleichberechtigung übergeordnete Prämissen der autonomen Frauenbewegung dar. Im Zuge einer historischen Einordnung, einer Beurteilung der Errungenschaften der autonomen Frauenbewegung und der Ermittlung ihrer Bedeutung stellt sich für uns die Frage, was aus diesen Prämissen geworden ist und wo sie heute zu finden sind. Barbara Duden, feministische Historikerin und Mitbegründerin der Frauenzeitung *Courage*, fällt die unheimliche Kongruenz und Passförmigkeit von heutigen Formen der Sozialsteuerung und den damaligen Forderungen der Frauenbewegung auf. Sie stellt dazu fest, „dass die damaligen Forderungen von Frauen nun als Forderungen an Frauen gestellt werden".[44]

Die höchste Priorität innerhalb der Ziele der autonomen Frauenbewegung habe die Selbstbestimmung – insbesondere im Zusammenhang mit dem Schwangerschaftsabbruch, der Empfängnisverhütung und der allgemeinen Lebensplanung eingenommen. Indes passe Selbstbestimmung haarscharf in die „Rationalität neoliberaler Sozial-Technologien, die die Men-

---

[44] Barbara Duden zitiert nach Gisela Notz: „Courage – Wie es begann, was daraus wurde und was geblieben ist", in: G. Notz (Hg.): Als die Frauenbewegung noch Courage hatte. Die „Berliner Frauenzeitung Courage" und die autonomen Frauenbewegungen der 1970er und 1980er Jahre, in: Gesprächskreis Geschichte, 73 (2007), 53.

schen frei setzt und berechenbar macht."[45] Selbstbestimmung entspräche einem neuen Menschentyp: dem decision-maker und führe in die Entscheidungsfalle, „in der die Freiheit darin besteht, nach Kenntnisnahme zwischen jenen Optionen zu wählen, die sozial und technisch bereits gestellt werden."[46] Die meisten Erlebnisse im Frauenleben stehen demzufolge heute „im Rahmen von Risiko-Management und Selbststeuerung, die Frauen optimal selbst gestalten."[47] Generell verbreitet wird, nicht zuletzt medial, dass wichtige Etappenziele der Frauenbewegung erreicht worden sind und diese insgesamt eine erfolgreiche – oder vielleicht sogar die erfolgreichste – Bewegung innerhalb der Neuen Sozialen Bewegungen darstellt. Doch mehren sich Stimmen, die entweder eben diese Bewegung heftig kritisieren, oder aber ihre Ziele und Errungenschaften in Gefahr sehen. Ob und wie die autonome Frauenbewegung als der radikale feministische Flügel auch in Zukunft weiter existieren wird, kann hier nicht beantwortet werden. Es bleibt festzuhalten, dass die Bewegungsgeschichte immer nur im Kontext und in ihrem Verhältnis zur Zeitgeschichte betrachtet werden kann.

---

[45] Ebd.

[46] Ebd.

[47] Ebd.

Larena Schäfer und Jens Crueger

Von kritikfähigen Szenetypen, zärtlichen Mackern und eigenwilligen Frauen
Kontaktanzeigen im Bremer Blatt und KursBuch als Medium alternativer Rollenbilder und Beziehungsentwürfe

A. Geschichte der Kontaktanzeigen und Forschungsstand

Ab Ende des 17. Jahrhundert breiteten sich Kontaktanzeigen von England über ganz Europa aus,[1] wo sie seit dem 18. Jahrhundert im Bürgertum geläufig wurden. Dabei handelte es sich zunächst um reine Heiratsanzeigen mit dem ausschließlichen Zweck der Eheanbahnung. Seit den 1950er Jahren differenzierte sich diese Textsorte weiter aus. Motive wie Freundschafts-, Freizeit- und Sexgesuche wurden nun in Annoncen thematisiert.[2]

Die Wissenschaft entdeckte schon früh ihr Interesse an Kontaktanzeigen, so forderte etwa Max Weber auf dem Ersten Deutschen Soziologentag im Jahr 1910 eine intensive quantitative und qualitative Beschäftigung mit

---

[1] Am 19. Juli 1695 veröffentlichte John Houghton „in seiner 1682 gegründeten ‚Collection for the Improvement of Husbandry and Trade' die ersten Inserate dieser Art", vgl. Peter Kaupp: Das Heiratsinserat im sozialen Wandel. Ein Beitrag zur Soziologie der Partnerwahl, Stuttgart 1968, 9.

[2] Nicole Rutkowski: Kontaktanzeigen im intermedialen Vergleich, in: http://www.linse.uni-due.de/linse/esel/pdf/kontaktanzeigen.pdf, (PDF-Datei, gesichtet 04.09.2010), 1.

dem „Inseratenteil" der Zeitungen.[3] Vor allem in der Soziologie wurde dieses Genre zum Forschungsgegenstand,[4] außerdem in der Linguistik, der Kulturwissenschaft, Psychologie und Kommunikationswissenschaft.[5] Das alternative Milieu der 1980er Jahre und dessen spezifische Kontaktanzeigenkultur machten Kommunikationswissenschaftler um Jo Reichertz mehrfach zum Thema.[6] Ziel dieser Untersuchungen war es, die Intimitätsvorstellungen der 1980er Jahre zu erhellen. Reichertz und Kollegen grenzten sich methodisch deutlich von einer 1980 durchgeführten Studie der Kommunikationswissenschaftlerin Margot Berghaus ab,[7] die eine hauptsächlich schriftliche und in geringem Umfang mündliche Befragung von Kontaktinserenten der „elf auflagenstärksten Regional-Abonement-Zeitungen" und „vier auflagenstärksten überregionalen Abonement-Zeitungen" durchgeführt hatte.[8]

---

[3] Max Weber: Gesammelte Aufsätze zur Soziologie und Sozialpolitik, hrsg. von Marianne Weber, Tübingen 1988, 431-449.

[4] Kaupp.

[5] Für einen Überblick über die Forschungsgeschichte vgl. Viola Riemann: Kontaktanzeigen im Wandel der Zeit. Eine Inhaltsanalyse, Opladen 1999, 79ff.

[6] Kerstin Nagler, Jo Reichertz: „Kontaktanzeigen - Auf der Suche nach dem anderen, den man nicht finden will", in: S. Aufenanger/M. Lenssen (Hg.): Handlung und Sinnstruktur. Bedeutung und Anwendung der objektiven Hermeneutik, München 1986, 84-122; Sabine Polotzek, Jo Reichertz: „Sex als Objekt der Begierde. Die Entwicklung der Kontaktanzeigen in der Stadtillustrierten PRINZ (1987-1994)", in: M. Lenssen/E. Stolzenburg (Hg.): Schau-Lust. Erotik und Pornographie in den Medien, Opladen 1997, 43-54; Jo Reichertz: „Kontaktanzeigen in Stadtmagazinen oder die Suche nach dem anderen, den man nicht treffen will", in: S. Müller-Doohm/K. Neumann-Braun (Hg.): Öffentlichkeit, Kultur, Massenkommunikation. Beiträge zur Medien- und Kommunikationssoziologie, Oldenburg 1991, 251-265.

[7] Margot Berghaus: Partnersuche angezeigt. Zur Soziologie privater Beziehungen, Frankfurt a.M. 1985.

[8] 334 schriftliche Befragungen und 40 mündlich Befragungen flossen in die Studie ein, vgl. Art.: Margot Berghaus: „Der Auftakt persönlicher Beziehungen. Besonderheiten bei Kontakt

Ihrer Untersuchung zufolge dienten 84% der Anzeigen der Suche nach einer „festen und langfristigen" Beziehung, nur 15% hingegen nach einem „an- und erregenden Abenteuer".[9] Reichertz' Studie hingegen zeichnete auf Basis von Annoncen aus alternativen Stadtmagazinen ein deutlich lustbetonteres Bild, wonach die unter 25jährigen nach Sexerfahrungen, jene im Alter zwischen 25 und 39 „neue lust- und liebevolle Beziehungsepisoden" suchten.[10] Altersübergreifend erkannte Reichertz den „Wunsch nach intellektuellem und sexuellen Raffinement auf gehobenen Niveau".[11]

Der Zeithistoriker Sven Reichardt hat alternative Kontaktanzeigen der 1980er Jahre untersucht,[12] sie dienten ihm als „Indikator für eine Analyse der linksalternativen Werte und Selbstdarstellungsmodi".[13] Quellengrundlage hierfür waren die Kontaktanzeigen im Frankfurter Pflasterstrand (Jahrgänge 1977-1986) und der Berliner zitty (Jahrgänge 1977-1987).[14] Er wählte ein statistisches Verfahren, um „repräsentative statistische Werte" zu erzielen. Seine Ergebnisse deutet er als „allgemeine Charakteristika des linksalternativen Millieus", die in einer „verzweifelten Suche nach einem Ausdruck individueller Authentizität und kollektiver Vergemeinschaftung" bestünden.[15]

---

und Kommunikation durch Heirats- und Bekanntschaftsanzeigen", in: Zeitschrift für Soziologie, 15,1 (1986), 56-67, 57.

[9] Berghaus, Partnersuche, 18.

[10] Reichertz, Kontaktanzeigen in Stadtmagazinen, 255.

[11] Ebd.

[12] Sven Reichardt: „Von ‚Beziehungskisten' und ‚offener Sexualität'", in: S. Reichardt/D. Siegfried (Hg.): Das Alternative Milieu. Antibürgerlicher Lebensstil und linke Politik in der Bundesrepublik Deutschland und Europa, 1968-1983, Göttingen 2010, 267-289.

[13] Ebd., 269f.

[14] Ebd., 269.

[15] Ebd., 288.

B. Kontaktanzeigen als Quelle

Sollen Kontaktanzeigen als Quellen verwendet werden, so gilt es einige Prämissen zu beachten. Im linguistischen Verständnis stellen Kontaktanzeigen „ein komplexes Muster sprachlicher Kommunikation" dar, welches „auf vorgefertigten Plänen" beruht und „konventionell als typisch wiederkehrendes Handlungsmuster nach gesellschaftlichen Sprachverhaltensnormen" benutzt wird.[16] Das bedeutet, dass die Nutzer über das nötige Wissen – die Textsortenkompetenz – verfügen, um das komprimierte sprachliche Muster der Kontaktanzeigen zu chiffrieren bzw. zu dechiffrieren. Für die Bearbeitung von Kontaktanzeigen als historische Quelle stellt sich also die Herausforderung, jene kulturellen Konventionen zu erschließen, aus denen heraus die Entschlüsselung und Nutzung möglich wurde. Zudem ist das Wissen um die Konventionen der Kontaktanzeigen nicht allgemein geteilt. Als Beleg hierfür seien die verlegenen Begründungen in Annoncen früher Jahrhunderte,[17] oder ähnliche Reflexe in den Anzeigen der alternativen Szene der 1980er Jahre angeführt.[18]

---

[16] Gottburgsen, 264.

[17] Zur Begründung eines Kontaktgesuches: „.... solche öffentliche Einladungen zur Ehe [sind] in England längst eingeführt [...]. Auch hat man Beyspiele genug, daß hiedurch viele glückliche Ehen dorten entstanden sind", zitiert nach Buchner in Kaupp, Heiratsinserat, 10.

[18] Zitat aus einer nicht untypischen alternativen Kontaktanzeige: „Man traut sich kaum im PS [Pflasterstrand, S. R.] eine Kontaktanzeige aufzugeben, wo das Eingestehen v. Beziehungswunsch u. Schmuse-Defizit in der ‚scene' doch gar nicht so selbstverstehen ist." Pflasterstrand 106 (1981), 43, zitiert nach Reichardt, 272.

Bei den Selbst- und Partnerbeschreibungen in Kontaktanzeigen geht es „weniger um das Vorkommen bestimmter Merkmale selbst, sondern um Rollenvorstellungen".[19] Genauer gesagt kommt hierbei die Erwartungserwartung zum Tragen, ein Theorem aus der soziologischen Systemtheorie Niklas Luhmanns.[20] Die Annahmen des Senders über die Erwartungshaltung des Empfängers prägen seine Selbst- und Partnerdarstellung. Wenn sich der Mann in einer Kontaktanzeige als sensibel beschreibt, bedeutet das primär, dass er annimmt, Frauen würden männliche Sensibilität attraktiv beurteilen. Beschreibt er weiterhin seine Wunschpartnerin als intelligent und selbstbewusst, dann deutet dies darauf hin, dass seiner Vermutung nach ein ebensolcher Partnerwunsch auf Frauen attraktiv wirkt. Folgt man einem konstruktivistischen Ansatz der Gendertheorie, so kommt in den Kontaktgesuchen noch ein weiterer Faktor zum Tragen: Versteht man Geschlecht und die Differenzen zwischen den Geschlechtern nicht als „natürlich gegeben" sondern als „historisch und sozial gewachsen",[21] so muss man nach den sozialgeschichtlichen Faktoren fragen, die zur Konfiguration der Geschlechter beitragen und in der Vergangenheit beigetragen haben. Aus der interaktionstheoretischen Soziologie entstammend, avancierte das Konzept des „doing gender" mittlerweile zum Synonym für eben jene konstruktivistische Perspektive von der Konstruktion der Geschlechter.[22] Dabei stehen genau jene „sozialen Prozesse" im Fokus des Interesses, die zur Produktion und

---

[19] Nicole Burzan: Quantitative Methoden der Kulturwissenschaften, Konstanz 2005, 44.

[20] Vgl. zum Diskurs Erwartungserwartung in Kontaktanzeigen insb. Riemann, Kontaktanzeigen im Wandel, 60ff, 140ff. und 188-219.

[21] Pamela Heß: Geschlechterkonstruktionen nach der Wende. Auf dem Weg einer gemeinsamen Politischen Kultur?, Wiesbaden 2010, 19.

[22] Regine Gildemeister: „Doing Gender: Soziale Praktiken der Geschlechterunterscheidung", in: R. Becker/B. Kortendiek (Hg.): Handbuch der Frauen- und Geschlechterforschung. Theorie, Methoden, Empirie, Wiesbaden 2004, 132-141, 137.

Reproduktion der geschlechtlichen Dichotomie beitragen.[23] Das Spezifikum dieses theoretischen Ansatzes ist, dass Geschlechtszugehörigkeit nicht als Ausgangspunkt sondern als ein Ergebnis sozialer Prozesse angenommen wird.[24] Für Kontaktanzeigen ist das „doing gender", das beschreiben will, wie sich „Menschen performativ als männlich oder weiblich zu erkennen geben und mittels welcher Verfahren das so gestaltete kulturelle Geschlecht im Alltag relevant gesetzt wird"[25] eine spannende Perspektive. Bereits 1993 hat die Soziologin Anja Gottburgsen anhand von Kontaktanzeigen (Rubrik: „Ehewünsche") aus der Frankfurter Allgemeinen Zeitung eine Untersuchung des „doing gender" vorgenommen[26] und dabei deutliche Unterschiede in der Selbstdarstellung der Geschlechter festgestellt.[27] Für die Semantischen Bereiche Aussehen, Beruf, Ausstrahlung und Geschlechtsspezifik konnte sie ein „doing gender" entlang der Geschlechterstereotypen empirisch belegen.[28]

Ausgehend von Theorie und Forschungsstand ergeben sich folgende Prämissen: Erstens ermöglichen Kontaktanzeigen einen methodischen Zugang zu bestimmten Werthaltungen, Identitäten, Geschlechterkonzeptionen

---

[23] Gildemeister, 137.

[24] Ebd.

[25] Kotthoff, 2.

[26] Grundlage hierfür waren 150 Anzeigen von Frauen und 150 Anzeigen von Männern aus der Rubrik „Ehewünsche" der Frankfurter Allgemeinen Zeitung (FAZ) aus dem Zeitraum Januar bis März 1991. Dabei analysierte Gottburgsen die Selbst- und Partnerdarstellung im Hinblick auf die Häufigkeit bestimmter Semantischer Bereiche.[26] Sie stellte teilweise deutliche Unterschiede in der geschlechtsspezifischen Inszenierung fest, diese orientiere sich an den gängigen Geschlechterstereotypen. Gottburgsen, 276.

[27] Zu ihren Ergebnissen bezüglich der geschlechtsspezifischen Selbstdarstellung vgl Abb 1.

[28] Gottburgsen, 276.

und Beziehungsbildern des jeweiligen Nutzerkreises. Zweitens erbrachten die bisherigen Studien über Kontaktanzeigen in den 1980er Jahren auffällig disparate Ergebnisse, offenbar in deutlicher Abhängigkeit vom jeweils untersuchten Medium. Drittens gibt es bislang keine solche Studie für den Großraum Bremen und die dortige links-alternative Szene. Der vorliegende Aufsatz untersucht die alternativen Bremer Kontaktanzeigenmedien in den 1980er Jahren.

C. Bremer links-alternative Anzeigenpresse

Für eine Analyse von bremenweiten Zeitschriften, die während der 1980er Jahre durchgängig erschienen, der Alternativpresse zugeordnet werden können und Partnergesuche veröffentlichten, kommen nur zwei in Frage. [29] Dabei handelt es sich um das „Bremer Blatt" und das „KursBuch", die beide über zehn Jahre lang monatlich in Bremen veröffentlicht wurden und einen Kontaktanzeigenteil besaßen. Beide Zeitschriften waren zwar teilweise kommerzialisiert, standen aber in der Tradition einer alternativen Stadtpresse. Das Bremer KursBuch erschien ab 1974 als monatliches Stadtmagazin im Großraum Bremen. Es wurde zunächst gezielt als Veranstaltungsmagazin beworben (Untertitel: „Veranstaltungen im Raum Bremen Bremerhaven Delmenhorst Oldenburg Syke"). Anfang der 1980er wurde es dann kurzzeitig als „Szene-Magazin im Raum Bremen Bremerhaven Delmenhorst Oldenburg" angepriesen und ab 1985 schließlich unter Hinweis

---

[29] In seiner Bibliographie der lokalen Alternativpresse von 1988 hat Hermann Rösch-Sondermann 930 alternative Zeitungen aufgelistet und geografisch systematisiert. Im Bremer Raum gab es ihm zu Folge in den 1980er Jahren elf Publikationen, die der lokalen Alternativpresse zugeordnet werden können. Vgl. Hermann Rösch-Sondermann: Bibliographie der lokalen Alternativpresse. Vom Volksblatt zum Stadtmagazin, München 1988.

auf den Kleinanzeigenteil: „Kultur – Kalender – Kleinanzeigen. Raum Bremen, Bremerhaven, Oldenburg" vertrieben. Trotz seines Servicecharakters mit Veranstaltungskalender, Kleinanzeigen sowie zahlreichen kommerziellen Werbeanzeigen (beispielsweise für West Zigaretten[30] und Marlboro Zigaretten[31]) diente das Magazin als Medium der alternativen Szene. 1989 wurden das KursBuch und weitere etablierte linksalternative Stadtzeitschriften (u.a. „Tango" aus Hamburg) vom Jahreszeiten-Verlag aufgekauft.[32] Dieser hatte 1988 eine Mehrheit an der Bochumer Stadtillustrierten Prinz erworben und plante nun ein „bundesweites Stadtmagazin".[33] Dafür kaufte er die bislang eigenständigen alternativen Titel auf und führte sie unter dem Namen Prinz weiter. Von Beginn an enthielt das Kursbuch zahlreiche Partnerannoncen, zunächst verstreut im Kleinanzeigenteil, ab 1981 dann aufgrund der stark gestiegenen Anzahl rubriziert unter „Kontakte". Ab 1985 wurde sogar eine eigene Rubrik „Kontakte für Oldenburg" eingerichtet. Mitte der 1980er Jahre erschienen pro Ausgabe über 400 Kontaktanzeigen. Die Annoncen fächerten sich in ein breites Spektrum: Heterosexuelle und homosexuelle Kontaktanzeigen, daneben aber auch zahlreiche Sexgesuche. Trotz des alternativen Charakters der Zeitschrift lassen sich viele dort geschaltete Anzeigen anhand von verwendeten Schlüsselbegriffen dem bür-

---

[30] KursBuch, 11,3 (März 1985), Umschlagrückseite.

[31] KursBuch, 11,6 (Juni 1985), Umschlagrückseite.

[32] Art.: Hoker Jenrich: „Eine lukrative Liebschaft. Der Grüner+Jahr-Verlag kooperiert jetzt mit Szene-Illustrierten", in: Die Zeit, Nr. 7 09.02.1990, online unter:
http://www.zeit.de/1990/07/eine-lukrative-liebschaft (gesichtet: 15.03.2011).

[33] Art.: René Martens: „Umsonst wird am meisten gelesen", in: die tageszeitung, 21.04.2010, online unter:
http://www.taz.de/1/archiv/digitaz/artikel/?ressort=ku&dig=2010/04/21/a0109&cHash=d4049b3e57 (gesichtet: 15.03.2011).

gerlich-konservativen Milieu zuordnen.³⁴ Die Lesben- und Schwulenszene nutzte das KursBuch als Plattform, Swingerpaare und kontaktsuchende Häftlinge schalteten dort ebenfalls Gesuche. Das KursBuch wurde somit weit über das linksalternative Milieu hinaus frequentiert und als Kontaktplattform genutzt. Der große Umfang des Kontaktanzeigenteils mag die bereits erwähnte Frequentierung jenseits des alternativen Milieus bestärkt haben, da er eine entsprechend große Leserschaft und hohe Erfolgschancen für ein eigenes Kontaktgesuch versprach.

Das Bremer Blatt erschien ab Dezember 1976 monatlich bis zum Ende des Jahres 1989. Der Untertitel der Zeitung lautete zunächst „Information von unten" und das Arbeitsethos entsprach dem vieler alternativer Medien der 1980er Jahre.³⁵ Von Beginn an sollten aber nicht nur Angehörige einer „Sub-Szene" angesprochen werden, sondern auch ein breiter, „nicht alternativer" Teil der Öffentlichkeit.³⁶

Das Bremer Blatt war finanziell auf Abonnements und „Förderabos" angewiesen und damit auch auf eine große Leserschaft. Diese Beobachtung erklärt eventuell die Änderung des Untertitels der Zeitung zu „Stadtillustrierte mit Programmkalender" im Jahre 1982. Fortan stand die Serviceleistung im Mittelpunkt. Zwar lässt sich das Bremer Blatt aufgrund der Themenwahl weiterhin der alternativen Presse zuordnen, es orientierte sich aber mittels Werbeanzeigen, Programminformationen und „Lifestyle"-Berichten zunehmend an den kommerziell erfolgreichen Konkurrenten.

---

[34] Beispielsweise suchte im März 1985 ein „42jähriger Unternehmer – Porschefahrer –" eine „gutaussehende, sportliche Partnerin", KursBuch, März 1985, 134.

[35] Vgl. Rösch-Sondermann, 44 f.; Ebenso verhält es sich mit den typischen Themenschwerpunkten der Zeitung wie Kommunalpolitik, Ökologie, alternatives Leben, benachteiligte Gruppen, Repression und Frieden.

[36] Vgl. Bremer Blatt, 15.12.76, 2.

Die Rubrik „Kontakte" findet sich erstmals 1982 im Bremer Blatt und beinhaltet neben Einladungen zu Selbsthilfegruppen, Brieffreundschaftsanfragen von Häftlingen oder Mitbewohnerwünschen auch konkrete Partnergesuche. Während im Anfangsjahr maximal 33 Kontaktanzeigen im Bremer Blatt geschaltet wurden, verzeichnet die Rubrik drei Jahre später viermal so viele Annoncen. Die große Beliebtheit der Sparte wurde 1985 von der Redaktion sogar in der Titelstory „Knudelmaus [sic!] sucht Schmusekater. Chiffre-Nr. 9999/85" aufgegriffen.

In jeder Ausgabe des Bremer Blatts waren über die Hälfte der Kontaktanzeigen Partnergesuche. Davon wurden wiederum über die Hälfte von Männern aufgegeben. Im Jahr 1982 stammten nur etwa 13% aller Partnergesuche von Frauen, drei Jahre später waren es immerhin 21%. Nichtsdestotrotz lagen weibliche Inserate über den gesamten Erscheinungszeitraum des Bremer Blatts zahlenmäßig immer weit hinter den männlichen Annoncen. Der Berufsstand der Personen wurde selten thematisiert. Falls doch, fanden sich vornehmlich Studierende, Lehrende oder sonstige sozialpädagogische Berufe. Dabei handelte es sich dann auch überdurchschnittlich oft um Inserenten, die sich durch ihren Beruf als Bestandteil alternativer Bevölkerungskreise hervorheben wollten.

Anders als etwa in dem von Sven Reichardt untersuchten „Frankfurter Pflasterstrand", annoncierten in beiden Bremer Zeitungen eine große Anzahl von Personen, die nicht dem alternativen Milieu angehörten. So gilt es, bei jeder einzelnen Kontaktanzeige auf links-alternative Indikatoren zu achten. In einer Reihe von Kontaktanzeigen ließ sich ein Bezug zum alternativen Milieu durch den Sprachgebrauch der jeweiligen Person festmachen.[37] Bestimmte Interessen wie z.B. „bewusst leben", „diskutieren",

---

[37] Dies entspricht auch dem Befund von Sven Reichardt; vgl. Reichardt, 273.

"Politik", "Psychisches", "Tee trinken", "Selbstfindung", "soziales Engagement" signalisierten eine alternative Lebensausrichtung. Neben diesen indirekten Indikatoren positionierten sich viele Inserenten auch eindeutig als "alternativ", "links", "Einzelkämpfer", "feministisch", "rot", "grün", "gewerkschaftlich engagiert", "undogmatisch" oder "unkonventionell". Besonders beliebt waren auch Zitate von alternativen Schriftstellern oder Philosophen, die die eigenen Vorstellungen von einer Beziehung verdeutlichen sollten. In einigen Fällen ist eine definitive Zuordnung einer Anzeige zum alternativen oder bürgerlichen Milieu aufgrund der fehlenden Schlüsselbegriffe allerdings nicht möglich.

D. Selbstdarstellung und Stilisierung des Partners/der Partnerin

Bei der Auswertung alternativer Partnergesuche zeigte sich, dass das klassische Kontaktanzeigengenre skeptisch beäugt wurde. Die Redaktion des Bremer Blatts bemerkte dazu 1985: "Die alte Vorstellung von den Verklemmten, Perversen und Kaputten, die es nötig haben, zu inserieren, hat bei vielen hartnäckig überlebt."[38] Hinzu kam, dass herkömmliche Partnergesuche, wie bereits erwähnt, in der Regel auf eine Heirat und eine finanzielle Absicherung zielten. Inserentinnen wie Inserenten präsentierten sich in diesem Kontext möglichst vorteilhaft. Um glaubhaft zu wirken, galt es für den alternativen Nutzerkreis, diesem als "spießbürgerlich" empfundenen

---

[38] Titelstory „Knudelmaus [sic!] sucht Schmusekater. Chiffre-Nr. 9999/85", Februar 1985, 16.

Charakter klassischer Kontaktanzeigen mit Kreativität entgegenzuwirken. Dies wirkte sich auf die Selbstdarstellung und Stilisierung der Partnerin oder des Partners aus.[39]

Im April 1985 findet sich folgendes Partnergesuch im Bremer Blatt:

> „Häusliche, frauliche, junge Dame sucht seriösen älteren Herrn (gern mit Anhang) zwecks Heirat – nä! Gibt es hier einen doofen, obercoolen Werner, der die bayerisch-bremische Freundschaft aufrechterhalten will oder was?? Mich (w, 20) hat's nämlich dorthin verschlagen, aber ich häng' ja soooo an Bremen! Bin versoffen, verschüchtert (oha, auch das noch) und nicht ganz dicht und so, you know? Laß' uns mal ne Session machen! Chiffre-Nr. 4004/85"[40]

Die junge Frau spielt zu Beginn ihrer Formulierungen auf ein traditionelles Heiratsgesuch an. Sie grenzt sich von eben diesem mit dem Ausruf „nä!" ab, stellt den gesuchten Partner ironisch als „doofen, obercoolen Werner" dar und zeichnet ein vermeintlich unverfälschtes Bild ihrer eigenen Persönlichkeit. Sie sei „versoffen, verschüchtert […] und nicht ganz dicht und so". Durch die direkte Formulierung ihrer negativen Charaktereigenschaften suggeriert sie, dass sie sich selbst nicht möglichst vorteilhaft, sondern möglichst ehrlich darstellt. Ihre Worte erscheinen locker und beliebig gewählt. Nichtsdestotrotz entspricht ihr Sprachduktus konkreten alternativen Erwartungshaltungen. Man ist nicht auf der Suche nach einer „häusliche[n], frauliche[n], junge[n] Dame", sondern nach einer authentischen, emanzipierten und witzigen jungen Frau. Diese Charaktereigenschaften versucht die Inserentin zu vermitteln. Dabei grenzt sie sich klar von anderen

---

[39] Anders als im KursBuch, fanden sich im Bremer Blatt kaum konkrete Beschreibungen der gewünschten Beziehungsformen. Stattdessen wurden in der Regel die eigene Persönlichkeit sowie die des Traumpartners oder der Traumpartnerin dargestellt.

[40] Bremer Blatt, April 1985, 112.

Frauen ab, die eine Kontaktanzeige aufgeben, um ihre Zukunft (vor allem finanziell) abzusichern.

Die Annahme, dass eine konventionelle Partnerannonce immer über die wahren „Persönlichkeitsmängel" hinweg täuscht, findet sich unterschwellig in zahlreichen alternativen Partnergesuchen. So werden „krampfhaft originelle Anzeigen"[41] und Menschen die „Show machen" abgelehnt oder es wird davon ausgegangen, dass die gesuchte Person eigentlich zu intellektuell ist, um auf „lächerliche" Kontaktanzeigen zu antworten.[42] Es mangelt an „Genialem"[43] und es fehlt ein Bestreben sich „hier anzupreisen". Außerdem ist „Mann" nicht als „Traumboy" auf der Suche nach dem „Traumgirl", sondern möchte als „Blödmann auf den Boden der Tatsachen [zurückgeholt werden]".[44]

Als „Gegenkonzept" zur allzu perfekten, klassischen Annonce wird immer wieder auf eine möglichst originelle, authentische Charakterisierung der eigenen Person gesetzt.[45]

Oftmals geht die ironische Selbstdarstellung mit einer ebenso pointierten Skizze der idealen Partnerin einher:

> „Zärtlicher Macker (25) sucht Frau, die ihre Kippen ins Klo wirft, ihren Kaffee schlürft, nie den Rasen mäht, nachts ein' trinken geht, mir den Kühlschrank leerfrisst und andre [sic!] nie ausreden lässt! Bist Du das? Oder was? Chiffre-Nr. 4701/85"[46]

---

[41] Bremer Blatt, November 1982, 102, Chiffre 10 26/82.

[42] Vgl. Bremer Blatt, März 1985, 92, Chiffre-Nr. 4903/85.

[43] Bremer Blatt, April 1985, 112, Chiffre-Nr. 6004/85.

[44] Bremer Blatt, März 1985, 94, Chiffre 7800.

[45] Diese Beobachtung konnte auch Sven Reichardt zum „Frankfurter Pflasterstrand" machen; vgl. Reichardt, 274 f.

[46] Bremer Blatt, Januar 1985, 87.

Der Inserent stellt sich auf paradoxe Weise als gefühlvoller wie auch „männlicher" Mann dar. Die Beschreibung seiner Wunschpartnerin ist voller Ironie und zeichnet das Gegenbild einer konformen „feinen Dame". Auch hier wird jemand mit „Ecken und Kanten" gesucht. Gleichzeitig findet eine Abgrenzung von konventionellen Partnergesuchen ab, in denen vornehmlich nach positiven Charaktereigenschaften des Partners gefragt wird.

Eine weitere Spezifität von Partnergesuchen aus dem alternativen Milieu ist die sehr offene Formulierung der eigenen Gefühle wie z.B. Angst und Unsicherheit.[47] Während die oben dargestellten Inserentinnen und Inserenten mit Hilfe von Ironie das Bild einer authentischen Persönlichkeit erzeugen wollten, sprechen Andere auf ernstere Weise ihre Probleme an. Die männlichen Inserenten beschreiben sich selbst meist als aufgeschlossen und kritikfähig, häufig aber auch als zurückhaltend bzw. traumatisiert. So gesteht ein 26jähriger Mann: „[…] Es fällt mir schwer, auf andere zuzugehen, Vertrauen zu haben. Ich möchte lachen, lieben, weinen! Ich möchte meine Ängste akzeptieren und mit ihnen leben können. […]"[48]

Die wenigen alternativen Frauen, die im Bremer Blatt annoncierten, charakterisierten sich ebenfalls als „selbstbewusst und offen"[49], im selben Moment aber auch als „gehemmt", „unsicher"[50] oder „etwas zurückhaltend".[51]

---

[47] Auch dieser Befund deckt sich mit Reichardts Ausführungen; vgl. ebd.

[48] Bremer Blatt, Oktober 1982, 95, Chiffre BB 1110/82; vgl. auch Bremer Blatt, Februar 1985, 85, Chiffre 5902/85.

[49] Bremer Blatt, Januar 1985, 87, Chiffre 2401/85 ; Bremer Blatt, Februar 1985, 85, Chiffre 6302/85.

[50] Bremer Blatt, Februar 1985, 85, Chiffre 6302/85.

[51] Bremer Blatt, März 1985, 93, Chiffre 6403/85 ; vgl. Bremer Blatt, auch Februar 1985, 86, Chiffre 1702/85.

Immer wieder steht die Fähigkeit, Gefühle reflektieren zu können, im Vordergrund: „Die Traumfrau will ich nicht, aber suche sie. Welche Frau versteht diesen Widerspruch und kann zudem noch ihre Gefühle richtig einschätzen? Mann, 30, freut sich auf ein Zeichen von Dir."[52] Oder auch:

> „[...] Ich 22/1,86, bärtiger Student und nicht hässlich, mag Leute, mit denen man reden kann, die es nicht nötig haben, Show zu machen, die ehrlich zu ihren Gefühlen stehen können, Spontanaktionen, Zärtlichkeit, Hesse, Altes, Tee. Welche Frau ist auch oft mit den falschen Leuten zusammen und möchte mich mal kennenlernen?"[53]

Der Wille zur „Beziehungsarbeit" wird von der Idealpartnerin oder dem Idealpartner gefordert, der eigenen Person aber ebenso zugeschrieben. Man möchte sich „Verlieben und Auseinandersetzen".[54]

E. Die Bremer „Szene-Verdrossenheit"

Eine sehr interessante Beobachtung ist, dass sich im Bremer Blatt Partnergesuche finden, in denen Angehörige des alternativen Milieus offen Schwierigkeiten mit den komplizierten Szeneverhältnissen zwischen „Beziehungsarbeit", „offenen" Partnerschaften und Moralvorstellungen artikulieren.

So möchte ein Mann seine „lädierte Beziehungskiste"[55] abgeben, eine Frau konstatiert sie sei den „Psychokrampf mit Freaks"[56] leid und eine an-

---

[52] Bremer Blatt, Januar 1985, 88, Chiffre 1701/85.
[53] Bremer Blatt, November 1982, 102, Chiffre 1026/82.
[54] Bremer Blatt, März 1985, 93, Chiffre 6403/85.
[55] Bremer Blatt, Juli 1982, 49, Chiffre BB 06/17.
[56] Bremer Blatt, September 1982, 52, Chiffre BB 09/09.

dere betont, sie habe genug von den „Softies aus der Szene".[57] Ein 18jähriger, der sich ganz im alternativen „Stil" als „creativ [sic!]" und selbstkritisch darstellt, fragt sich gar, ob es Liebe in seinem gesellschaftlichen Umfeld überhaupt noch gibt.[58] Eine Inserentin schaltet 1982 folgende Anzeige:

> „Eine Frau, von Lesbenmoral leicht geschädigt, sucht andere Frauen, die auch nicht lesbisch genug sind, oder nicht moralisch genug, oder beides. Ich will wieder lachen lernen, vielleicht Theater spielen und nicht mehr still sein. Chiffre BB 04/03"[59]

Diese Worte implizieren, dass innerhalb der lesbischen Kreise Bremens moralische Ansprüche vorherrschten, welche zu einem desolaten Seelenzustand bei denjenigen Frauen führten, die den Normen ihres Milieus nicht gerecht wurden. Eine andere homosexuelle Frau hebt hervor, dass sie kein „Szene-Typ"[60] sei und es daher bei der Partnersuche schwer habe. Ein „Sub-Szene-hassender Bremer"[61] suchte 1985 Schwule, die sich außerhalb des alternativen Milieus bewegen.

Das Gefühl den Ansprüchen der „eigenen" Szene nicht zu genügen, spiegelt sich auch in der Annonce einer jungen, heterosexuellen Frau, die durchaus alternative Interessen hat („von Tai-Chi bis grüner Politik") und sich bemüht ihre Probleme in „alternativer Manier" möglichst wahrheitsgemäß zu benennen („empfinde mich oft als hässlich und überflüssig"). Dennoch distanziert sie sich vom alternativen Milieu, indem sie betont, dass sie „nur normal" sei und daher „nicht auf Anzeigen antworten [könne], in

---

[57] Bremer Blatt, April 1985, 112, Chiffre-Nr. 5604/85.

[58] Bremer Blatt, März 1985, 95, Chiffre-Nr. 0803/85.

[59] Bremer Blatt, April 1982, 47, Chiffre BB 09/09.

[60] Bremer Blatt, Januar 1985, 88, Chiffre-Nr. 4501/85.

[61] Bremer Blatt, März 1985, 93, Chiffre-Nr. 6703/85.

denen gezielt nach einer interessanten, emanzipierten, möglichst alternativen Frau gesucht [werde]."[62]

Ein 31jähriger Mann kritisiert in seinem Inserat es gäbe nur noch „dekadente Pseudoemanzen", die „aus dem Teetrinken eine Ideologie machen".[63] Er sei daher auf der Suche nach einer Frau, die „tatsächlich" emanzipiert sei.

Die aufgeführten Anzeigen machen auf unterschiedlichste Art deutlich, dass es auch im gefühlsbetonten alternativen Milieu in Beziehungsfragen normative Ansprüche und partnerschaftliche Defizite gab. Diese führten bei einigen Betroffenen zu Frustration und Ablehnung.

Die im vorherigen Abschnitt besprochenen Inserentinnen und Inserenten wollten sich durch gewitzte oder gefühlvolle Formulierungen vor allem von der „spießbürgerlichen" übrigen Gesellschaft abheben und sich deutlich der alternativen Szene zuordnen. Diese Positionierung jenseits der bürgerlichen Rollenbilder bedeutete allerdings ein ebenso stark normiertes Denken. Der Wunsch nach konventionellen partnerschaftlichen Aspekten stand im Widerspruch zu alternativen Normen und brachte die „szeneverdrossenen" Personen in einen Zwiespalt. Sie fühlten sich zwar alternativen Kreisen zugehörig, fanden dort aber keinen Raum und kein Verständnis für ihre individuellen, zum Teil konventionellen Beziehungsvorstellungen. Dagmar Herzog schreibt über die Sexualitätsvorstellungen der Achtundsechziger, jener Vorgänger der 1980er-Bewegung, sie wären sich „schmerzlich bewusst" gewesen, ständig darum zu ringen „das, was sie anstrebten, von dem abzugrenzen, was um sie herum geschah".[64] Dieses Streben nach

---

[62] Bremer Blatt, Mai 1985, 108, Chiffre-Nr. 2605/85.

[63] Bremer Blatt, Juli 1985, 70, Chiffre-Nr. 5207/85.

[64] Dagmar Herzog: Die Politisierung der Lust. Sexualität in der deutschen Geschichte des zwanzigsten Jahrhunderts, München 2005, 190.

Progressivität und gleichzeitige Hadern mit den realen Konsequenzen der eigenen Postulate, mag auch im Motiv der Szeneverdrossenheit in den Bremer Kontaktanzeigen mitschwingen. Diese Verdrossenheit führte zu einer großen emotionalen Unzufriedenheit und letztlich zu einer expliziten Distanzierung vom alternativen Milieu. Anhand von weiteren Fallstudien wäre zu überprüfen, ob es sich hierbei um einen spezifisch bremischen Befund handelt.

F. Konzepte der Wunschbeziehung

Stilistisch unterscheiden sich die Annoncen im KursBuch von jenen im Bremer Blatt durch die häufige Benennung der Wunschvorstellung einer Beziehung. Begriffe wie „Partnerschaft", „Beziehung", „Freundschaft" oder „Bekanntschaft" werden dabei mit erläuternden Adjektiven kombiniert: „Anspruchsvolle und aufregende Partnerschaft",[65] „offene, realist. [sic!] Beziehung"[66], „ehrliche Beziehung" und viele mehr.[67] Betrachtet man diese Wunschvorstellungen genauer, so zeichnen sich zwei Beziehungskonzepte besonders deutlich ab: Die „Dauerfreundschaft" und die „enge, aber nicht einengende Beziehung". Der Topos der „engen, aber nicht einengenden" Beziehung findet sich bereits in den ersten Ausgaben des KursBuches und ist in beinahe jeder Ausgabe nachweisbar, lediglich in einigen sehr dünnen Ausgaben vor 1980 fehlt er, wohl mangels Anzeigenmenge. Reichard würdigt dieses antagonistische Beziehungskonzept als typisch für das alternative Milieu und dessen kompliziertes Verhältnis zwischen „Individu-

---

[65] KursBuch, März 1985, 133.

[66] KursBuch, Dezember 1979, 99.

[67] KursBuch, April 1985, 126.

alität und Zweisamkeit".[68] Obwohl sich das Anzeigenvolumen pro Ausgabe von ca. 50 Kontaktanzeigen Anfang der 1980er Jahre auf ca. 400 in der Mitte des Jahrzehnts vervielfachte, blieb der Topos der „nicht einengenden Beziehung" konstant häufig, Anfang des Jahrzehnts in 2-3 Annoncen pro Ausgabe, Mitte des Jahrzehnts in 3-4. Sowohl Männer als auch Frauen operierten mit diesem Begriff, wobei der Anteil der Männer zwar überwog, was aber dem Mengenverhältnis zwischen männlichem und weiblichem Anzeigenvolumen entsprach. Im Gegensatz dazu war das Konzept der Dauerfreundschaft ein rein männliches. Frauen benutzten diesen Terminus nur in vereinzelten lesbischen Annoncen. Sehr selten findet sich die Kombination einer „nicht einengenden Dauerfreundschaft".[69] Bemerkenswert ist zudem, dass dieser Begriff offenbar inhaltlich unbestimmt war und deshalb in völlig gegensätzlicher Weise benutzt wurde. Einerseits lässt sich eine romantische Deutungsweise herauslesen, die eine Dauerfreundschaft als „wunderschön"[70] beschreibt und mit „Liebe" und „Geborgenheit" verbindet.[71] Im Gegensatz dazu steht das sexualisierte Verständnis, für das eine Dauerfreundschaft „ehrlich"[72] und „unkompliziert"[73] sein muss und sich „bei Sympathie" aus gelegentlichen Treffen[74] oder einem heimlichen Verhältnis[75] entwickeln kann. Angesichts dieser unklaren Begriffsdeutung ist es umso erstaunlicher, dass der Topos nur von Männern benutzt wurde. Anfang der 1980er Jahre wurde er fast gar nicht verwendet, im Zuge des ra-

---

[68] Reichard, 278.

[69] KursBuch, Januar 1980, 84.

[70] Kursbuch, Januar 1983, 123.

[71] Bspw. KursBuch, Februar 1980, 69 & 70; März 1985, 20.

[72] Bspw. Kursbuch, Januar 1983, 111.

[73] Kursbuch, Februar 1980, 81.

[74] Kursbuch, Januar 1984, 104 & 108.

[75] KursBuch, Januar 1980, 82.

schen Anzeigenwachstums bis Mitte der 1980er breitete er sich dann aber rasch aus und wurde deutlich häufiger als die „nicht einengende Beziehung" benutzt, im Schnitt zwischen 5 bis 15 mal pro Ausgabe. Vergleicht man diese Entwicklungskurve mit dem generellen Nutzerkreis des KursBuches, so hat die Dauerfreundschaft mit der Öffnung des vormals alternativen Mediums gegenüber der breiten Bevölkerung Einzug gehalten . Die „enge, aber nicht einengende" Beziehung hingegen wirkt wie ein Artefakt der alternativen Szene, welches von Beginn an in gleichbleibender Häufigkeit benutzt wurde.

Anhand dieser zwei Beziehungskonzepte lassen sich Vermutungen über das Nutzungsverhalten der Kleinanzeigenrubrik anstellen. Das Konzept der „nicht einengenden Beziehung" ist bereits durch Reichard als spezifisch alternativ ausgewiesen. Seit den Anfängen des KursBuchs tauchte dieser Topos in den Anzeigen auf und zwar in konstanter Häufigkeit, ungeachtet der massiven Zunahme an Annoncen im Laufe der 1980er Jahre. Dies spricht für eine ungefähr konstante Anzahl alternativer Nutzer und Nutzerinnen – wenn unterstellt wird, dass der Anteil der Alternativen, die dieses Konzept anstrebten, ebenfalls konstant geblieben ist und sich nicht etwa durch szenespezifische Modetendenzen verändert hat.

Das nicht-alternative, explizit maskuline Konzept der Dauerfreundschaft wurde zu Beginn kaum verwendet, erlebte dann aber zur Mitte der 1980er hin eine beachtliche Verbreitung. Diese Entwicklung illustriert die Veränderungen in der Nutzerstruktur, die rasche Öffnung gegenüber einer breiteren Öffentlichkeit, weg von einem originär alternativen Medium.

G. Fazit

Trotz der textlichen Kürze und inhaltlichen Reduziertheit des Kontaktanzeigengenres lassen sich aus einem größeren Korpus dieser Quellen Identitätskonzepte wie die Szeneverdrossenheit oder Beziehungskonzepte wie die Dauerfreundschaft prägnant herausarbeiten.

Das Bremer KursBuch stellt einen Sonderfall alternativer Kontaktanzeigenpresse dar, denn es öffnete sich schnell für breite Nutzerkreise auch jenseits der alternativen Szene. Beide Nutzergruppen, alternative wie bürgerliche, benutzten ihre eigenen Chiffren um einander erkennen zu können. Sie existierten nebeneinander, ohne dass durch die große Menge bürgerlicher Annoncen die alternativen Nutzer verdrängt worden wären.

Eine weitergehende Beschäftigung mit dieser Quellengattung erscheint lohnend, sowohl für regionalhistorische Studien als auch für Vergleiche zwischen verschiedenen Städten. Denn gerade durch Vergleiche ließen sich Konzepte wie die Szeneverdrossenheit hinsichtlich ihrer Reichweite näher bestimmen.